Walter Kleesattel (Hrsg.)
Die Fundgrube für den Biologie-Unterricht

Die Autoren

Sharon Betz unterrichtet Biologie und Englisch an einem Gymnasium und ist dort als Multimediaberaterin zuständig für schulinterne Fortbildungen im Bereich Neue Medien. Außerdem ist sie als Fortbildnerin im Bereich Multimedia für das Oberschulamt Stuttgart tätig.

Thomas M. Braun unterrichtet Biologie und Chemie an einem Gymnasium. Er ist Autor zahlreicher fachdidaktischer Veröffentlichungen für die Fächer Biologie und Chemie.

Axel B. Brott ist Gymnasiallehrer und unterrichtet Biologie und Chemie an einer Integrierten Gesamtschule. Er ist als Autor von Biologie-Lehrwerken des Cornelsen Verlags sowie als Schulbuchgutachter tätig.

Dr. Brigitte Engelhardt unterrichtet Biologie und Chemie und ist stellvertretende Schulleiterin eines Gymnasiums im Aufbau. Daneben ist sie als Autorin von Biologie-Lehrbüchern des Cornelsen Verlags tätig.

Dr. Walter Kleesattel unterrichtet Biologie und Geographie an einem Gymnasium und ist Autor von Schul- und Sachbüchern. Darüber hinaus ist er seit vielen Jahren als Leiter von Lehrerfortbildungen und als Berater bei naturwissenschaftlichen Fernsehdokumentationen tätig.

Hauke Kruse, Lehrer für Grund- und Hauptschulen mit den Fächern Biologie, Deutsch und ev. Religion, ist abgeordnete Lehrkraft an der Erziehungswissenschaftlichen Fakultät der Universität Kiel, Abteilung Biologiedidaktik, und Autor mehrerer fachdidaktischer Publikationen.

Christiane Piepenbrock ist Realschulrektorin an einer Ganztagsschule mit den Fächern Biologie, Chemie und Deutsch. Sie ist Lehrbeauftragte an der Universität Bielefeld, in der Lehrerfortbildung tätig, Mitglied der Lehrplankommission Biologie Realschule in Nordrhein-Westfalen und Autorin von Biologie-Lehrbüchern sowie fachdidaktischen Veröffentlichungen.

Manfred Rein ist Realschullehrer und unterrichtet Biologie, Geschichte und Wirtschaft/Politik/Sozialkunde an einer Integrierten Gesamtschule. Er ist seit vielen Jahren Fachkonferenzleiter für Biologie.

Professor Dr. Lothar Staeck ist Leiter des Studiengangs Biologiedidaktik an der Technischen Universität Berlin. Er ist Autor und Herausgeber von zahlreichen Publikationen zur Biologiedidaktik, Gesundheits- und Umweltbildung sowie von Biologie-Lehrbüchern des Cornelsen Verlags.

Walter Kleesattel (Hrsg.)

Die Fundgrube für den Biologie-Unterricht

Das Nachschlagewerk für jeden Tag

2., aktualisierte Auflage

Cornelsen
SCRIPTOR

Für die 2. Auflage wurde dieses Buch um das Kapitel „Neue Medien im Biologieunterricht“ erweitert, das als neues Kapitel 17 eingefügt wurde (s. S. 231ff.).

Cornelsen online http://www.cornelsen.de

Gedruckt auf chlorfrei gebleichtem Papier
ohne Dioxinbelastung der Gewässer.

Die Deutsche Bibliothek – CIP-Einheitsaufnahme

Die **Fundgrube für den Biologie-Unterricht:**
das Nachlagewerk für jeden Tag / Walter Kleesattel (Hrsg.) –
2., aktualisierte Aufl. – Berlin: Cornelsen Scriptor, 2000
ISBN 3-589-21479-1

Dieses Werk berücksichtigt die Regeln der reformierten Rechtschreibung und Zeichensetzung.

5. 4. 3. 2. ✓ € Die letzten Ziffern bezeichnen
03 02 01 2000 Zahl und Jahr des Drucks.

Redaktion: Maria Bley, Vaterstetten
Herstellung und Satz: Kristiane Klas, Frankfurt am Main.
Umschlaggestaltung: Bauer + Möhring, Berlin
unter Verwendung einer Zeichnung von Klaus Puth
Zeichnungen: Klaus Becker, Frankfurt am Main
Druck und Bindearbeiten: Clausen & Bosse, Leck
Printed in Germany
ISBN 3-589-21479-1
Bestellnummer 214791

Inhalt

Einführung 9

1 Interessanter Schulalltag 10
A 5-Minuten-Biologie 10
B Arbeit mit dem Schulbuch 15
C Lernspiele 17
D Biologisches Zeichnen 19

2 Der Stundeneinstieg 22
A Stundeninhalte nachbereiten und vertiefen 22
B Ein neues Thema einführen 23
C Ein aktuelles Thema präsentieren 27
D Eine positive Arbeitsatmosphäre schaffen 28

3 Untersuchungen und Experimente 29
A Zelle 30
B Allgemeine Pflanzen- und Tierkunde 34
C Menschenkunde 37
D Stoffwechsel 40
E Ökologie 41
F Informationsverarbeitung und Verhalten 42
G Evolution 46
H Genetik 47

4 Arbeitsblätter 48
A Arbeitsblätter zur Information oder Informationsbeschaffung 49
B Arbeitsblätter als Denkanstöße 51
C Arbeitsblätter im handlungsorientierten Unterricht 51
D Arbeitsblätter zur Lernerfolgskontrolle 55

5 Medien 58
A Einsatz von Dias 58
B Einsatz von Filmen 59
C Einsatz von Arbeitstransparenten (Folien) 61
D Medien selbst herstellen 63

6 Modelle – Einsatz und Selbstbau 68

7 Lernkontrollen 77
A Überprüfung des Stundenstoffs 77
B Mappenführung 78
C Protokolle 78
D Tests und Klassenarbeiten 79
E Referate 93

8 Projektunterricht 97
A Projekt: Artenschutz 98
B Projekt: Energie 102
C Projekt: Dinosaurier-Ausstellung 105
D Projekt: Tümpel-Aquarium 109
E Projekt: Haustierhaltung 111

9 Biologie im Gelände 113
A Freilandbiologie fürs ganze Jahr 113
B Freilandbiologie im Frühjahr 114
C Freilandbiologie im Sommer 117
D Freilandbiologie im Herbst 121
E Freilandbiologie im Winter 123

10 Außerschulische Lernorte 126
A Der Zoologische Garten 127
B Der Botanische Garten 131
C Das Naturkundemuseum 135

11 Sammlungen, Ausstellungen, Herbare 139
A Arbeitsmittel zum Gestalten von Ausstellungen 139
B Naturaliensammlungen als „Mini-Ausstellungen" 140
C Jahreszeitlich orientierte Sammlungen und Ausstellungen 142
D Systematisch orientierte Ausstellungen 144
E Herbare 145
F Ausstellen lebender Tiere 148
G Ständig aktualisierte Ausstellungen 148
H Ausstellungen zum Artenschutz 149
I Weitere Ausstellungsideen 150

12 Aus der Geschichte der Biologie 152
A Zytologie und Mikrobiologie 152
B Stoffwechselphysiologie 155
C Neuro- und Hormonbiologie 157
D Entwicklungsbiologie 159
E Genetik 161
F Immunbiologie 164
G Systematik und Evolution 166
H Verhaltensbiologie 170

13 Die Vertretungsstunde 174
A Spiele 174
B Rätsel 178
C Basteln und Experimentieren 185

14 Fächerverbindender Unterricht 191
A Biologie – Deutsch 191
B Biologie – Erdkunde 194
C Biologie – Sport 195
D Biologie – Kunst 197
E Biologie – Physik 199

15 Schule bricht auf 202
A Beispiel: Umgestaltung des Lebensraums Schule 203
B Beispiel: Schülerseminar „Drogen und Aids“ 209
C Beispiel: Gesundheitstag in der Schule 210
D Beispiel: Wettbewerb „Jugend forscht“ 212

16 Tiere und Pflanzen in der Schule 214
A Untersuchungen am Schulaquarium 214
B Beobachtungen an Aquarienfischen 216
C Beobachtungen an Insekten 218
D Beobachtungen an Rennmäusen 220
E Heimtiere in der Schule 222
F Beobachtungen an Schnecken 223
G Beobachtungen an Regenwürmern 224
H Beobachtungen an Wasserinsekten 225
I Vivarien-Patenschaften 226
J Untersuchungen an Pflanzen 227

17 Neue Medien im Biologieunterricht 231
A CD-ROMs zur Unterrichtsvorbereitung 232
B Interaktive CD-ROMs im Unterricht 232
C Internet für Lehrer 235
D Internet im Unterricht 237
E Simulations- und Lernprogramme 240

18 Nützliche Anschriften 241
A Kostenloses Informationsmaterial 241
B Beratungsstellen 243
C Forschungseinrichtungen und Fachgesellschaften 244
D Lebendmaterial 245
E Natur- und Umweltschutzverbände 246
F Schulgärten 247
G Zooschulen 247
H Pädagogische Einrichtungen in Botanischen Gärten 249
I Ansprechpartner für Umwelterziehung bei den Ländern 250
J Sponsoren für Umweltaktivitäten 251

Register 253

Einführung

Unter den alltäglichen Arbeitsbedingungen in der Schule entwickeln sich leicht Unterrichtsformen, die aus methodischer Sicht monoton erscheinen und einseitig auf Kenntniserwerb und die Vermittlung geistiger Fähigkeiten ausgerichtet sind. Dabei haben die meisten Kolleginnen und Kollegen eine Vielzahl von Tipps und Materialien „in der Schublade", um den Unterricht fantasievoll zu gestalten und Abwechslung in den schulischen Alltag zu bringen.
Eine Fülle solcher Anregungen und Informationen haben erfahrene Kolleginnen und Kollegen in dieser *Fundgrube für den Biologieunterricht* zusammengetragen. Oft handelt es sich um Alltags-Know-how, das im Biologieunterricht immer wieder gebraucht wird, meist aber nicht sofort greifbar ist.
Die *Fundgrube* ist daher kein theoretisches Werk, sondern eine praxisnahe Hilfe und Entlastung für den täglichen Unterricht, eine Sammlung heterogener Themen und Materialien, Fakten und Daten. Das Inhaltsverzeichnis bietet einen schnellen Überblick über die 18 Themen dieses Buches. Bestimmte Einzelthemen werden dabei in verschiedenen Kapiteln behandelt. Hier ermöglicht das Stichwortverzeichnis den raschen, zielgerichteten Zugriff. Angaben zur Klassenstufe erleichtern das schnelle Auffinden geeigneter Materialien, auch wenn Sie – je nach Intention Ihres Unterrichts – immer wieder einmal zu einer etwas anderen Einschätzung gelangen werden.
Neben den Kapiteln mit Ideen und Anregungen für den täglichen Unterricht finden Sie Vorschläge für Höhepunkte im Schulleben wie Unterricht außerhalb der Schule und Projektunterricht. Vorhaben wie Öffnung der Schule für außerschulische Experten und fächerverbindender Unterricht fordern vom Lehrer besonderen Einsatz. Die *Fundgrube* kann hierbei helfen – mit Informationen, Materialien und vielen nützlichen Adressen.
Sie alle wissen um die Schwierigkeit, weibliche und männliche Anrede sprachlich befriedigend zu lösen. Deshalb sei an dieser Stelle ausdrücklich betont: Wo im Buch von Lehrern und Schülern die Rede ist, sind selbstverständlich immer auch Lehrerinnen und Schülerinnen mitgemeint.
Es ist der Wunsch der Autoren, dass sich die *Fundgrube* als nützliche Hilfe für den Biologieunterricht erweist. Bitte geben Sie Kritik, Anregungen und ergänzende Hinweise, die bei einer Neuauflage berücksichtigt werden können, an den Verlag weiter (Cornelsen Verlag Scriptor, Postfach 14328 Berlin).
Ich danke allen Autorinnen und Autoren, die Texte zu diesem Buch beigetragen haben.

Dr. Walter Kleesattel (Hrsg.)

1 Interessanter Schulalltag

Biologieunterricht gilt unter Schülern als Nebenfach. Schon deshalb sollte ein umso größeres Bemühen um einen vielseitigen und interessanten biologischen Unterrichtsalltag ein Grundanliegen der Unterrichtenden sein. Inzwischen ist hinreichend nachgewiesen, dass sich Schüler nur dann von sich aus aktiv am Unterricht beteiligen, Fragen stellen, eigene Erfahrungen und Meinungen einbringen und schließlich das Vermittelte dadurch auch besser lernen und behalten, wenn sie persönlich motiviert sind.
Wenn die Schüler den Eindruck haben, dass sich die Unterrichtsinhalte – doch häufiger als allgemein üblich – an ihren persönlichen Interessen orientieren, wenn sie darüber hinaus Freude und Spaß haben und eine gelöste Unterrichtsatmosphäre herrscht, dann ist der entscheidende Grundstein zu einem für alle Beteiligten erfolgreichen Biologieunterricht gelegt.

A 5-Minuten-Biologie

Wird die Biologiestunde mit einer kurzen Unterrichtsphase begonnen, die keinen Bezug zum Stundenthema bzw. zur Unterrichtseinheit hat, spricht man von „5-Minuten-Biologie". Sie bietet Gelegenheit, die Schüler auf aktuelle Bezüge aufmerksam zu machen und diese in ihren Fragehorizont zu bringen (z. B. ein Vulkanausbruch und seine Folgen für die Umwelt). Auch die Schüler können in diesem Unterrichtsabschnitt Gelegenheit erhalten, aktuelle Fragen und Interessen zu thematisieren. Hier kann nicht diskutiert werden, ob die 5-Minuten-Biologie zu einer ständigen Einrichtung oder nur gelegentlich als didaktisches Instrument genutzt werden soll. Dies müssen die Unterrichtenden ebenso selbst entscheiden wie die Frage, ob die 5-Minuten-Biologie am Anfang oder am Ende der Unterrichtsstunde ihren Platz haben soll.

Gesunde Lebensführung und Körperwahrnehmung **5–10**
Demonstration und Erklärung einfacher Regeln zur Gesundheitsvorsorge:
- Technik des Zähneputzens,
- Erste Hilfe bei einfachen Schnittverletzungen,
- Verhalten bei Verstopfung bzw. Durchfall,
- „Anstatt-Alternativen" zum Rauchen, zum Alkoholtrinken,
- Empfehlungen für die tägliche Ernährung.

Die 5-Finger-Methode

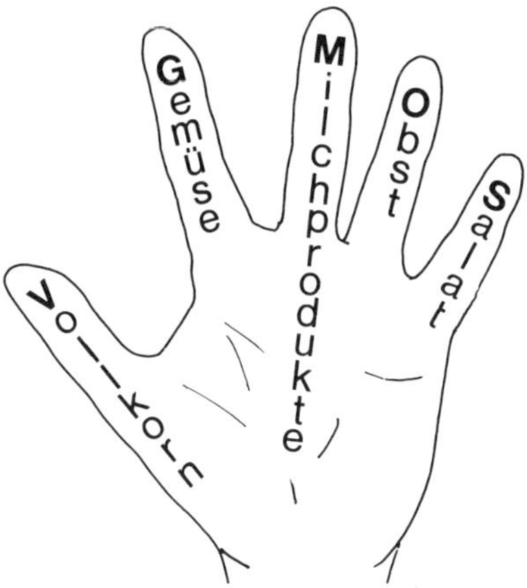

Bei jeder Mahlzeit sollten immer drei Finger beteiligt sein.

- Entwicklung von Körperwahrnehmung, Körpererfahrung und Körperbewusstsein (z. B. durch Schattenboxen „Tai-Chi“).
  Hier eine einfache Übung zur Körperwahrnehmung:
  1. Handflächen aneinander reiben und anschließend auf die Augen legen.
  2. Mit den Fingerknöchelchen die Ohren reiben.
  3. 3 x mit der Zungenspitze am Gaumen entlangfahren.
  4. 3 x Augenrollen.
  5. 20 x mit den Zähnen klappern.
  6. Ausatmen – alle im Chor: „Guten Morgen!“
- „Das ist ein Teil von mir!“
  Jeder erhält ein Blatt Papier mit der Aufgabe, daraus eine Frucht (oder Teile davon), ein Blatt, ein Tier (oder Teile davon) zu reißen. (Seid mutig!) Die ausgerissene Figur soll jeder mit sich selbst in Zusammenhang bringen (z. B. Lieblingstier; als angenehm empfundener Geschmack einer Frucht; Blatt, das einem gefällt). Beispiele, die von Schülern gewählt wurden: Apfel, Birne, Banane, Gingkoblatt, Ahornblatt. Anschließend kann aus den Einzelbeispielen ein gemeinsames Bild gelegt werden.

Blackbox mit Schülerfragen **5–7**

Im Klassen- bzw. Fachraum steht ein geschlossener Kasten mit einem Schlitz, durch den – auch anonym – auf einem Zettel notierte Fragen geworfen werden können, die einen Bezug zur Biologie bzw. zum Leben im Allgemeinen haben sollen (pro Zettel eine Frage). In jeder Stunde wird eine Frage gezogen und durch die Mitschüler oder den Lehrer beantwortet. Wenn niemand eine Antwort weiß, werden hierzu Arbeitsaufträge verteilt.

Ausführen von Pflanzen- bzw. Tierpflegediensten im Klassen- oder Fachraum **5–10**

Sammeln von Wahrnehmungen und Erfahrungen zu Langzeitbeobachtungen oder -versuchen **5–10**

Zum Beispiel zur Keimung von Bohnensamen, Haltung von Grillen, Zucht von Mehlkäfern, Fischen etc.

Präsentation und Interpretation von Karikaturen **5–13**

Der Sinn einer Karikatur liegt in der Übertreibung, „Überzeichnung" des Kerns ihrer wahren Aussage. Darin liegt auch ihre didaktische Stärke, denn sie amüsiert, schafft eine gelöste Gefühlslage und gleichzeitig macht sie nachdenklich. Der aufmerksame Leser findet gelegentlich in Tageszeitungen sowie in Zeitschriften und in speziellen Bildbänden Karikaturen mit biologischen Bezügen. Sie eignen sich als Gesprächsanstoß, z. B. um den eigenen Standort zu bestimmen. Folgende Startfragen helfen, ein Gespräch anzuregen:

1. Auf welches Problem will die Karikatur aufmerksam machen?
2. Welche eigenen Erfahrungen hast du mit dem angesprochenen Thema/Problemfeld?
3. Welche Gegenmaßnahmen sind denkbar?

Beispiel zum Thema Umwelterziehung/Umweltbildung:

Aus: Marie Marcks: Ich habe meine Bezugsperson verloren! Starnberg 1974

Freies Assoziieren **5–13**

Die Anwendung dieser nur einige Minuten beanspruchenden Methode beruht auf der lernpsychologischen Erkenntnis, dass der wichtigste Faktor, der das Lernen beeinflusst, das ist, was der Lernende bereits weiß (vgl. Staeck 1995, S. 289 ff.). Die Schüler werden gebeten, zu einem ihnen genannten Begriff alle Assoziationen aufzuschreiben, die ihnen einfallen („Schreibt einmal alles auf, was euch spontan zu dem Begriff ... einfällt!"). Der ausgewählte Begriff kann z. B. aus dem nachfolgend geplanten unterrichtlichen Schwerpunkt stammen wie z. B. Aids, Waldsterben, Sexualität, Spinne, Gesundheit, Nahrung. Die Schüler knüpfen bei dieser Vorgehensweise an Bekanntem, ihnen vertrauten Gedanken, Eindrücken, Empfindungen, Gefühlen und Erlebnissen an. Der Lehrer erhält auf diese Weise wertvolle Informationen über Vorkenntnisse, Vorerfahrungen, Einstellungen, aber auch über mögliche Wünsche seiner Schüler zu einem geplanten Thema. Gleichzeitig wird eine affektive und kognitive Brücke geschlagen zu neuen Lerninhalten. Mit dieser Methode wird erst einmal die Neugierde der Schüler geweckt, ist es doch ungewöhnlich, dass sie ausdrücklich aufgefordert werden, *nicht* nachzudenken, sondern spontane Einfälle zu notieren, denn logisches bzw. analytisches Nachdenken würde die freie Assoziation beeinflussen, ja verfälschen (vgl. De Bono 1970).

Beispiele freier Assoziationen zu vorgegebenen Begriffen:

- „Gesundheit" (16 bis 17-Jährige): Arznei, Bewegung, Behandlung, Leben, Krankheit, gesunde Ernährung, Fitness, Glück, Freiheit, Früchte, Sonne, Berge, Tod, Schönheit, Sport, Energie, Kraft.
- „Aids" (15-Jährige): Immunschwäche, Tod, Virus, Homosexualität, Ansteckung, Oralverkehr, keine Gegenmittel, Infektion, Bluttransfusion, Gewichtsabnahme, dunkle Flecken, Kondome, Fieber, Fixer.

Einsatz von Zeitungsartikeln **5–13**

Für den Einsatz von Pressebeiträgen im Biologieunterricht lassen sich eine Reihe von didaktischen Begründungen anführen, z. B.

- die große Aktualität von Zeitungsartikeln,
- scheinbar rein biologische Probleme werden auf den Menschen/auf die Gesellschaft bezogen,
- das Lernen von fachübergreifenden Arbeitstechniken, wie argumentieren, kontroverse Meinungen überprüfen, diskutieren,
- der Aufbau von biologischer Kompetenz,
- das Erlernen der biologischen Fachsprache.

Tagesschau
Aus der Tageszeitung vom Vortag haben die Schüler als Hausaufgabe jeweils eine gute und eine schlechte Nachricht ausgewählt, die mit Biologie (Natur, Leben, Humanbiologie) zu tun hat. Drei Schüler tragen ihre Nachrichten vor und begründen ihre Auswahl. Die Auswertung findet im Klassenunterricht statt.

Presseschau
Benötigt werden so viele Tageszeitungen derselben Ausgabe wie Teilnehmer vorhanden (bei Gruppenarbeit reichen auch ein bis zwei Exemplare pro Gruppe), großformatiges Papier zum Erstellen von Plakaten, viele Scheren, Tesafilm, Klebstoff, Filzstifte. Aus der vorliegenden Zeitungsausgabe sollen die drei wichtigsten biologierelevanten Beiträge für eine Presseschau zusammengestellt werden (bei Gruppenarbeit muss sich die Gruppe intern einigen). Diese werden herausgeschnitten und auf ein Plakat geklebt, wobei die absolute Topmeldung nach ganz oben kommt. Am unteren Rand des Plakats werden die Namen der Herausgeber der Presseschau notiert. Alle Plakate werden anschließend aufgehängt. Es wird festgestellt, welche Artikel besonders häufig ausgewählt wurden. Eine kurze Begründung wird gefunden.
Variante: Können nicht genügend Exemplare einer Zeitungsausgabe beschafft werden, kann der Lehrer alle biologierelevanten Überschriften einer Zeitungsausgabe in der benötigten Anzahl fotokopieren. Weiterer methodischer Ablauf wie oben beschrieben.

Umweltverschmutzung am Pol
Luft nicht besser als in manchen städtischen Randbezirken

TU-Argumente für Tempolimit
Untersuchung über Schadstoff-Ausstoß vorgelegt

Unterschiedliche Meinungen im Senat über Tempo 100
Unklares Bild vor Parlamentsdiskussion über die Avus

Starke Zunahme der Waldschäden in Rheinland-Pfalz festgestellt
42 Prozent betroffen – Chemische Industrie schlägt Düngung vor

Literatur
De Bono, E.: Lateral thinking. A textbook of creativity. Ward Lock Education 1970
Homfeldt H. E. (Hrsg.): Sinnliche Wahrnehmung, Körperbewußtsein, Gesundheitsbildung. Weinheim 1993
Staeck, L.: Zeitgemäßer Biologieunterricht. Berlin 1995

B Arbeit mit dem Schulbuch

Der didaktisch sinnvolle und effektive Einsatz von Schulbüchern erfolgt über die aktive und selbstständige Auseinandersetzung der Schüler mit den Texten, Abbildungen oder grafischen Darstellungen – und nicht über das bloße rezeptive Aufnehmen der dargestellten Inhalte. Deshalb sind für die selbstständige Erarbeitung von Schulbuchtexten konkrete Fragestellungen, Problemhinführungen bzw. Problemstellungen notwendig. Zeitgemäße Schulbücher tragen dieser Forderung Rechnung, indem sie im Anschluss an die einzelnen Sachkapitel einige Aufgaben anbieten, die dem Schüler helfen, das Gelernte zu überprüfen und zu vertiefen. Zugehörige Lehrerhandbücher ergänzen die Schulbücher mit einer Fülle weiterführender und vertiefender Anregungen. Auf diese Weise kann das Schulbuch eine Reihe wichtiger Funktionen eines zeitgemäßen Biologieunterrichtes übernehmen, z. B.
- als Motivation für die Auseinandersetzung mit bestimmten Frage- und Problemstellungen,
- als Quelle für die selbstständige Erarbeitung oder Zusammenfassung von Sachzusammenhängen
- oder auch zur Schulung des kritischen Umgangs mit vorliegenden Texten.

Fragen zum Schulbuchtext **5–10**

Das nachfolgende Textbeispiel verdeutlicht zusammen mit den angeführten Arbeitsaufträgen, wie die Schüler zu einer aktiv handelnden Auseinandersetzung mit dem Text gebracht werden können.

Vitamine

Alle Vitamine, die wir heute kennen, sind organische Stoffe. Sie werden also nur von Lebewesen gebildet. Unser Körper allerdings kann sie überhaupt nicht oder nur in winzigen Mengen herstellen. Daher müssen Vitamine, auch wenn wir sie nur in kleinen Mengen benötigen, regelmäßig mit der Nahrung aufgenommen werden. Im Körper sorgen sie für einen geregelten Ablauf der Stoffwechselvorgänge. Daher bezeichnet man sie auch als Wirkstoffe.

Über 20 Vitamine sind heute bekannt. Die wichtigsten für uns sind neben Vitamin C vor allem die Vitamine A, B, D und E. Die Vitamine B und C sind wasserlöslich, die Vitamine A, D und E dagegen fettlöslich. Für die Zubereitung der Nahrung ist dieser Unterschied von Bedeutung.
Wer regelmäßig Milch, Obst und Gemüse zu sich nimmt, braucht sich keine Sorgen um seine Vitaminversorgung zu machen. Vitamin C stärkt die Abwehrkräfte des Körpers und hilft Wunden heilen. Es ist an der Bildung von Hormonen und am Einbau von Eisen in Blut und Leber beteiligt. 75 mg Vitamin C am Tag reichen. Diese Menge ist in einer Zitrone, 50 g schwarzen Johannisbeeren oder 300 g Sauerkraut enthalten.
Unterversorgung führt zu Zahnfleischbluten, zu inneren Blutungen und Störungen im Knochenbau. Zähne fallen aus. In schweren Fällen kann der Tod eintreten. Diese Mangelkrankheit war früher bei den Seefahrern gefürchtet. Mangel an Vitamin A führt zur Nachtblindheit.

Aus: Biologie 3. Berlin (Cornelsen) 1993

Fragen zum Text:
1. Formuliere zu dem Text mindestens ... kennzeichnende Überschriften.
2. Stelle mit eigenen Worten die wichtigsten Aussagen des Textes zusammen.
3. Welche Betrachtungsweisen/Aussagen fehlen im Text (Umkehrmethode)?
4. Vergleiche die Textdarstellung mit den Aussagen in Film ... (oder einem anderen Medium, z. B. Arbeitstransparent ...). Wo gibt es Widersprüche, abweichende Sichtweisen (welche?), welche unterschiedlichen Beispiele gibt es?

PQ4R-Methode **5–13**

Eine weitere Vorgehensweise, die das Verarbeiten und Behalten von Schulbuchtexten fördert und in der Literatur als die PQ4R-Methode (nach den englischen Begriffen **P**review = Vorprüfung, **Q**uestions = Fragen, **R**ead = **L**esen, **R**eflect = Nachdenken, **R**ecite = Wiedergeben, **R**eview = Rückblick). Danach kann eine effektive und informationsaufnehmende Bearbeitung eines Textes über die folgenden Schritte ablaufen:
1. *Vorprüfung*: Bei einem ersten Durchlesen verschafft sich der Leser einen Überblick über die Themenschwerpunkte/Abschnitte, die in einem Kapitel behandelt werden. Die gefundenen Überschriften/Stichpunkte werden notiert.
2. *Fragen*: Zu den herausgefundenen Schwerpunkten/Abschnitten formuliert der Leser schriftliche Fragen, z. B. auch durch Umformulierung von Überschriften.
3. *Lesen*: Der Leser liest die einzelnen Abschnitte der Reihe nach, wobei die vorher gestellten Fragen beantwortet werden.

4. *Nachdenken*: Während des Lesens denkt er über die Textaussagen nach, wobei er nach geeigneten Beispielen sucht, die die Textaussagen konkretisieren.
5. *Wiedergeben*: Der Leser gibt die im Text enthaltenen Informationen wieder unter Beantwortung der selbst gestellten Fragen, ggf. werden Textpassagen nachgelesen.
6. *Rückblick*: Die wesentlichen Punkte des Kapitels werden nochmals wiederholt, die Fragen ein zweites Mal beantwortet.

C Lernspiele

Spiele eröffnen andere Wege des Lernens als der herkömmliche Unterricht. Der Wert von Lernspielen liegt vor allem darin, dass in einer Art „Probehandeln" (Als-ob-Handeln) das Tätigwerden in einer simulierten Realität stattfindet, wobei kognitive und affektive Vermittlungsformen gleichzeitig angesprochen werden und den Spielen reale Handlungen zu Grunde liegen. Spiele sollten im Unterricht niemals als „Selbstläufer" eingesetzt werden, sondern stets in den Kontext des jeweiligen Sachzusammenhanges eingebunden werden. Bei der Auswahl von Spielen für den Schulunterricht sollten folgende Kriterien berücksichtigt werden:
- Sind der Beschaffungsaufwand und die Kosten vertretbar?
- Sind die Spielregeln altersangemessen und leicht verständlich?
- Erfolgte die Herstellung und Aufmachung des Spiels nach umweltschonenden Kriterien?
- Steht der Spielaufwand im angemessenen Verhältnis zu den Lernzielen und zum Spielspaß?

Beim *Rollenspiel* übernehmen die Darsteller fremde Rollen, die sie nach ihren eigenen Erfahrungen oder auf Grund vorgegebener Rollen- bzw. Situationsbeschreibungen ausfüllen. In einem Rollenspiel wird eine Konfliktsituation dargestellt. Durch die Verfremdung und die bewusste, engagierte Übernahme der neuen Rolle erfahren Mitspieler und Zuhörer hautnah sowohl die eigene emotionale Betroffenheit und die Wirkung überzeugend begründeter Argumente wie auch die Verlogenheit scheinbarer „Sachpositionen". Die Teilnahme an einem Rollenspiel impliziert die aktive Auseinandersetzung mit verschiedenen Meinungen und Positionen, wodurch zum Handeln auch außerhalb der Schule ermutigt wird. Häufig erscheint es empfehlenswert, das geplante Rollenspiel unterrichtlich vorzubereiten, wie etwa durch eine Betriebsbesichtigung (z. B. Institute, Pharmakonzerne, Fabriken), durch die Lektüre kontroverser Informationsforen oder von Fachartikeln in Zeitschriften und Zeitungen. Hier ein Beispiel eines Rollenspiels zum Thema Gentechnik.

Umwelt- und Ökologiespiele – Eine Auswahl

Name des Spiels	Spielidee	Herausgeber/Autoren
Umweltschutzspiel	Strategiespiel	W. Windisch, Kommerzverlag, Konstanz 1978
Katz und Maus	Simulationsspiel	D. Beisel, in: Natur 9/1983
Pflanzen können nicht weglaufen	Ökorallye zum Thema Pflanzenstandorte	G. Trommer, in: Unterricht Biologie 131/1988, S. 27ff.
Karibujagd	Simulationsspiel	Projektgruppe, in: Was ist der Mensch? Stuttgart 1980
Robin-Hood-Spiel	Strategiespiel	U. Baer, 5. Aufl. 1981
Räuber-Beute-Spiel	Selektionsspiel	Natur 6/1981, S. 106ff.
Der Lebenszyklus des Kohlweißlings	Lernspiel	P. Drutjons, in: Unterricht Biologie 28/1978, S.28
Feldmäuse leben gefährlich	Simulationsspiel	G. Nottbohm, in: Unterricht Biologie 95/1984, S. 63ff.
Rund um den Apfelbaum	Strategiespiel	S. Nellen u. a., in: Integrierter Pflanzenschutz im Apfelanbau. Hrsg. von IPN Kiel 1990
Robbenjagd	Simulationsspiel	Projektgruppe, in: Was ist der Mensch? Stuttgart 1980
Räuber-Beute-Spiel am Beispiel Marienkäfer-Blattlaus	Simulationsspiel	Unterricht Biologie 112/1986, S. 20ff.
Die CO_2-Neurose	Simulationsspiel	S. Hellweger, 1981
Wasserverschmutzung	Rollenspiel	S. Hellweger u. a., in: Chemieunterricht 5-10. München 1981, S. 95ff.
Der Park und seine BesucherInnen	Rollenspiel	N. Rösner-Krisch, B. Herlt, in: Stadtentdeckungen. Wien 1992, S. 76
Waldsterben	Rollenspiel	D. Seifried, R. Bürgin (Autoren), hrsg. von Deutscher Volkshochschulverband, Freiburg 1984

Talkshow: „Essen aus dem Genlabor? Ja bitte oder Nein danke?“ **10–13**

Teilnehmer: Gentechniker eines Pharmaunternehmens, EU-Koordinator für Gentechnologie aus Brüssel, Mutter zweier Kinder, Professor für Ernährungsphysiologie, Sprecherin des Arbeitskreises „Gentechnologie“ des BUND, Vorsitzender des Ausschusses für Forschung und Technologie, MdB.
Vorbereitung: Zusammenstellung kontroverser Positionen zur Gentechnologie, z. B. Auswirkungen der Nahrungsmittel aus dem Genlabor auf den menschlichen Organismus ist nicht abschätzbar; genmanipulierte Mikroorganismen; Pflanzen und Tiere könnten Substanzen bilden, die unsere Gesundheit beeinträchtigen; bisher gibt es noch kein Prüfverfahren, das in der Lage ist, das gesundheitliche Risikopotenzial zu messen.
Inhalt: Derzeitiges Angebot gentechnologisch bestrahlter Nahrungsmittel, Vorteile – Nachteile, gesundheitliche Gefahren, physikalische Aspekte, gesetzliche Grundlagen.

Literatur

Cornell, J.: Mit Kindern die Natur erleben. Mühlheim 1991
Heymann, D. u. a.: Spiele in der Umwelterziehung. Hrsg.: Hessisches Institut für Bildungsplanung, Wiesbaden 1986
Hübner, R.: Umweltspiele im Überblick. In: Unterricht Biologie 64/1981, S. 40 f.
Janssen, D.: Natur erleben. In: Unterricht Biologie 137/1988, S. 2-12
Kuhn, K. u. a.: Biologie im Freien. Stuttgart 1986
Trommer, B.: Mitweltliches Erleben unter Bäumen. In: Homfeldt, H. G. (Hrsg.): Erziehung und Gesundheit. Weinheim 1991, S. 185-199

D Biologisches Zeichnen

Das Zeichnen im Biologieunterricht ist leider mit der Einführung neuer Technologien im Medienbereich (Overheadprojektor, Video, Computer) stark in den Hintergrund gerückt. Diese Entwicklung sollte korrigiert werden, da sich mit dem Nach- und Abzeichnen biologischer Objekte wichtige Zielsetzungen des Biologieunterrichts verwirklichen lassen, z. B. das Erfassen von Aufbau, Struktur, Gestalt und Zusammensetzung von Organismen, Organsystemen und Organen, Gewebe- oder Einzelzellen sowie das genaue Betrachten und Untersuchen und das daran anschließende vereinfachende und abstrahierende Umsetzen in eine schematische Zeichnung. Prinzipiell gilt, dass das „exakte“ Abzeichen häufiger Übung bedarf und nur wenige Schüler auf Anhieb in der Lage sind, detaillierte und sich am Original orientierende sowie saubere Zeichnungen zu

erstellen. Vielmehr haben Schüler meist erhebliche Schwierigkeiten mit dem Sachzeichnen, sodass sich schnell Langeweile, Enttäuschung und Misserfolgsempfinden einstellen. Deshalb sollten die zu zeichnenden Objekte einfach und die Aufgabenstellungen innerhalb von etwa 20 Minuten zu erfüllen sein.
Die nachfolgende Zusammenstellung von Objekten für das biologische Sachzeichnen orientiert sich an den Kriterien der leichten Verfügbarkeit bzw. Beschaffung, der einfachen Struktur der Objekte sowie dem geringen Zeitaufwand für das zeichnerische Darstellen.

Abzeichnen mikroskopischer Präparate 5–9

Hierbei sollte jedes Präparat durch ein Deckglas abgedeckt werden, damit das Objekt plan liegt und nur wenig Flüssigkeit verdunsten kann.

Haare

1. Zupfe dir ein Kopfhaar aus und lege es auf einen Objektträger. Beschwere es mit einem zweiten Objektträger.
2. Mikroskopiere mit der schwächsten Vergrößerung.
3. Vergleiche die Haarspitze mit der Haarwurzel.
4. Fertige je eine Zeichnung an.

Stärkekörner der Kartoffel

1. Schabe mit einem Messer von der frischen Schnittstelle einer Kartoffel etwas Material ab.
2. Übertrage das Material auf einen Objektträger und füge einen Tropfen Wasser hinzu.
3. Betrachte mit 250facher Vergrößerung.
4. Fertige eine Zeichnung an (mindestens 3 cm groß!).
   Zu erkennen sind Einzelkörner mit deutlicher Schichtung sowie zusammengesetzte Stärkekörner.

Insektenflügel

z. B. tote Bienen vom Imker oder Schmetterlinge

1. Zupfe einen Flügel von der Körperseite ab.
2. Lege den Flügel auf einen Objektträger und decke ihn mit einem Deckblatt ab.
3. Betrachte den Flügel mit der schwächsten Vergrößerung.
4. Fertige eine Zeichnung.

Pflanzensamen

z. B. Löwenzahn oder Gänseblümchen

1. Zupfe mit einer Pinzette ein Schirmchen des Samenstandes des Löwenzahnes ab (alternativ: gelbe Staubgefäße aus der Blüte des Gänseblümchens).
2. Bringe ein Schirmchen auf den Objektträger.
3. Gib mit der Pipette einen Tropfen Wasser dazu und decke mit einem Deckglas ab.
4. Betrachte mit der schwächsten Vergrößerung.
5. Zeichne, was du siehst.

Lothar Staeck

2 Der Stundeneinstieg

Der Beginn einer Unterrichtsstunde kann ganz unterschiedliche Funktionen haben: Er kann Nachbereitung, Vertiefung oder Fortführung des Vorangegangenen sein, aber auch Einstimmung und Einführung in eine neue Thematik. Der Stundeneinstieg kann ein aktuelles Thema präsentieren oder auch einfach dazu dienen, eine positive Arbeitsatmosphäre als Voraussetzung für eine effektive Unterrichtsgestaltung zu schaffen. Regelmäßiger Methodenwechsel und Kreativität haben hierbei einen ebenso großen Stellenwert wie das Aufnehmen und Einüben bestimmter, immer wiederkehrender Rituale, die dem Miteinander förderlich sind. Die folgenden Beispiele zeigen Möglichkeiten, die ersten Unterrichtsminuten produktiv und abwechslungsreich zu gestalten.

A Stundeninhalte nachbereiten und vertiefen

Partnerwiederholung **5–13**
Zwei Schüler erhalten die Aufgabe, für ihre Mitschüler zum Inhalt der stattgefundenen Unterrichtsstunde Fragen zu formulieren und diese zu Beginn der nächsten Stunde zu stellen. Die Antworten werden von den beiden Schülern selbst kontrolliert und gegebenenfalls korrigiert. Regelmäßig durchgeführt erzieht diese Übung Schüler zum exakten Arbeiten und gibt dem Lehrer zusätzliche Möglichkeiten zur Notenfindung.

Fragen ziehen **5–10**
Der Inhalt einer Stunde wird vom Lehrer in Stichworte oder Fragen gefasst, diese werden auf Kärtchen geschrieben und in einen Beutel getan. Einzelne Schüler ziehen einen Begriff oder eine Frage und beantworten sie dann.

Richtig oder falsch? **5–7**
Sollen Begriffe einer Zeichnung zugeordnet werden, zeigt ein Schüler auf einen zu benennenden Bestandteil, ruft einen Mitschüler auf und überprüft, ob dieser richtig oder falsch antwortet. Gegebenenfalls muss der Fragende die richtige Antwort selbst geben.

Fehler finden **5–13**
Ein Arbeitsblatt oder eine Abbildung der vergangenen Stunde wird – mit Fehlern versehen – ausgeteilt. Die Schüler haben die Aufgabe, die Fehler zu entdecken,

sie zu kennzeichnen und zu korrigieren, ohne ihre Aufzeichnungen zu Hilfe zu nehmen. Mit dieser Übung lassen sich die Fähigkeiten zum intensiven Betrachten und genauen Lesen schulen. In der anschließenden Diskussion werden die Fehler diskutiert und gemeinsam korrigiert.

Biomaster **5–8**

Die Klasse bildet zwei Gruppen. Abwechselnd ziehen Schüler jeder Gruppe Fragen mit verschiedenem Schwierigkeits- oder Komplexitätsgrad aus einem Gefäß und beantworten sie (20, 50, 100 Punkte; drei Papierfarben). Diese Übungsform ist gut geeignet, um die Lernergebnisse am Ende einer Unterrichtsreihe auf spielerische Weise zu überprüfen. Der Wettbewerbscharakter erhöht die Motivation vor allem bei jüngeren Schülern deutlich.

B Ein neues Thema einführen

Fantasiereise **5–8**

Die Fantasiereise ist – vor allem nach Pausen und bei jüngeren Schülern – eine gute Möglichkeit, um Ruhe einkehren zu lassen und die Schüler für ein neues Thema zu öffnen. Die Schüler setzen sich hierzu bequem hin, schließen die Augen und folgen einer entspannenden Schilderung, die der Lehrer langsam und ruhig vorträgt. Zum Ende der Erzählung kann ein Dia oder Bild als Impuls für die neue Unterrichtsthematik präsentiert werden. Hier ein Beispiel einer solchen Fantasiereise:

Du liegst an einem Strand –
du liegst im weichen, feinen Sand –
du fühlst mit deinem Körper diesen weichen, warmen Sand –
an deiner Haut, er ist so weich und warm –

die Sonne scheint –
es ist ein schöner Sommertag –
du spürst die angenehme Wärme auf deiner Haut –
auf deinem ganzen Körper, überall –
es ist ein wohliges Gefühl, diese Wärme zu spüren –
die Wärme zieht durch deinen ganzen Körper –
Ruhe durchströmt dich –

du hörst das Meer, sein ruhiges, gleichmäßiges Rauschen –
die Wellen gehen auf und ab –
du spürst deinen Atem, ruhig und gleichmäßig –

ein und aus – ein und aus –
dein Atem passt sich den Wellen an –
ruhig und gleichmäßig – ein und aus – ein und aus –
dein Atem geht ruhig – wie die Wellen –
du bist schwer, warm, ruhig und entspannt –
ein leichter Wind weht über dein Gesicht –
du fühlst dich wohl –
du bist ganz ruhig und entspannt.

Einen neuen Raum erleben **5–8**

Die Schüler sitzen entspannt im Stuhlkreis und schließen ihre Augen. Wenn alle zur Ruhe gekommen sind, trägt der Lehrer den folgenden Text vor:

Du steigst in einen Ballon und gleitest lautlos aus der Stadt, du fliegst über Häuser und Straßen, über Felder und Wiesen. Hier oben ist es ganz ruhig und du kannst alles genau betrachten. Von oben sieht alles ganz klein aus, die Häuser, die Straßen, die Autos, die Menschen und die Tiere. Je höher du steigst, desto stiller wird es um dich. Über dir schweben die Wolken, unter dir gleiten Felder und Wiesen dahin. Du fühlst dich wohl und wirst ganz ruhig. Nun landet der Ballon auf einer Wiese (in einem Wald, auf einem Acker). Du steigst aus. Beschreibe, was du hörst, was du sieht, was du riechst.

Rollenspiel **5–10**

Die Schüler werden mit einer realen oder fiktiven Konfliktsituation konfrontiert. Sie erhalten die Aufgabe, sich durch Rollenübernahmen in die Situation der Konfliktpartner zu versetzen, den Konflikt argumentativ auszutragen und Lösungsstrategien zu entwickeln. Das Ergebnis kann vorgegeben oder offen gehalten sein.
Hier ein Beispiel zum Thema Ernährung (Klasse 5–8):

„Nerv hier nicht ständig rum. Ich tue, was ich will."
Der 14-jährige Carsten schimpft mit seiner Mutter. Schon wieder hat sie ihn ermahnt, nicht nur Pommes oder Hamburger zu essen und Cola zu trinken. „Du brauchst doch auch Vitamine, Junge!", sagt sie ihm. „Das Zeug, das du in dich reinstopfst, macht dich doch nur krank."

Fallbeispiel **5–10**

Zur Problematisierung einer Thematik eignen sich auch Fallbeispiele. Wichtig ist, sie so offen zu halten, dass daraus eine mehrperspektivische Hypothesenbildung abgeleitet werden kann.

Hier ein Beispiel zum Thema Herz-Kreislauf-System (Klasse 8–10):

Die Gipfelstürmer

Tom und Jan sind mit Rucksäcken in den Bergen unterwegs. Heute haben sie vor, auf einen Gipfel zu steigen. Gleichzeitig wollen sie einen Versuch durchführen: Sie messen an verschiedenen Stellen des Aufstiegs ihren Puls.
Bevor sie losgehen, ist Toms Puls niedriger als der von Jan. Nach einigen Höhenmetern bleiben sie stehen, da Tom seine Trinkflasche vergessen hat. Ihr Puls ist jetzt höher als zu Beginn, doch Jans Puls liegt immer noch deutlich über dem von Tom.
Während Jan schon langsam weiter bergauf steigt, geht Tom zurück und holt seine Wasserflasche. Auf halbem Weg zum Gipfel hat Tom Jan wieder eingeholt. Sie machen eine kurze Pause. Beide haben nun den gleichen Puls, der höher ist als die beiden ersten Werte.
Nach einer Minute liegt Toms Puls allerdings schon wieder deutlich unter dem von Jan. ...
Aufgaben:

1. Versuche, das Pulsverhalten beider Jungen in einem Koordinatensystem darzustellen, indem du auf der einen Achse die Pulsfrequenz, auf der anderen die Zeit einträgst.
2. Wie lässt sich das Pulsverhalten von Tom und Jan in jeder der beschriebenen Situationen erklären?

Cartoons **5–13**

Karikierende Zeichnungen sind bei Schülern sehr beliebt und als Einstieg zu empfehlen. Sie verdeutlichen eine Problemstellung auf amüsante Weise, indem sie diese überzeichnen und vereinfachen, und schaffen so Sprechanlässe (→ Seite 12).

Experiment **5–10**

Zur Problematisierung eines Sachverhaltes kann entweder vom Lehrer ein Demonstrationsversuch oder von den Schülern in Gruppen ein Experiment durchgeführt werden. Aufgabe der Schüler ist es dann, das gesehene Phänomen zu deuten.
Hier ein Beispiel zum Thema Herz-Kreislauf-System (Klasse 5–10):

Pulsmessung

Folgender Arbeitsauftrag soll mit *jedem* Mitglied eurer Gruppe durchgeführt werden.

1. Lass deinen Puls im Ruhezustand von den anderen Gruppenmitgliedern messen. Jeder übernimmt eine Aufgabe beim Messen (Zeit stoppen, Puls fühlen, Puls umrechnen, Namen und Anzahl der Pulsschläge in die Tabelle eintragen).
2. Versuche nun, 15 Kniebeugen zu machen und lass dir direkt danach noch einmal den Puls von deinen Partnern messen.
   Tragt auch diesen Wert in die Tabelle ein.

Name	*Puls im Ruhezustand* (Schläge pro Minute)	*Puls nach dem Kniebeugen* (Schläge pro Minute)

Herzfrequenz im Ruhezustand:
Kind: ca. 90 Schläge/min
Erwachsener: ca. 60-90 Schläge/min

Maximale Herzfrequenz:
Kind: ca. 210-240 Schläge/min
Erwachsener (20 Jahre):
ca. 200 Schläge/min
Erwachsener (60 Jahre):
ca. 150 Schläge/min

Brainstorming **5–10**

Auf einen Impuls hin (ein Stichwort, ein reales Objekt oder eine Abbildung) äußern die Schüler ihr Vorwissen zum Thema. Die genannten Aspekte werden an der Tafel, auf einer Folie oder auf Kärtchen festgehalten und geordnet.

Konfrontation **5–10**

Auf eine Problemstellung lässt sich auch gezielt hinarbeiten, indem man die Schüler mit einer Abbildung, mit Zahlenmaterial oder Zitaten konfrontiert und sie bittet, eine Auswertung vorzunehmen.

Hier einige Zitatbeispiele zum Thema „(Haus-)Mittel zur Erhaltung der Gesundheit“ (Klasse 7–10):

„Wenn ich krank bin, gehe ich sofort in die Apotheke. Die wissen dort schon, was zu tun ist." (Klaus M., 32 Jahre)
„Halsschmerzen bekämpfe ich mit einem warmen Schal, gegen Bauchweh nehme ich eine Wärmflasche." (Maria Z., 60 Jahre)
„Wer sich abhärtet und gesund ernährt, braucht keine Tabletten." (Peter K., 40 Jahre)
„Nach meiner Rückkehr aus Indien war ich so krank, dass ich Antibiotika nehmen musste." (Tom P., 22 Jahre)
„Wenn ich mich wohl fühle und zufrieden bin, fühle ich mich gesund." (Katharina B., 92 Jahre)

Gebärden sprechen lassen 5–10

Ein oder mehrere Schüler erhalten die Aufgabe, einen Sachverhalt (Gelenkfunktion, Muskeltätigkeit ...) oder Gefühle (Freude, Angst ...) pantomimisch darzustellen. Im Halbkreis sitzend beobachten die Mitschüler die Darstellung. In der anschließenden Phase sollen sie das Vorgeführte genau beschreiben, ohne dass Deutungen und Wertungen vorgenommen werden.

Lehrerzeichnung 5–7

Der Lehrer zeichnet eine kleine Skizze an die Tafel. Die Schüler erraten ihren Inhalt. Dieser Einstieg ist eine gute Motivation vor allem für jüngere Schüler.

Erzählen eines Erlebnisses 5–8

Der Lehrer führt mit dem Erzählen eines realen oder konstruierten Erlebnisses in eine Thematik ein. Durch die Form seiner Darstellung kann er dabei Spannung erzeugen, Emotionen wecken, die Motivation erhöhen, gleichzeitig aber auch Ruhe einkehren lassen. Vor allem für jüngere Schüler hat ein erzählender Einstieg einen hohen Stellenwert.

C Ein aktuelles Thema präsentieren

Fundstücke 5–13

Oft finden Lehrer und Schüler interessante Objekte, Zeitungsartikel oder Bücher, die sie gerne spontan in den Unterricht einbringen möchten. Im Sinne einer „5-Minuten-Biologie" lassen sich diese Funde auch ohne konkreten Bezug zum Stundenthema in einer kurzen Unterrichtsphase behandeln (➔ Seite 10). Reicht die Zeit hierfür nicht aus, kann man eine feste „Fundstunde" vorsehen, in der jeder sein Material präsentieren kann. Schön ist es, wenn die Fundstücke auf einem Tisch gesammelt und ausgestellt werden (➔ Seite 142).

Kurzmonografie **5–10**

Über das Jahr verteilt stellen die Schüler abwechselnd am Anfang der Stunde Pflanzen oder Tiere vor, für die sie sich besonders interessieren. Diese Vorstellung kann vom Lehrer thematisch gesteuert werden. Bei jüngeren Schülern empfiehlt es sich, sie bei ihrer Wahl zu beraten. Zu jeder Darstellung wird ein kurzer Text mit Abbildungen verfasst und auf eine Tapete geheftet. So entsteht eine Sammlung, die vor allem die Artenkenntnis der Schüler fördert.

D Eine positive Arbeitsatmosphäre schaffen

Gemeinsame Reflexion des Unterrichts **5–13**

Eine interessante Möglichkeit für den Unterrichtseinstieg ist es, eine gemeinsame Reflexion der letzten Stunde oder Unterrichtsreihe durchzuführen. Voraussetzung für ihr Gelingen ist ein vertrauensvolles Verhältnis zwischen dem Lehrer und den Schülern und die gegenseitige Bereitschaft, sich offen mitzuteilen, Lob genauso zu akzeptieren wie Kritik und aus der Reflexion konstruktive Konsequenzen zu entwickeln. Die Schüler sitzen im Stuhlkreis und berichten über die vergangene Stunde bzw. Unterrichtsreihe. Nach vorheriger Absprache werden bestimmte Schwerpunkte für die Reflexion gewählt, so etwa:

- Schwierigkeitsgrad der Aufgabenstellungen,
- Motivationsgrad,
- Zusammenarbeit in der Gruppe,
- Möglichkeit zur Beteiligung,
- Arbeitsklima.

Besonders effektiv ist es, wenn die Reflexion des Unterrichts zur festen Einrichtung wird. Durch die Entwicklung und den Einsatz von Symbolen, Piktogrammen oder Gegensatzpaaren können die Berichte auf Dauer ritualisiert werden. Die Schüler geben so regelmäßig Rückmeldung an den Lehrer und ihre Mitschüler und lernen außerdem, sich selbst besser einzuschätzen.

Den Klassenraum mitgestalten **5–13**

Die Haltung und Pflege von Tieren und Pflanzen im Klassenraum ist für die Arbeitsatmosphäre sehr förderlich. Sie schafft viele Beobachtungs- und Gesprächsanlässe, auf die zu Beginn einer Stunde eingegangen werden kann. Hierbei kommen auch ruhigere und zurückhaltendere Schüler leichter zu Wort und lernen, ihre Hemmungen zu überwinden (➔ Seite 214 ff.).

Christiane Piepenbrock

3 Untersuchungen und Experimente

Um Schüler nicht nur mit den Ergebnissen, sondern auch mit den Arbeitsweisen der Biologie vertraut zu machen, ist experimentelles Arbeiten im Biologieunterricht unerlässlich.

Die hier ausgewählten Experimentalbeispiele eignen sich fast durchweg sowohl als Lehrer-Demonstrationsversuch wie auch als Schüler-Praktikum. Aus der Vielzahl möglicher Beispiele wurden solche ausgewählt, die sich durch geringen apparativen und zeitlichen Aufwand, gut erkennbaren Ablauf und sicheren Erfolg auszeichnen.

Im Biologieunterricht sind *Sammeln*, *Betrachten*, *Beobachten*, *Untersuchen* und *Experimentieren* wichtige naturwissenschaftliche Arbeitsweisen. Meist greifen beim konkreten Versuch verschiedene Arbeitsweisen ineinander oder bedingen sich. Für einen lebendigen und anspruchsvollen Biologieunterricht spielen das *Vergleichen* und *Gestalten* ebenfalls eine wichtige Rolle. In den letzten Jahren wird insbesondere das Gestalten wieder vermehrt in den Biologieunterricht einbezogen – sei es das Gestalten einer Schautafel, eines Herbariums, eines Aquariums, des Schulgartens oder gar des ganzen Schulgeländes. Auch diese über das reine Experimentieren hinausgehenden Arbeitsweisen werden in diesem Kapitel einbezogen.

Schon die einfache Arbeitsweise des *Betrachtens* erfordert eine Anleitung zum bewussten und kritischen Anschauen des Sachverhaltes, zum Durchdenken und mündlichen, zeichnerischen oder schriftlichen Fixieren des Ergebnisses. Erfolgreiches *Beobachten* erfordert bereits eine klare Zielsetzung – im Biologieunterricht werden hierfür oftmals Hilfsmittel wie Lupe, Mikroskop und Film eingesetzt.

Beim *Experimentieren* lassen sich entsprechend ihrer Funktion einführende und motivationsfördernde Lehrer-Demonstrationsversuche von entdeckenden oder klärenden Schülerversuchen unterscheiden.

Wichtig ist es, die Schüler beim Experimentieren gleich zu Beginn an eine konsequente Vorgehensweise zu gewöhnen:

- Zunächst wird ein Problem erkannt und präzise benannt.
- Eine Vermutung entsteht, die als Hypothese formuliert wird.
- Gemeinsam wird ein Experiment geplant und das Versuchsziel verbalisiert.
- Die Versuchsanordnung wird aufgebaut. Bei Versuchen mit schwierigem Gerätezusammenbau mit Strom, Brenner oder Chemikalien wird der Lehrer vor der Durchführung des Versuchs um Überprüfung des Versuchsaufbaus gebeten.

- Der Versuch wird durchgeführt, die verschiedenen beobachteten Fakten werden zeichnerisch oder schriftlich festgehalten.
- Das Experiment wird ausgewertet, die zu Anfang aufgestellte Hypothese verifiziert oder falsifiziert.
- Das Versuchsergebnis wird niedergeschrieben.

Um Unfälle und Beschädigungen im Schülerpraktikum zu vermeiden, müssen die Handhabung des Gasbrenners, das Erhitzen von Flüssigkeiten und der Umgang mit Chemikalien mit den Schülern eingeübt werden. Die folgenden allgemeinen Arbeitsanweisungen sollten regelmäßig wiederholt werden:
- Ein aufgeräumter Arbeitsplatz trägt zum Gelingen des Experimentes bei.
- Die Versuchsapparatur sollte nahe bei den Anschlüssen für Strom, Gas und Wasser stehen, aber nicht zu nahe am Tischrand.
- Das Mikroskop als Präzisionsinstrument ist entsprechend vorsichtig zu behandeln. Linsen dürfen nicht mit den Fingern berührt werden. Zum Reinigen verwendet man weiche Leinenläppchen.

A Zelle

5–7

Arbeiten mit Mikroskop und Lupe (Mikroskopische Übungen)
Material: Lupe, Mikroskopiermaterial (Mikroskope, Objektträger, Deckgläser), Insektenflügel, Löwenzahnsamen, Gänseblümchen
- Untersuchen von Insektenflügeln, Löwenzahnschirmchen, Blütenstaub vom Gänseblümchen, Kopfhaar
- Vergleichen von Lupen- und Mikroskopvergrößerung (Arbeiten mit dem Feintrieb; Einstellen unterschiedlicher Objektive; Abdecken mit dem Deckglas mit und ohne Wasser; Anfertigen einer mikroskopischen Skizze

Zelle von Pflanze und Mensch (Mikroskopische Übungen)
Material: Mikroskopiermaterial, Mikroskopierbesteck (Messer, Rasierklinge, Pinzette, Nadel), Teelöffel, Flaschenkork, Küchenzwiebel, Wasserpest, Sternmoos, Birne
- Schnittpräparate eines Flaschenkorks anfertigen und untersuchen (ohne Wasser auf dem Objektträger)
- Präparate von Zwiebelhäutchen, Blättchen der Wasserpest und Sternmoos anfertigen und untersuchen (sie zeigen wesentliche Zellbestandteile)
- Zellwände und Poren in Zellen des Fruchtfleisches der Birne untersuchen
- Präparieren und untersuchen von Mundschleimhautzellen (mit dem Teelöffel abschaben)

Modell einer Pflanzenzelle
Material: Schuhkarton, Plastikschachteln, Watte, Plastikteile, Schere, Klebstoff
- Basteln des Modells einer Pflanzenzelle mit den bekannten Zellbestandteilen (mit einer durchsichtigen Plastikschachtel-Zelle kann die Räumlichkeit der Zelle und das Problem der Tiefenschärfe beim Mikroskopieren mit dem Tageslichtprojektor demonstriert werden)

8–10

Zelluntersuchungen
Material: Mikroskopiermaterial und -besteck, Wasserpest, Banane, Kartoffel, Weizenkorn
- Mikroskopische Untersuchung der Zellplasmaströmung im Bereich der Mittelrippe des Wasserpest-Blättchens
- Mikroskopische Untersuchung der Stärkekörner aus Speicherzellen von Banane, Kartoffel und Weizen

Räumlichkeit von Zellen
Material: Mikroskopiermaterial, Schraubenalge Spirogyra
- Mikroskopische Zeichnung des bandförmigen Chloroplasten der Schraubenalge

Einzeller (Mikroskopische Übungen)
Material: Mikroskopiermaterial, Pipette, Kulturen von Kieselalgen, Amöben, Pantoffeltieren, Euglena
- Mikroskopische Untersuchung von Kieselalgen (aus dem Schlamm und von Steinen in Bächen oder an Seeufern)
- Amöben haben keine feste Gestalt (zur Entnahme werden Deckgläser einige Stunden in das Kulturgefäß gelegt und dann auf den Objektträger gebracht)
- Pantoffeltiere schwimmen zum Sauerstoff (ein Tropfen Kulturlösung kommt auf den Objektträger; durch senkrechtes Auflegen des Deckglases entstehen Luftblasen im Präparat)
- Euglena – Pflanze oder Tier? (Euglenen lassen sich in eutrophem Wasser leicht kultivieren)

Einzeller im Heuaufguss
Material: Mikroskopiermaterial, großes Glasgefäß mit Abdeckplatte, Pipette, Heu, Bestimmungsbuch
- Bestimmen und Zeichnen verschiedener Einzeller im Heuaufguss
- Protokollieren der Sukzession über mehrere Wochen

Bakterien

Material: H-Milch, Naturjogurt, frische Buttermilch, Becher, Mikroskopiermaterial, Heuaufguss

- Herstellen von Jogurt und Sauermilch
- Mikroskopische Untersuchung des Zahnbelages
- Mikroskopische Untersuchung von Bacillus subtilis in der Kahmhaut auf dem Heuaufguss

Hefepilze

Material: Mikroskopiermaterial und -besteck, Bechergläser, Zucker, Kalkwasser, Mehl, Glasgefäße mit Gärverschlüssen, Kalkwasser, Bäckerhefe

- Bäckerhefe unter dem Mikroskop untersuchen (in einer verdünnten Hefeaufschwemmung sind Einzelzellen mit Zellkern, Fetttröpfchen, Vakuole und Zellplasma zu finden; nach Zusatz von etwas Zucker sind nach rund einer Stunde Knospungsstadien zu finden)
- Herstellen eines Mehlteiges mit und ohne Hefe
- Gärversuch: Hefe vergärt Zucker
- Nachweis von Kohlendioxid als ein Endprodukt der Hefegärung

11–13

Arbeiten mit dem Mikroskop

Material: Mikroskop mit Zubehör, Dauerpräparat eines Blattquerschnittes o.a.

- Berechnen der Gesamtvergrößerung
- Einstellen eines Präparats im Hellfeld, Gebrauch der Kondensorblende
- Zeichnen nach mikroskopischen Präparaten (einschließlich Beschriftung mit Objektname, Bezeichnung des Details, Schnittrichtung, Behandlung und Gesamtvergrößerung)

Herstellen einfacher Zellpräparate (Mikroskopische Übungen)

Material: Mikroskopiermaterial und -besteck, Pipette, Schere, 0,1%ige Methylenblau-Lösung, 0,0001%ige Neutralrot-Lösung, Jod-Kaliumjodid-Lösung, 0,9%ige NaCl-Lösung, 2%ige Essigsäure, Zimmerpflanze Tradescantia spathacea, Zypergras, Küchenzwiebel, Tomate, Kartoffel, Rindfleisch

- Kern- und Vakuolenfärbung eines Zwiebelhäutchen-Präparates (die Kernfärbung mit Methylenblau wird zuerst durchgeführt; die Vakuolenfärbung erfolgt ca. 5 Minuten lang mit Neutralrot)
- Mikroskopieren von Chromoplasten aus dem Fruchtfleisch der Tomate
- Mikroskopieren von Amyloplasten aus der Kartoffelknolle (bei ungefärbten Präparaten kann hier der Gebrauch von Kondensorblende und Mikrometerschraube geübt werden; mit Jod-Kaliumjodid-Lösung anfärben)

- Zupfpräparate von Muskelgewebe von Rindfleisch anfertigen und untersuchen (zerkleinertes Fleisch wird in 0,9%iger NaCl-Lösung zerzupft; nach Zugabe von 2%iger Essigsäure werden die Zellkerne an der Peripherie sichtbar)
- Mikroskopieren der chloroplastenreichen Blattzellen von Tradescantia spathacea
- Schnittpräparat von Zypergras herstellen und verdickte Zellwände untersuchen (neben den auffällig verdickten Zellwänden sind beim Zypergras auch Schließzellen und Gefäßzellen in einem Oberflächenschnitt des Blattes zu finden; zur Herstellung des Schnittpräparates legt man ein Blatt mit der Unterseite nach oben über den Zeigefinger, schneidet mit der Rasierklinge flach ein und zieht mit der Pinzette in Schnittrichtung ab)

Diffusion und Osmose

Material: Mikroskopiermaterial und -besteck, Zuckerwasser, Ligusterbeeren

- Mikroskopische Untersuchung der Plasmolyse in reifen Ligusterbeeren (dazu einen Tropfen konzentriertes Zuckerwasser auf den Objektträger geben und etwas Fruchtfleisch der Ligusterbeere einschaben; wird nach Einsetzen der Plasmolyse am Rande des Deckglases destilliertes Wasser aufgetragen, kann eine Deplasmolyse beobachtet werden)

Einzeller

Material: Mikroskopiermaterial, Kulturen von Amöben, Pantoffeltieren und Euglenen, Hefe, 0,1%ige $NiSO_4$-Lösung, 2%ige Kongorot-Lösung, kristallines $KMnO_4$, Alufolie

- Phagozytose bei Amoeba proteus mikroskopisch untersuchen (zu einem Frischpräparat von Amöben gibt man mehrere Euglenen)
- Langzeitversuch: Zystenbildung bei Amöben (nach zwei bis drei Wochen kommt es durch pH-Wert-Änderung in der Amöbenkultur zu Gestaltsänderungen der Einzeller und zur Zystenbildung)
- Cilienbewegung bei Paramaecium mikroskopisch untersuchen (zu einem Frischpräparat gibt man einen Tropfen 0,1%ige $NiSO_4$-Lösung und mikroskopiert bei geschlossener Kondensorblende)
- Nahrungsvakuolen bei Paramaecium mikroskopisch untersuchen (zu einem Frischpräparat einen Tropfen mit Kongorot gefärbte Hefesuspension geben)
- Chemotaxis bei Paramaecium mikroskopisch untersuchen (zu einem Frischpräparat gibt man einen kleinen $KMnO_4$-Kristall)
- Fototaxis bei Euglena mikroskopisch untersuchen (das Euglena-Kulturgefäß wird bis auf einen Schlitz mit Alufolie umhüllt und 30 Minuten lang einer Lichtquelle ausgesetzt)
- Mikroskopische Zeichnung von Euglena einschließlich aller Zellorganellen

B Allgemeine Pflanzen- und Tierkunde

5–7

Pflanzen und Tiere bei der Schule bestimmen, erfassen, kartieren

Material: Bestimmungsbücher, Schreibzeug, Lineal, Plastikbeutel, Glasgefäße, Pinsel, Pinzette, Lupe

- Kartieren der Pflanzen und Tiere bei der Schule
- Das Leben in den Pflasterritzen
- Tiere unter Steinen
- Bestimmen der Vögel auf dem Schulgelände (Erstellen von Vogel-Steckbriefen)
- Untersuchung verlassener Vogelnester
- Untersuchung von Bau und Eigenschaften der Vogelfeder

Beobachtungen an Tieren

- Katzen (Jagdverhalten, Katzensprache, Körperpflege, Sinnesorgane)
- Hunde (Fressen und Trinken, Mäusefang, Verständigung, Apportieren)
- Käfig-Mäuse (bevorzugter Aufenthalt im Käfig, Lernverhalten im Labyrinth (➔ Seite 43)
- Körperform und Körperbau von Aquarienfischen
- Verhalten von Guppy und Schwertträger (Balzverhalten, Kampfverhalten; ➔ Seite 216 f.)
- Zootiere (➔ Seite 127 ff.)

Bau und Leistung der Blütenpflanzen

Material: Schreibzeug, Rasierklinge, Lupe, Pflanzenmaterial

- Untersuchung der Tulpenblüte (Kennzeichnen der Blütenteile, Anfertigen eines Legebildes, Öffnen und Schließen der Tulpenblüte bei Helligkeit, Kälte und Feuchtigkeit)
- Untersuchung der Küchenzwiebel
- Beobachtungen am blühenden Kirschzweig
- Untersuchung von Bohnensamen
- Untersuchung der Keimbedingungen für Kressesamen
- Untersuchung des Wurzel- und Sprosswachstums bei der Feuerbohne (Bohnensamen rechtzeitig in feuchter Schale ankeimen)
- Untersuchung der Wasserleitbahnen im Spross von Hahnenfuß und Waldrebe

Untersuchungen an Mehlwürmern

Material: Einmachglas, Mehl, Brot, Haferflocken, Zeitungspapier, Stofflappen, Fliegengaze, Lupe, Mehlwürmer

- Kennzeichen der Insektenlarve erfassen und skizzieren
- Unterscheiden von Larve, Puppe und Käfer
- Beobachten der Metamorphose
- Untersuchung des Verhaltens gegenüber Licht und Feuchtigkeit

(➔ Seite 218)

Beobachtungen an Stabheuschrecken

Material: Zuchtgefäß mit Glaswand und Fliegengaze, Efeu oder Ligusterzweige als Futter, Stabheuschrecken

- Kennzeichnung der Tiere als Insekten erfassen und skizzieren
- Verhalten der Tiere beobachten
- Vergleich der Entwicklungsstadien

(➔ Seite 220)

Beobachtungen an Spinnen

Material: größerer Behälter, der mindestens an einer Seite durchsichtig ist; flache Schale als Wasserbecken; grüne, beblätterte Zweige; Hausspinne, Baldachinspinne, Kreuzspinne, Trichterspinne u. a.

- Beobachtung des Baus eines Spinnennetzes
- Vergleich verschiedener Netzformen

8–10

Wasserpflanzen und -insekten

Material: durchsichtiges Gefäß als Miniaquarium, Gewässerschlamm, Wasserproben, einheimische Wasserpflanzen, Mückenlarven, Wasserinsekten, Stereolupe, Objektträger

- Bestimmen und Untersuchen von Wasserpflanzen wie Kanadische Wasserpest, Wasserlinsen, Laichkraut, Hornkraut, Fadenalgen u. a.
- Bestimmen und Untersuchen von Wassertieren wie Wasserflöhe, Zuckmückenlarven, Schlammschnecke, Rückenschwimmer u. a.
- Untersuchung der Entwicklung von Schneckenlaich (Schneckenlaich wird von der Glaswand auf einen Objektträger übertragen, mikroskopisch untersucht und samt Objektträger bis zur nächsten Untersuchung wieder ins Miniaquarium zurückgebracht)
- Vegetative Vermehrung bei Wasserpest und anderen Wasserpflanzen experimentell nachvollziehen
- Fortbewegung von Stechmückenlarven beobachten
- Verhalten der Stechmückenlarven bei Erschütterung des Gefäßes beobachten
- Schwimmen bei Wasserinsekten beobachten

Beobachtungen an Schnecken

Material: Glasscheibe, Markierstift, parfümierter Lippenpflegestift oder Mentholsalbe, Salat, Schnirkel- oder Weinbergschnecken

- Beobachtung des Schneckenfußes bei der Fortbewegung auf einer Glasscheibe
- Bestimmung der Geschwindigkeit beim Kriechen
- Untersuchung des Verhaltens gegenüber chemischen Hindernissen auf der Kriechbahn

(➔ Seite 223 f.)

Untersuchungen an Regenwürmern

Material: zwei quadratische Glasscheiben mit je 30 cm Seitenlänge, passende Eisenwinkel, Kanthölzer und Bodenbrettchen, Fliegendraht, lockere Erde, Sand, Falllaub, Regenwürmer

- Untersuchungen zur allgemeinen Biologie des Regenwurmes (Fortbewegung, Graben, Ernährung, Körperbau, Fortpflanzung etc.)
- Vergleich von Lumbricus und Allolobophora (Wurm ist nicht gleich Wurm)

(➔ Seite 224 f.)

Moose und Farne

Material: Glasgefäße, Millimeterpapier, Messbecher, Moose und Farne

- Untersuchung der Wasseraufnahme bei Moosen (die Länge getrockneter Moospflänzchen wird vor und nach dem Einbringen in Wasser bestimmt)
- Untersuchung der Wasserspeicherung bei Moosen (Wassermenge messen, die ein trockenes Moospolster aus einem Messbecher aufsaugt)
- Vergleich der Sporenträger verschiedener Farne

Bakterien als Erzeuger von Lebensmitteln

Material: Glasgefäße, Trinkmilch, Buttermilch, Naturjogurt, Weißkohl, Kochsalz, Mikroskopiermaterial, Gärröhrchen, durchbohrter Stopfen, Kalkwasser

- Herstellen von Sauermilch durch Beimpfen von Trinkmilch mit Buttermilch
- Herstellen von Jogurt durch Beimpfen von Trinkmilch mit Jogurt
- Herstellen von Sauerkraut aus Weißkohl (in einen Glaszylinder werden abwechselnd mehrere Schichten aus Weißkohlschnitzel und Kochsalz eingepresst)
- Nachweis der CO_2-Bildung bei der Herstellung von Sauerkraut (auf den Glaszylinder kommt ein Stopfen mit Gärröhrchen und Kalkwasser)
- Untersuchung von Milchsäurebakterien unter dem Mikroskop

11–13

Botanische Exkursionen
Material: Bestimmungsbücher, Taschenspaten, Pflanzkelle, Spatel zum Entrinden alter Bäume, Angelhaken zum Heranholen von Wasserpflanzen, Sammelbüchsen, Sammelmappen, Kunststoffbeutel, Hefte, Lupen
(➔ Seite 113 ff.)

Zoologische Exkursionen
Material: Bestimmungsbücher, Lupen, Planktonnetz, Insektenkescher, Sammeltuch, Sieb, Sammelbüchsen und -gläser, Hefte
- Bestimmung der Arten eines ausgewählten Ökosystems
- Erfassung des Pflanzenbestands einer Probefläche (Schichtung, Deckungsgrad, fotografische Dokumentation)
- Beobachtungen im Wald (Horste und Spechthöhlen aufsuchen, Fährten lesen, Fraßspuren bestimmen, Blühkalender erstellen, Rindenquiz, Früchte und Samen kennen lernen, einen Baumstumpf als Lebensraum untersuchen)

Wichtig: Beim Sammeln und Fangen von Naturobjekten sind unbedingt die Naturschutzgesetze zu befolgen.

Lebewesen im Boden
Material: Handschaufel, Schalen, Lupen, Pinzetten, Pinsel, Petrischalen, Bodenproben
- Bestimmung der Lebewesen im Boden und Zuordnung zu den systematischen Gruppen
- Kennzeichnung von Asseln als Krebstiere
- Verhaltensbeobachtungen bei Bodenlebewesen (negative Phototaxis, positive Thigmotaxis)

C Menschenkunde

5–7

Ernährung
Material: Jod-Lösung, Papier, Eiweiß-Teststreifen, Tillmanns-Indikator, Pipette, Rundfilter, Nahrungsmittel
- Nährstoffe mit einfachen Versuchen nachweisen (Stärkenachweis mit Jod-Lösung, Fettnachweis mit der Fettfleckprobe, Eiweißnachweis mit Teststreifen)
- Nachweis von Vitamin C mit Tillmanns-Reagenz

Atmung und Kreislauf

Material: Maßband, 5-l-Glasgefäß, Gummischlauch, Kerze, Aquarium, Einmachglas mit Deckel, Modell von Brust- und Bauchatmung, Glasglocke, Stoppuhr

- Untersuchung der Fragestellung: Wie verändert sich der Bauch- und Brustumfang beim Atmen?
- Bestimmung des Atemvolumens
- Untersuchung der Funktionsweise von Brust- und Bauchatmung
- Untersuchung der Fragestellung: Wie lange brennt eine Kerze in einem Gefäß mit Atemluft, wie lange in frischer Luft?
- Untersuchung der Änderung von Puls- und Atemfrequenz bei Anstrengung

Bewegung

Material: Drahtstücke, Holzscheiben, Schaumgummi, festes Papier, Gewicht

- Bau eines Wirbelsäulen-Modells aus Draht (➔ Seite 46) sowie eines Bandscheiben-Modells aus Holzscheiben und Schaumgummi; Durchführung von Belastungsexperimenten (➔ Seite 74)
- Bau des Modells eines Fußgewölbes aus Papier; Vergleich mit dem Plattfuß-Modell
- Bau von Röhren- und Plattenknochen-Modellen aus Papier; Vergleich der Belastbarkeit

Sinnesorgane

Material: verschiedenen Gegenstände, Augenbinde, Lineal

- Verschiedene Gegenstände mit geschlossenen Augen betasten, riechen, schmecken; Situationen durch Hören erfahren
- Ermitteln der individuellen Reaktionszeit an einem fallenden Lineal (Bezug zur Sicherheit im Straßenverkehr)

8–10

Ernährung

Material: Amylase, Jod-Lösung, Fehling I- und II-Lösung, Haferflocken, Pepsin, 0,5%ige Salzsäure, Hühnerei, Ochsengalle, Speiseöl, Glasgefäße

- Stärkenachweis in Haferflocken
- Wirkung der Amylase – Enzymversuch
- Nachweis des Zuckers mit Fehling I- und II-Lösung
- Eiweißabbau durch Pepsin – Enzymversuch
- Wirkung des Gallensaftes – Versuch zur Bedeutung der Emulsion
- Untersuchung verschiedener Nahrungsmittel auf unterschiedliche Nährstoffe

Atmung und Kreislauf

Material: Blutdruck-Messgerät, Stethoskop, mit Oxalat versetztes Blut vom Schlachthof, $CaCl_2$-Lösung, O_2- und CO_2-Flasche, Kalkwasser, Gummischlauch, Glasgefäß

- Blutdruckmessung
- Messung der Pulswerte bei Anstrengung, im Tagesverlauf
- Farbveränderung an Oxalatblut bei Aufnahme von O_2 und CO_2 vergleichen und begründen
- Nachweis der Blutgerinnung an Oxalatblut mit Calciumchlorid-Lösung
- Nachweis des CO_2 in der Atemluft
- Mikroskopische Untersuchung eines Ausstrichs von Tierblut

Sinne und Nerven

Material: Papier, Schreibzeug Farbkartons, Gummischlauch, Stimmgabel, Wasserschalen, Tastborsten

- Untersuchung des Wahrnehmungsbereichs von linkem und rechtem Auge (abwechselnd mit nur einem Auge durch eine Papierröhre schauen; linkes und rechtes Auge nehmen die Umwelt nicht identisch wahr)
- Nachweis des Blinden Flecks (ein kleines Bild wird bei geschlossenem rechten Auge mit dem linken Auge fixiert; das Bild wird langsam herangeführt bzw. entfernt)
- Farbige Nachbilder erkennen und mögliche Entstehung diskutieren (ein Kreuz auf einem Farbkarton wird 30 Sekunden lang fixiert, anschließend wird auf ein weißes Blatt geschaut)
- Experimente zum Richtungshören (beide Enden eines Schlauches werden an die Ohrmuscheln gehalten, eine zweite Person klopft auf den Schlauch an verschiedenen Stellen); Erkennen der Beteiligung des Gehirns an der Entstehung des Höreindrucks
- Nachweis der Knochenleitung des Schalls (eine schwingende Stimmgabel wird auf den Kopf aufgesetzt)
- Nachweis paradoxer Wärmeempfindung (rechte und linke Hand werden zunächst zeitgleich in eine Schale mit 35 °C und 10 °C warmem Wasser getaucht, anschließend kommen beide in 20 °C warmes Wasser)

Gesundheit

Material: Glasrohre, Wasserstrahlpumpe, Watte, Zigaretten

- Nachweis von Teerstoffen im Zigarettenrauch
- Durchführung von Interviews zum Thema „Was heißt gesund sein?“
- Übungen zur Entspannung (Lockerungsübungen, Fantasiereisen, Atemübungen, Schattenboxen)

D Stoffwechsel

5–7

Alkohol aus Zucker und Hefe

Material: Bechergläser (50 ml), Haushaltszucker, 1 Würfel Bäckerhefe (ausreichend für 8 Gruppen), Teelöffel, Gärröhrchen nach EINHORN

- Gewinnung und Nachweis von Alkohol aus Zucker und Hefe (in dem halb mit 40 °C warmem Wasser gefüllten Becherglas durch Rühren einen gehäuften Teelöffel Haushaltszucker lösen; ein Stück eines Hefewürfels, der zuvor in acht etwa gleich große Stücke zerteilt wurde, in kleinen Bröckchen hinzugeben; nach kräftigem Umrühren die Kugel des Einhorn'schen Gärrohres mit dieser Lösung füllen und so lange hin und her schwenken, bis das Glasrohr luftblasenfrei gefüllt ist; über einen Zeitraum von 14 Minuten zweiminütig die Gasmenge messen, die im Glasrohr entstanden ist, und das Ergebnis in eine Tabelle eintragen)
- Protokollieren der Versuche in einer Tabelle, in der Zeit und Gasmenge festgehalten werden; Auswerten in einer Grafik; Interpretieren der entstandenen Kurve

8–10

Versuche zur alkoholischen Gärung

Material: Gärröhrchen nach EINHORN, Bechergläser (50 - 100 ml und 400 ml), Thermometer, Löffel, Reagenzgläser, Glasstäbe, Uhrgläser, Arzneispritzen, 1 Würfel Bäckerhefe (ausreichend für 8 Gruppen), Glucose, Fructose, Saccharose, Maltose, Lactose, Stärke, Kalkwasser; eine 20%ige etwa 40 °C warme Hefesuspension wird am Lehrertisch bereitgestellt (1 Würfel Hefe in 160 ml Wasser lösen)

- Herstellen 20%iger Zucker-(Kohlenhydrat-)Lösungen (4 g auf 20 ml Hefesuspension) durch Abwiegen oder Abmessen mit Teelöffeln oder in Reagenzgläsern
- Messen der Enzymaktivität (= CO_2 -Menge pro Zeit) beim Gärvorgang (die Kugel des Einhorn'schen Gärröhrchens mit der Zucker-(Kohlenhydrat-)Lösung füllen und so lange hin und her schwenken, bis das Glasrohr luftblasenfrei gefüllt ist; das ganze Gärrohr in ein großes Becherglas stellen, in dem sich etwa 40 °C warmes Wasser befindet; in Minutenabständen die Gasmenge ablesen, bis der Schenkel mit Gas gefüllt ist)
- Nachweis von Kohlendioxid (Gas aus der Kugel mit einer Arzneispritze entnehmen und in ein Reagenzglas drücken, in dem sich 1 cm hoch Kalkwasser befindet; schütteln)
- Aufstellen einer Reihenfolge der Zucker gemäß der Gärintensität (Gasmenge/Zeit)

- Definieren der Begriffe: Gärung, Enzym, Katalysator, Aktivierungsenergie, Substratspezifität, Wirkungsspezifität und Temperaturoptimum

11–13

Enzymatik
Material: Reagenzgläser, Urease, Harnstoff, Phenolphtalein-Lösung
- Versuche zur Spaltung von Urease (zu 2 ml 10%iger Harnstoff-Lösung eine Spatelspitze Urease und zwei Tropfen Phenolphthalein geben und schütteln; nach kurzer Zeit färbt sich die Lösung rotviolett; dieser Versuch kann über eine Leitfähigkeits-Elektrode am Computer mitverfolgt werden (EDV-Messdatenerfassung); durch Temperaturänderung lässt er sich auch zur Darstellung des Temperaturoptimums verwenden)

E Ökologie

7–8

Kleinstlebewesen als Destruenten
Material: Berlesapparatur (Selbstbau: einen Schuhkarton als Fangbox schwarz streichen; für den Beobachtungsblock schwarz gefärbten Gips (Holzkohlepulver) in einen Jogurtbecher mit einem Styroporwürfel als Einlage gießen) Schreibtischlampe, großer Plastiktrichter, Küchensieb, Becherglas (250 ml), Petrischalen, Zigarettenpapier, Walderde
- Kleinstlebewesen bestimmen
- Nachweis der Destruententätigkeit (Petrischalen mit Walderde füllen und mit Zigarettenpapier bedecken; regelmäßig anfeuchten)

8–11

Kleinklima Wald
Material: Thermometer, Bodenthermometer, Windmesser (Anemometer), Evaporimeter (Selbstbau aus Reagenzglas, Bierfilz, Draht, Tesafilm) bzw. Hygrometer, Luxmeter (Physiksammlung) oder Fotoapparat mit Belichtungsmesser
- Vergleich der Temperatur direkt über dem Boden, in 1 m Höhe und in 10 cm Bodentiefe
- Vergleich der Luftfeuchtigkeit und Windgeschwindigkeit im Wald und außerhalb des Waldes
- Vergleich des Lichtwertes in den verschiedenen Stockwerken des Waldes und außerhalb des Waldes

Chemische Gewässeruntersuchung
Material: Wasseruntersuchungskoffer
- Vergleichende Untersuchung von Leitungswasser, Teichwasser, Bachwasser hinsichtlich Wasserhärte, Nitrat-, Phosphat- und Ammoniumgehalt (kein Wasser aus Kläranlagen, Infektionsrisiko!)

F Informationsverarbeitung und Verhalten

8–12

Leistungen des Gehirns beim Lesen
Material: Arbeitstransparent (Overheadfolie) mit folgendem Text:

WEITERUNTENGLITZER
TEDERKANALSAINTMARTINBEI
DESCHLEUSENGESCHLOSSEN
EINGERADERSTRICHTINTEN
FARBENENWASSERSINDERMI
TTELAGEINHOLZBELADENER
KAHNUNDANDENUFERNSAH
MANZWEIREIHENFÄSSER

- Ein geübter Leser versucht, den ihm unbekannten Text fließend zu lesen. (Auflösung: Weiter unten glitzerte der Kanal Saint-Martin, beide Schleusen geschlossen, ein gerader Strich tintenfarbenen Wassers. In der Mitte lag ein holzbeladener Kahn und an den Ufern sah man zwei Reihen Fässer.)
- Die Leistungen des Gehirns werden diskutiert. (Text wird in Segmente zerlegt; auf Grund der gespeicherten Informationen kann das Gehirn sehr oft das Ende eines Textes erfassen, ehe das Auge ihn erreicht; der Text wird ständig mit dem abgestimmt, was wir im Gedächtnis vorfinden.)

Fingerzeigeversuch
- Nachweis des Zusammenwirkens von Groß- und Kleinhirn bei der Bewegungskontrolle (eine Versuchsperson verschränkt die Hände, ein Partner zeigt auf einen Finger, den die Versuchsperson – ohne lange zu überlegen – zu bewegen versucht)

Unbedingte und bedingte Reflexe beim Menschen
Material: selbst gefertigte Versuchsbrille (an einer Brille ohne Gläser einen dünner Schlauch mit Gummiballpumpe befestigen, über den von vorne Luft durch eine Brillenöffnung geblasen werden kann), Trillerpfeife

- Nachweis des unbedingten Lidschlag-Reflexes (vor den Augen in die Hände klatschen)
- Nachweis des bedingten Lidschlag-Reflexes (ein Schüler setzt die Versuchsbrille auf, ein zweiter steht hinter ihm und betätigt abwechselnd Gummiballpumpe und Trillerpfeife, während die anderen Schüler das Versuchsgeschehen protokollieren; zur Untersuchung folgender Fragestellungen den Versuch wiederholen: Ist das Ergebnis mit dem Willen zu beeinflussen? Wie lange hält die Konditionierung vor?)

Versuchshandlung	**Reaktion**	**Deutung**
Pfiffe (P) allein	keine	neutraler Reiz (0)
Luftstöße (L) allein	Lidschlag	unbedingter Reiz (uR)
ca. 10 Luftstöße jeweils etwa 0,5 Sekunden nach einen Pfiff	Lidschlag	Konditionierung
Pfiff allein	Lidschlag	bedingter Reiz (bR)

- Nachweis des unbedingten Patella-Reflexes (mit der Handkante unter die Kniescheibe des übergeschlagenen Beines klopfen)

Lernversuche auf dem Hochlabyrinth

Material: 10-20 mit wasserfestem Lack gestrichene Holzblöcke (ca. 20 x 20 x 5 cm), Stoppuhr, Futter für die Versuchstiere, Spülmittel, einige Hausmäuse, Mongolische Rennmäuse oder Hamster

- Durchführung von Lernversuchen, bei denen die Tiere von einem Startpunkt aus zu einem Zielpunkt finden sollen (die Versuchstiere 24 Stunden zuvor nicht füttern, zunächst an das Labyrinth gewöhnen und nach jedem Versuch mit Futter belohnen; die Zeit bis zum Erreichen des Zieles stoppen, Fehlentscheidungen zählen; Lernkurve erstellen (Fehlerzahl/Versuch); nach jedem Versuch Stege reinigen, da die Mäuse ihre Wege markieren)

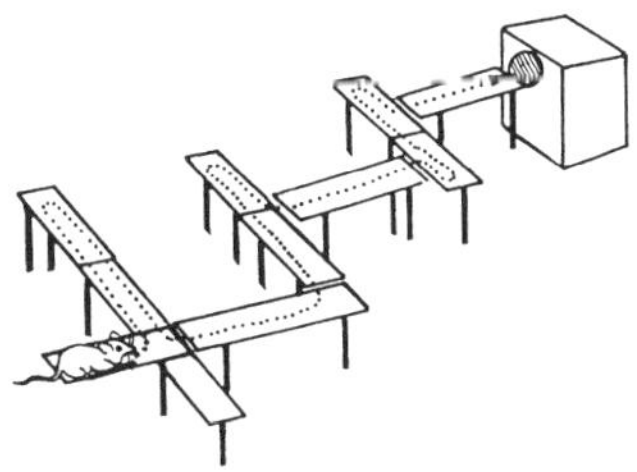

  Versuchsreihe 1: (s. Zeichnung)
  Versuchsreihe 2: spiegelbildlicher Aufbau
  Versuchsreihe 3: gerade Strecken verlängern (→ Seite 221)

Elektrische Signale schwach elektrischer Fische
Material: Tapirfisch (Gnathonemus petersii) aus dem Zierfischhandel, Kathodenstrahl-Oszilloskop, zwei Verbindungskabel, Glasschale (ca. 15 cm Durchmesser)
- Demonstration elektrischer Signale des elektrischen Organs (Verbindungskabel zum Oszilloskop in die Schale mit dem Fisch halten; die Aktionspotenziale des elektrischen Organs werden sichtbar; Amplitude und Dauer des Signals im Protokoll festhalten)

Anpassung von Fischen an die Umgebung
Material: ein oder zwei Buntbarsche (Tropheus oder Haplochromis), Plastikbecken, Zeichenkarton in verschiedenen Helligkeitsstufen
- Demonstration der Farbanpassung von Buntbarschen (das Becken mit dem Fisch abwechselnd auf helleren und dunkleren Untergrund stellen)

Tastsinn beim Menschen
Material: Tastborste, Filzstift, Schablone für Fläche von 1 cm^2, Stechzirkel, zwei gleiche Münzen unterschiedlicher Temperatur (ca. 30 und 15 °C)
- Nachweis der Druckpunkte (in Partnerarbeit Punkte auf den Unter- und Oberarmen mit einer Tastborste in unregelmäßigen Abständen reizen; die erkannten Reizpunkte mit einem Filzstift markieren; zur Kontrolle immer wieder auch Punkte reizen, an denen die Berührung nicht wahrgenommen wurde)
- Untersuchung der Dichte der Druckpunkte (in Gruppen- oder Partnerarbeit verschiedene Körperteile mit der Tastborste innerhalb einer Schablone berühren (Rücken, Arme, Stirn, Daumenballen, Fingerspitze ...; die Reizpunkte mit einem Filzstift markieren)
- Untersuchung gleichzeitiger Berührungsreize (der Versuchsperson beide Spitzen eines Stechzirkels gleichzeitig mit geringem Druck auf die Haut setzen; Abstand der Spitzen variieren; die Versuchsperson gibt an, ob eine oder zwei Druckempfindungen wahrgenommen werden; zur Kontrolle immer wieder nur mit einer Spitze reizen)

Geschmackssinn beim Menschen
Material: 2%ige Rohrzucker-Lösung, 0,5%ige Essigsäure-Lösung, 2%ige Kochsalz-Lösung, in 200 ml Wasser gelöste Chinintablette, Wattestäbchen, Wasser zum Nachspülen
- Lokalisierung der verschiedenen Geschmacksrezeptoren (Lösungen mit Wattestäbchen auf Zungenspitze, Zungengrund, mittleren und vorderen Zungenrand aufbringen)

Zusammenwirken verschiedener Sinnesorgane

Material: kleine Stücke verschiedener Lebensmittel mit sehr typischem Geschmack (Zitrone, Radieschen, Apfel, Zwiebel u. Ä.)

- Nachweis des Zusammenwirkens von Geruchs- und Geschmackssinn bei der Wahrnehmung von Speisen und Getränken (ein Schüler isst die verschiedenen Proben bei verbundenen Augen und zugehaltener Nase, er beschreibt seine Wahrnehmung; Wiederholung des Versuchs mit geöffneter Nase)

Pupillenreflexe beim menschlichen Auge

Material: Taschenlampe

- Untersuchung des Pupillenreflexes: Steuerung beider Pupillen vom selben Reflexzentrum im Mittelhirn = konsensuelle Reaktion (ein Auge einer Versuchsperson wird optisch vom anderen abgeschirmt, das andere beleuchtet; auch die Pupille des abgeschirmten Auges verändert sich)
- Untersuchung der reflektorischen Steuerung der antagonistisch wirkenden Ring- und Radialmuskeln der Iris durch das Mittelhirn (ein verdunkelter Raum wird mit der Taschenlampe plötzlich beleuchtet; bis zur Anpassung ist ein abwechselndes Vergrößern und Verkleinern der Pupille zu beobachten)

Reizschwellen des menschlichen Auges

Material: geometrische Figuren in verschiedenen Farben (ca. 25–30 cm Durchmesser)

- Untersuchung der Reizschwellen von Zäpfchen und Stäbchen (im verdunkelten Raum werden den Schülern die Figuren gezeigt; bei richtiger Abdunklung sind die Formen in verschiedenen Grautönen zu erkennen; erst bei günstigerer Beleuchtung werden die Farben erkannt)

Präparation des Rinderauges

Material: tiefgefrorene Rinderaugen, sehr feine Blätter einer Metalllaubsäge, Präparierbestecke, Lupen

- Zeichnung des dioptrischen Apparates (Rinderaugen dazu in rechte und linke Hälften teilen)
- Untersuchung der Funktionsweise der Linse (Linsen herauspräparieren und über einen gedruckten Text halten; Vergrößerung nimmt mit der Entfernung der Linse zum Text zu; an den Rändern sind Unschärfen zu erkennen)

Mit der optischen Bank (Physiksammlung) lassen sich folgende Phänomene demonstrieren:

- Das Bild erscheint auf dem Kopf und seitenverkehrt
- Korrektur von Sehfehlern mit verschiedenen Linsen

Gesichtsfeld und räumliches Sehen (Perimeter-Versuch)
Material: Perimeter, Sichtkarten und Farbstifte (schwarz, rot, grün, gelb, blau); weißer Zeichenkarton bzw. Arbeitstransparent und Folienstifte
- Ermittlung des Gesichtsfeldes (die Versuchsperson hält das Perimeter horizontal und fixiert mit einem Auge den Fixpunkt (0 °); ein Partner führt die Sichtkarten von hinten und unten in zufälliger Reihenfolge langsam von 90° in Richtung des Fixpunktes; Markierung der Winkel, in dem die Sichtkarte selbst und ihre Farbe wahrgenommen wird; Wiederholung mit dem anderen Auge)
- Bestimmen des Bereichs des räumlichen Sehens (Zusammenfügen der Gesichtsfelder beider Augen; der Überschneidungsbereich ist das Feld des räumlichen Sehens)

G Evolution

5–10

Versuche zur Evolution der Wirbelsäule
Material: Metalldraht (1 mm Durchmesser), zwei Styroporplatten (30 x 30 cm), Gewicht (250 g)
- Untersuchung der Beugung eines c- und eines s-förmigen Wirbelsäulen-Modells (einen Draht c-förmig, den anderen s-förmig biegen, beide Drähte in je eine Styroporscheibe stecken (dazu das untere Ende zu einer Schlaufe biegen); die Drähte am oberen Ende mit einem Gewicht beschweren und die Veränderung der Beugung beider Drähte diskutieren)

8–12

Herstellen von Steinwerkzeugen
Material: Brocken von Granit, Kalkstein, Sandstein, Feuerstein; Schutzbrillen
- Untersuchen der Materialeigenschaften (dazu durch Aneinanderschlagen der Steine (Schutzbrille!) Abbrüche verschiedener Größen erzeugen)
- Erprobung der Verwendbarkeit als Hackwerkzeug, Faustkeil, Lanzenspitze, Bohrer, Messer etc.

Simulation Fossilien-Entstehung
(➔ Seite 75 f.)

11–13

Selektion
Material: kariertes Papier, Bleistifte
- Modellversuch zur Selektionstheorie (in die Mitte eines karierten Blattes wird eine Figur aus etwa vier bis acht Kreuzen gezeichnet; auf einem anderen Blatt wird nach folgenden Regeln die „zweite Generation“ erzeugt: a) ein Kreuz überlebt, wenn zwei oder drei der acht orthogonalen- und diagonalen Nach-

barfelder besetzt sind; b) es stirbt, wenn weniger als zwei oder mehr als drei Felder besetzt sind; c) ein Kreuz entsteht neu, wenn in seiner Nachbarschaft genau drei Kreuze stehen; die Zahl der erzeugten „Generationen" kann beliebig gewählt werden;

H Genetik

9–13

Mitose

Material: Bechergläser, Mikroskopiermaterial und -besteck, 50%ige Essigsäure, Karminessigsäure, Bunsenbrenner, Filterpapier, Küchenzwiebel

- Präparieren und Mikroskopieren von Mitosestadien in einem Zwiebelwurzel-Quetschpräparat (die Anzucht der Wurzelspitzen benötigt zwei bis vier Tage; die Wurzelspitzen werden in Essigsäure fixiert, mit der Rasierklinge mehrmals längs geteilt und in Karminessigsäure unter Erhitzen angefärbt)

Vererbte Merkmale beim Menschen

Material: Taschenspiegel, Schreibzeug

- Untersuchung von Erbmerkmalen innerhalb der Klasse und der Familie (Zungenrollen, Zungenfalten, Haaransatz, Ohrläppchen, Behaarung des mittleren Fingergliedes, Biegbarkeit des Daumens)

Variabilität von Bohnensamen

Material: 200 Feuerbohnen, 12 Messzylinder, Lineal, Millimeterpapier, Schreibzeug, evtl. Galton'scher Zufallsapparat

- Nachweis der Gauß'schen Normalverteilung (Bohnen messen und nach Größenklassen in die Messzylinder einordnen; das Ergebnis in einem Säulendiagramm auf Millimeterpapier festhalten und evtl. mit dem Zufallsapparat überprüfen)

Mendel'sche Regeln

Material: Biokit zur Genetik, Maiskolben I und II der Fa. Schlüter (Adresse ➔ Seite 245)

- Bestätigung der Zahlenverhältnisse der Mendel'schen Regeln mit Hilfe der beiliegenden Anleitung
- Nachweis der Phänomene: monohybrider/dihybrider Erbgang, Rückkreuzung, Crossing over

Axel Brott, Walter Kleesattel, Manfred Rein

4 Arbeitsblätter

Arbeitsblätter sind unverzichtbare Hilfsmittel für die Gestaltung und Strukturierung des Biologieunterrichts. Sie können Unterrichtsinhalte vorbereiten, ihre Erarbeitung begleiten oder nachbereiten. Ihr Stellenwert im Unterricht kann ebenso unterschiedlich sein wie ihre inhaltliche und äußere Form.

- Arbeitsblätter können den Schülern neue und weiterführende Informationen geben oder sie dazu auffordern, sich solche Informationen selbst zu beschaffen.
- Sie können Denkanstöße geben und neue Denkprozesse initiieren.
- Sie begleiten handlungsorientiertes Arbeiten, indem sie z. B. Anleitung geben zum Durchführen von Experimenten, zum Beobachten und Präparieren von Pflanzen und Tieren oder zum Bau und Einsatz von Struktur- und Funktionsmodellen.
- Der Lernerfolgskontrolle dienen Arbeitsblätter als Lückentexte, Zuordnungsaufgaben, Mehrfachwahl-Antworten oder als frei zu formulierende Texte.

Vor allem bei jüngeren Schülern ist es wichtig, dass Arbeitsblätter durch ihre äußere Gestaltung und ihre sprachliche Form einen hohen Motivationswert und Aufforderungscharakter haben. So erleichtern sie auch das Wiedererkennen nach einem längeren Zeitraum.
Zur besseren Übersichtlichkeit für Schüler und Lehrer empfiehlt es sich, die Arbeitsblätter zu einen Themenkreis zu nummerieren und mit Überschriften zu versehen. Sinnvoll ist es auch, sie zusammen mit Zeichnungen, Tafelbildern und anderen Aufzeichnungen in einer Mappe zu sammeln. Diese Mappe kann mit einem Inhaltsverzeichnis versehen werden, in das die Schüler die Titel der Arbeitsblätter eintragen.
Im Folgenden finden Sie Beispiele für die unterschiedlichen Arten von Arbeitsblättern – selbstverständlich sind weitere Formen denkbar.

A Arbeitsblätter zur Information oder Informationsbeschaffung

5–6

Regeln für die Winterfütterung

1. Füttere die Vögel nur, wenn es draußen längere Zeit friert, bei geschlossener Schneedecke und nach Eisregen.

2. Hänge das Futterhaus so auf, dass es von Katzen nicht erreicht werden kann.

3. Füttere keine Speisereste, Brot- oder Kuchenkrümel, gekochte Kartoffeln und vor allem nichts Gesalzenes.

4. Für Körnerfresser (Meise, Finken, Kleiber) eignen sich ölhaltige Samen von Hanf, Sonnenblume und Mohn, die du zum Beispiel in Form eines Futterknödels oder einer Futterglocke anbieten kannst.

5. Für Weichfresser (Rotkehlchen, Zaunkönig, Amsel) kannst du Weizenkleie, Haferflocken und Stückchen von Trockenobst ins Futterhaus legen.

6. Achte darauf, dass das Futter niemals nass oder durch Kot verunreinigt ist. Das macht die Vögel krank.

7. Wenn du merkst, dass die Tiere nicht gesund sind, höre sofort mit der Fütterung auf. Kranke Vögel erkennst du daran, dass sie teilnahmslos in der Nähe der Futterstelle sitzen, aber nicht fressen.

8. Säubere die Futterstelle in regelmäßigen Abständen (zweimal pro Woche) mit heißem Wasser und einer Bürste. Trage dabei Plastikhandschuhe.

5–8

Zugvögel machen Ferien

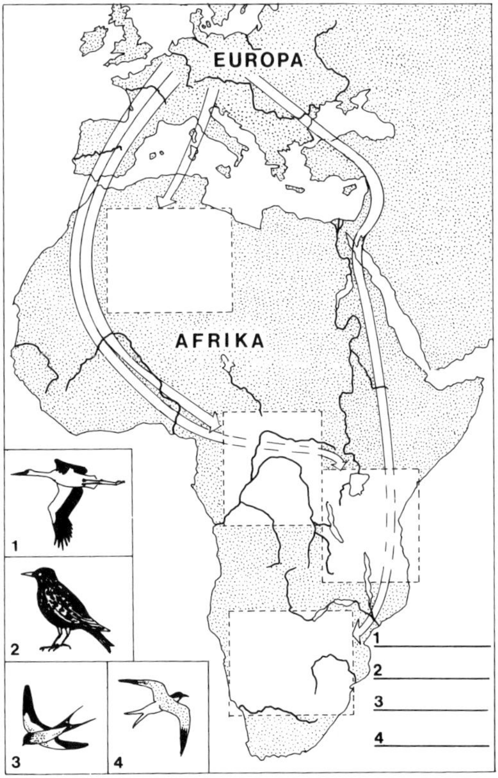

1. Ordne die Vögel den Flugzielen zu, indem du sie an der entsprechenden Stelle einklebst und beschriftest, und male ihre Zugwege mit unterschiedlichen Farben aus.
2. In welche Länder fliegen die abgebildeten Vögel? Nimm deinen Atlas zu Hilfe.
3. Warum verlassen uns diese Vögel?
4. Informiere dich über die vier Vogelarten. Berichte über ihr Aussehen und ihre Lebensweise.

Richtig eingeklebt (von oben nach unten): Star, Rauchschwalbe, Mauersegler, Weißstorch.

B Arbeitsblätter als Denkanstöße

8–13

Du und deine Klasse

- In deiner Klasse hat es Streit zwischen zwei Mitschülern gegeben. Überlege, wie du als Außenstehender den Streit schlichten kannst. Vergleiche die Lösungen von Jungen und Mädchen miteinander.
- Versucht, den Streit in einem Gespräch mit den Beteiligten zu schlichten. Welche Gesprächsregeln müssen beachtet werden? Zeichnet das Schlichtungsgespräch mit der Videokamera auf und analysiert es.
- Was ist notwendig, damit sich alle Schüler in eurer Klasse wohl fühlen und gut lernen können? Überlegt euch Klassenregeln, die von allen akzeptiert werden. Überprüft nach einem gewissen Zeitraum, ob sie eingehalten werden.
- Welche Regelsysteme kennst du in unserer Gesellschaft außerdem. Welche Absichten werden mit ihnen verfolgt?
- Stell dir vor, du hast Angst vor einer Klassenarbeit oder du wirst von deinem Nachbarn ständig gestört. Versuche, mit Hilfe der Körpersprache anderen zu zeigen, wie du dich in diesen Situationen fühlst. Haben alle Menschen dieselbe Körpersprache?

C Arbeitsblätter im handlungsorientierten Unterricht

Anleitung zur Durchführung von Experimenten

9–13

Was geschieht beim „Dickwerden“ der Milch?

Untersuchung des pH-Werts und Zuckernachweis bei frischer und einige Tage alter Kuhmilch

Benötigtes Material

Universal-Indikatorpapier (pH-Wert-Bereich 1 bis 10)
Spezial-Indikatorpapier (pH-Wert-Bereich 5,4 bis 7,0)
Spezial-Indikatorpapier (pH-Wert-Bereich 3,8 bis 5,4)
Zucker-Teststäbchen
Bechergläser
Milch (frische und einige Tage lang ungekühlt aufbewahrte)

Vorinformation zum pH-Wert
Je kleiner die angezeigte Zahl, desto saurer ist die Flüssigkeit.
pH 7: neutral, pH 1: sehr sauer.

7 (neutral) → 6 → 5 → 4 → 3 → 2 → 1 (sehr sauer)

Untersuchung des pH-Werts

1. Fülle in ein Becherglas etwas frische Kuhmilch und in ein zweites mehrere Tage alte, ungekühlt aufbewahrte Kuhmilch.
2. Nimm zunächst einen Streifen Universal-Indikatorpapier und teste, in welchem groben Bereich sich der pH-Wert der jeweiligen Flüssigkeiten befindet. Gibt dazu einen Tropfen der Flüssigkeit auf eine Seite des Streifens und vergleiche die Rückseite mit der Farbskala.
3. Entscheide nun, welches der beiden Spezial-Indikatorpapiere du benötigst, um einen genaueren Wert zu ermitteln, und gehe wie bei Schritt 2 vor.
4. Trage deine Ergebnisse in die Tabelle ein.

Zuckertest

1. Nimm jeweils ein Zucker-Teststäbchen und tauche es einen Moment lang in die Flüssigkeit. Warte dann etwa 10 Sekunden und lies das Ergebnis ebenfalls an der Farbtafel ab.
2. Trage auch diese Ergebnisse in die Tabelle ein.

	pH-Wert	Zuckertest (positiv/negativ)
frische Kuhmilch		
mehrere Tage lang ungekühlt aufbewahrte Kuhmilch		

Auswertung: Abbau von Milchzucker durch Bakterien, Umwandlung in Milchsäure; Zunahme des Säuregehaltes, Abnahme des Zuckergehaltes.

Anleitung zu Beobachtungen

5–8

<table>
<tr><th colspan="2">Das Wachstum meiner Feuerbohne</th></tr>
<tr><td>Größe der Feuerbohne
(in cm)</td><td>Skizze der Feuerbohne
(jeden 3. Tag)</td></tr>
<tr><td>1. Tag:</td><td rowspan="3"></td></tr>
<tr><td>2. Tag:</td></tr>
<tr><td>3. Tag:</td></tr>
<tr><td>4. Tag:</td><td rowspan="3"></td></tr>
<tr><td>5. Tag:</td></tr>
<tr><td>6. Tag:</td></tr>
</table>

Das Arbeitsblatt sollte bis zum 21. Beobachtungstag erweitert werden.

Anleitung zur Präparation

5–10

Untersuchung eines Samens der Feuerbohne

Benötigtes Material
Feuerbohnen-Samen (einen Tag in Wasser gelegt)
Lupen

Arbeitsanleitung
1. Entferne vorsichtig die Samenschale.
2. Klappe die Bohnenhälften auseinander.
3. Untersuche sie möglichst genau mit der Lupe.
4. Lege beide Hälften so hin, wie du sie auseinander geklappt hast.
5. Zeichne die beiden Hälften und das, was du im Inneren erkennst, möglichst groß in den vorgesehenen freien Kasten.

Anleitung zum Bau und Einsatz von Modellen

5–8

Modelle: Verbreitung von Früchten und Samen

Wie Flugsamen und -früchte verbreitet werden, kannst du selbst herausfinden.
Baue diese Modelle nach und probiere sie aus. Viel Spaß!

Modell „Schirmflieger“

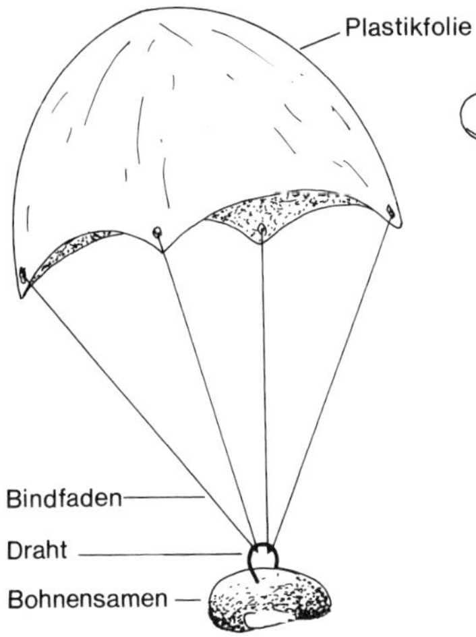

Modell „Propellerflieger“

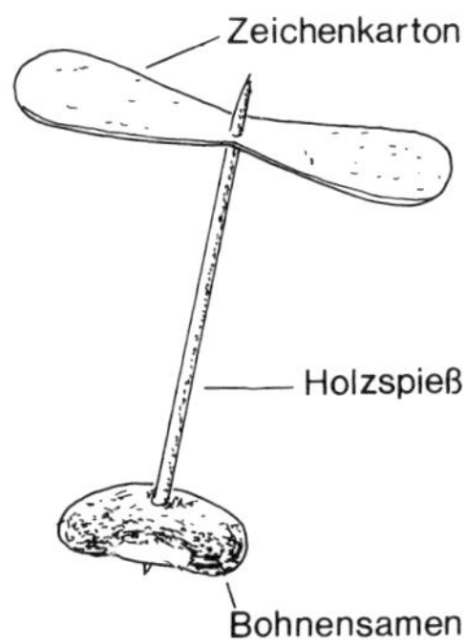

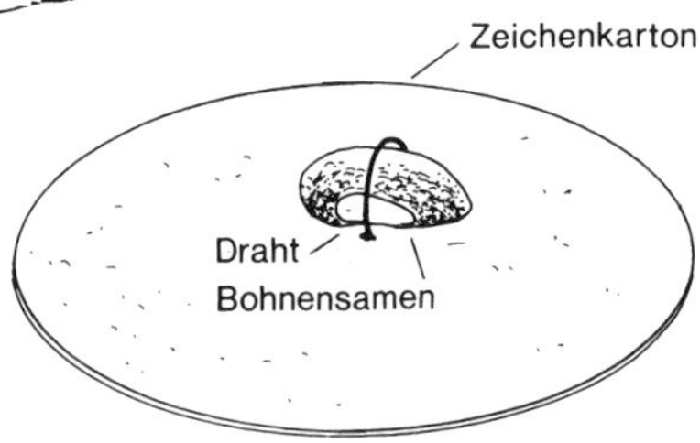

Modell „Gleitflieger“

D Arbeitsblätter zur Lernerfolgskontrolle

Lückentext

5–8

Muskeltätigkeit

Name: ____________________ Punkte: ____________

Am Modell kannst du Oberarm, Unterarm und zwei ____________________ erkennen. Diese sind an den Armen und auch am ganzen Körper für die ______ _______ verantwortlich. Die Muskeln werden an ihren beiden Enden ganz schmal. Dieses Verbindungsstück zum Knochen nennt man ______________ _______. Die beiden Muskeln des Modells werden nach ihrer Funktion benannt. Wird der Oberarm angewinkelt, muss der obere Muskel, der ______________ _______, sich zusammenziehen. Streckt man den Arm dann wieder, erschlafft der obere Muskel. Gleichzeitig zieht sich aber ein anderer Muskel zusammen, der __________________. Dieses Zusammenspiel ist nötig, weil Muskeln nur beim Zusammenziehen Kraft haben.

Zuordnungsaufgaben

5–8

Die Flossen des Fisches und ihre Aufgaben

Trage die Namen der Flossen in die Zeichnung ein.

Wofür sind die verschiedenen Flossen da?

1 und 2: ________________

3 und 4: ________________

5: ________________

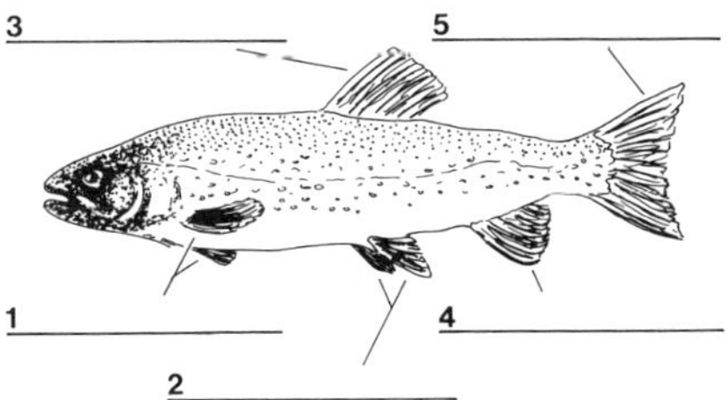

Richtig: 1/2 vorwärts bewegen; 3/4 steuern; 5 Gleichgewicht halten.

Mehrfachwahl-Antworten

5–8

Wie gut kennst du das Wildkaninchen?

❑ 1a Etwa fünf- bis siebenmal im Jahr werden Junge geworfen.
❑ b Etwa zwei- bis dreimal im Jahr werden Junge geworfen.

❑ 2a Jeder Wurf hat durchschnittlich fünf Junge, es können aber bis zu 14 Tiere sein.
❑ b Jeder Wurf hat durchschnittlich drei Junge, es können aber bis zu sechs Tiere sein.

❑ 3a Die Jungen sind Nestflüchter.
❑ b Die Jungen sind Nesthocker.

❑ 4a Die Jungen kommen nackt und blind zur Welt.
❑ b Die Jungen kommen mit offenen Augen zur Welt und haben ein Haarkleid.

❑ 5a Die Jungen kommen mit Zähnen zur Welt.
❑ b Die Jungen kommen zahnlos zur Welt.

❑ 6a Wildkaninchen leben als Einzelgänger.
❑ b Wildkaninchen leben gesellig.

❑ 7a Mit den Vorderpfoten scharren sie sich Vertiefungen, so genannte Sassen, in die sie sich bei Gefahr hineindrücken.
❑ b Mit den Vorderpfoten graben sie sich unterirdische Gänge und Höhlen, in die sie bei Gefahr flüchten.

❑ 8a Wildkaninchen leben in offenem Gelände mit Wiesen und Feldern, die durch Hecken unterbrochen sind.
❑ b Wildkaninchen sind überall zu finden, in offenem Gelände ebenso wie in Parks und Gärten.

Richtige Antworten: 1a, 2a, 3b, 4a, 5a, 6b, 7b, 8b

Frei zu formulierende Aufgabenstellungen

5–8

Keimung der Feuerbohne

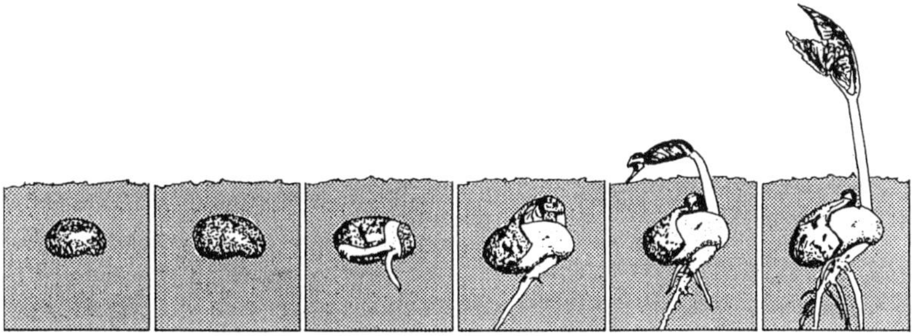

Beschreibe die sechs Schritte der Bohnenkeimung.

1. ______________________________

____

2. ______________________________

____

3. ______________________________

____

4. ______________________________

____

5. ______________________________

____

6. ______________________________

____

Zahlreiche weitere Arbeitsblätter sowie Kopiervorlagen finden sich in: Kleesattel, W. (Hrsg.): Lehrerhandbuch Biologie 1, Berlin (Cornelsen) 1996 und ders.: (Hrsg.): Lehrerhandbuch Biologie 2, Berlin (Cornelsen) 1997.

Christiane Piepenbrock

5 Medien

Damit Medien zu einer wahren „Fundgrube“ für den Biologieunterricht werden, bedarf es nur weniger methodischer Vorüberlegungen. Prinzipiell gilt, dass den Medien keine bloße, den Unterricht ergänzende Funktion zugewiesen werden darf, sondern eine zentrale, den Lehr-Lernprozess steuernde (vgl. Staeck 1995). Nach diesem didaktischen Verständnis werden die Unterrichtsmedien zu echten Operationsobjekten, mit deren Hilfe die Lernenden selbstständig und in aktiv handelnder Auseinandersetzung zu Sacheinsichten und Arbeitsergebnissen gelangen können. Das Medium wird dabei häufig sogar selbst inhaltlich zergliedert werden, wodurch die Schüler seine Struktur, seine Gestaltungsweise und damit seine Stärken und Schwächen erfassen können.

A Einsatz von Dias

5–13

Die beiden wichtigsten Strukturmerkmale von Dias (Realbilder) sind ihre Wirklichkeitsnähe und ihr statischer Charakter (zeitlich und räumlich begrenzter Ausschnitt der Realität). Daher eignen sie sich vor allem zur Erarbeitung von Strukturen (Morphologie und Anatomie) sowie der chronologischen Abfolge biologischer Vorgänge.
Jedes Dia offenbart bestimmte Gestaltungsmerkmale, die unterrichtlich thematisiert werden können, nämlich

- den Standort des Betrachters/Fotografen (Wahl der Perspektive),
- den Vergrößerungsmaßstab (Wahl des Objektivs).

In diesem Zusammenhang können die Schüler aufgefordert werden, von einem bestimmten biologischen Objekt (z. B. einem geschädigten Baum, einem Insekt mit Tarnfärbung) selbst Fotoaufnahmen zu machen, wobei Perspektive und Abbildungsmaßstab systematisch verändert werden. Die erstellten Fotoarbeiten werden anschließend ausgestellt und gemeinsam ausgewertet.
Schließlich können vom Lehrer solche Dias aus dem Angebot der Bildstellen herausgesucht oder selbst erstellt werden, die bei ihrer Projektion spontane Äußerungen hervorrufen (z. B. Bild eines übergewichtigen Menschen, Brandrodung, Brutpflege eines Maulbrüters). Geeignet sind in erster Linie provozierende oder problematisierende Darstellungen. Auch solche können übrigens als Arbeitsaufträge an die Schüler vergeben werden, wodurch sich ausgezeichnete didaktische Materialien für den Unterricht zusammentragen lassen.

B Einsatz von Filmen

7–13

Die Faszination von Filmen beruht vor allem auf ihrem zeitlichen Ablaufcharakter. Sie eignen sich besonders

- zur Darstellung physiologischer und ethologischer Sachverhalte,
- zur Motivation für biologische Fragestellungen,
- als Problemstellung.

Bedingt durch die technische Entwicklung der letzten Jahre werden im Unterricht an Stelle von 8-mm-Filmen („Arbeitsstreifen“) und 16-mm-Filmen fast nur noch Videokopien verwendet. Als „Fundgrube“ für den Biologieunterricht erweisen sich Filme unter anderem, wenn sie vom Lernenden selbst didaktisch analysiert werden.

Filme analysieren

Darstellung der Fimhandlung im Zeitkontinuum

Parallel zur Zeitleiste werden die dargestellten Filmsequenzen und Überschriften notiert.

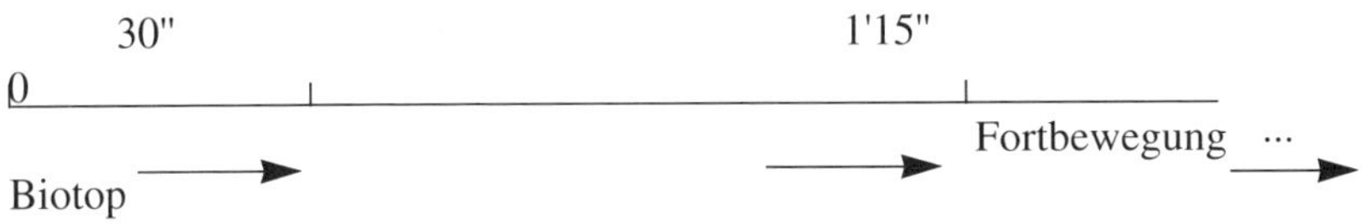

Erstellen eines Begriffsnetzes des Filminhaltes

Ein solches Kartogramm eignet sich hervorragend zur Herstellung einer gedanklichen Ordnung über einen komplexen, mehrdimensionalen Sachverhalt, wie er in einem Film normalerweise dargestellt wird. Den Schülern wird in der schrittweisen Entwicklung eines solchen Begriffsnetzes die Beziehung zwischen dargestellten Sachverhalten und Begriffen deutlicher. Hinzu kommt ein Lerneffekt, der durch die sich vollziehende Verbindung zwischen sprachlichem (logisch-analytischem) Denken und bildhaftem (assoziativ-kreativem) Denken erreicht wird.

Vorgehensweise: Auf der Basis des Filmtitels bzw. Themenschwerpunktes werden zunächst die kennzeichnenden inhaltlichen Oberbegriffe gefunden. Diese werden anschließend in Form einer linearen Anordnung über mehrere hierarchische Ebenen in nachgeordnete Teilthemen und Teilaspekte untergliedert. Hierdurch werden Verknüpfungen, Querverbindungen und Beziehungen deutlich und der gesamte Filmablauf wird in eine sachlogische Grundstruktur gebracht, sodass durch das Benennen von Makro- und Mikrostrukturen die inhaltlichen Zusammenhänge deutlich werden.

Begriffsnetz zum Film:
Schlüsselreize beim Maulbrüter
Länge: 7 Min. (FWU-Film 320641)

- **Männchen**
  - Revierkampf
    - Angriffskampf
    - Kommentkampf
    - → Beherrschen des Reviers
  - Paarungsverhalten
    - Nestbau
    - Kreisförmiges Umeinanderschwimmen über der Nestmulde
    - Berühren des Weibchens am Hinterleib
    - Präsentieren der Eiflecken und Abgabe der Spermien
- **Weibchen**
  - Paarungsverhalten
    - Folgt Männchen zur Mulde
    - Kreisförmiges Umeinanderschwimmen über der Nestmulde
    - Eiablage und sofortige Eiaufnahme
    - Aufnahme der Spermien (Befruchtung im Kehlsack)
  - Brutpflegeverhalten
    - Ausschlüpfen der Jungen
    - Aufnahme der Jungen bei Gefahr (Attrappenversuch)
- **Jungtiere**
  - Futtersuche
  - Folgen der Mutter
    - Attrappenversuch

Weitere Hinweise zum kreativen Einsatz von Filmen

Abschließend werden noch einige methodische Maßnahmen zusammengestellt, die die hervorragenden Eigenschaften von Filmen besser zur Wirkung kommen lassen:

- Förderung der Aufmerksamkeit und Eigentätigkeit der Schüler durch Arbeitsaufträge.
- Abschnittweises Vorführen einzelner Filmsequenzen mit anschließender gemeinsamer oder partnerweiser Erarbeitung.
- Filmanalyse mit Hilfe eines Fragenkatalogs über Ziele, Inhalte, Strukturen, technische Mittel des Films.
- Technisch variabler Einsatz, z. B. Stopps an bestimmten Stellen, wiederholtes Zeigen oder Weglassen von Sequenzen, Abdrehen des Tones.

C Einsatz von Arbeitstransparenten (Folien)

5–13

Von ihren Strukturmerkmalen her eignen sich Arbeitstransparente vor allem zur Darstellung schematischer und grafischer Übersichten sowie von Strukturen und Phänomenen, die einer entwickelnden Darstellung bedürfen. Durch die sukzessive Projektion von Teilinformationen, die man auf ein Basistransparent legt, werden Arbeitstransparente zu effektiven Operationsobjekten.

Papiercomputer **9–13**

Ein Arbeitstransparent besonderer Art ist der so genannte Papiercomputer (vgl. Vester 1991). Er eignet sich zum Aufzeigen von Wechselwirkungen und wechselseitigen Abhängigkeiten, z. B. bei der Erörterung von ökologischen, gesundheitlichen oder sonstigen Problemen aus unterschiedlichen Lebensbereichen. Er trainiert damit das inklusive, vernetzte, ganzheitliche Denken.

Die Matrix des Papiercomputers kann aus beliebig vielen Elementen zusammengesetzt sein, doch vor allem bei unteren Klassenstufen oder beim erstmaligen Einsatz sollten es nicht mehr als drei oder vier verschiedene sein.

Folgende Arbeitsschritte haben sich beim Einsatz des Papiercomputers bewährt:

1. Es werden zunächst gemeinsam (oder auch im Brainwriting) die Elemente des im Mittelpunkt der Erörterung stehenden Systems (z. B. Teich, menschliche Gesundheit) zusammengestellt.
2. Eintragen der gefundenen Elemente in beliebiger Reihenfolge auf dem Arbeitstransparent (Papiercomputer).
3. Jeder übernimmt die Eintragungen auf seinen Arbeitsbogen und bewertet anschließend die einzelnen Wechselwirkungen: Wie wirkt jedes einzelne Element auf ein anderes?

Der Papiercomputer: Analyse der Interdependenz

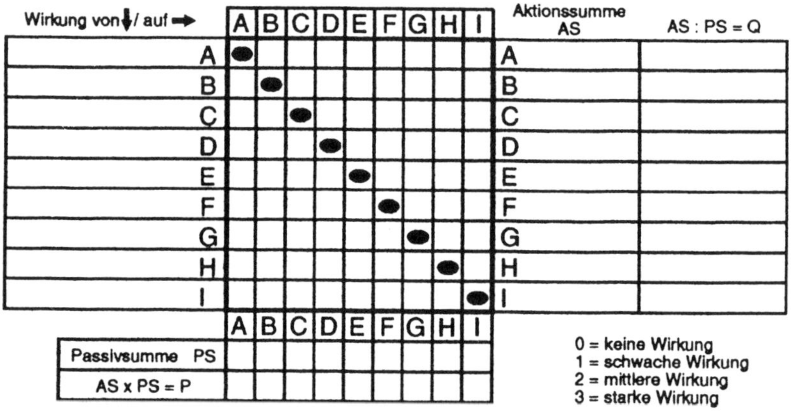

Operationen:

1 von links nach rechts
Addition = AS (Aktivsumme)

2 von oben nach unten
Addition = PS (Passivsumme)

3 AS : PS = Q (Quotient)
höchster Q = passives Element

4 AS x PS = P Produkt
höchstes P = kritisches Element
niedrigstes P = ruhendes Element

Wir werten aus nach:

- aktivem Element: beeinflusst alle anderen, wird selbst kaum beeinflusst
- relativem Element: beeinflusst andere kaum, wird aber selbst stark beeinflusst
- kritischem Element: beeinflusst andere stark, wird selbst auch stark beeinflusst
- ruhendem Element: beinflusst andere kaum, wird selbst auch kaum beeinflusst

Es wird noch einmal deutlich gemacht, dass es hierbei nur um eine grobe *Einschätzung* gehen kann, wobei 0 = keine Einwirkung, 1 = schwache Einwirkung, 2 = mittlere Einwirkung, 3 = starke Einwirkung bedeutet.

4. Auswertung

4.1 Beginnend bei A werden alle neben einem Element stehenden Zahlen addiert. Es ergibt sich die Aktivsumme (AS) des jeweiligen Elements.

4.2 Wieder bei A beginnend werden nun alle Zahlen von oben nach unten addiert. Es ergibt sich die Passivsumme (PS) des jeweiligen Elements.

4.3 Die Aktivsumme (AS) jedes Elements wird durch seine Passivsumme (PS) geteilt. So wird der Quotient (Q) errechnet und in das entsprechende Feld eingetragen.
4.4 Die Aktivsumme (AS) jedes Elements wird mit seiner Passivsumme (PS) multipliziert. So wird das Produkt (P) errechnet und in das jeweilige Feld eingetragen.
5. Interpretation
5.1 Welches Element beeinflusst alle anderen am stärksten (wird gleichzeitig von ihnen am schwächsten beeinflusst)? Das Element mit dem höchsten Quotienten (Q) ist das *aktivste*.
5.2 Welches Element beeinflusst die übrigen am schwächsten (wird aber selbst am stärksten beeinflusst)? Das Element mit dem niedrigsten Quotienten (Q) ist das *passivste*.
5.3 Welches Element beeinflusst die übrigen am stärksten und wird gleichzeitig auch von ihnen am stärksten beeinflusst? Das Element mit dem höchsten Produkt (P) ist das *kritischste* Element.
5.4 Welches Element beeinflusst alle übrigen am schwächsten und wird von ihnen ebenfalls am schwächsten beeinflusst? Das Element mit dem niedrigsten Produkt (P) ist das *ruhende* bzw. *puffernde* Element.

Obwohl diese mehr spielerische Auseinandersetzung mit einem Systemzusammenhang auf Grund des groben Bewertungsmaßstabes nur Richtungen bzw. Tendenzen offenbaren kann, ermöglicht dieses Denkspiel durch seine kreative Herangehensweise an komplexe Gegebenheiten verständliche und daher überraschend realistische Ergebnisse.

D Medien selbst herstellen

7–13

Als Ausweg aus der in vielen Schulen mangelhaften Ausstattung mit Unterrichtsmedien bietet sich im Sinne einer handlungsorientierten Medienpädagogik an, mit Schülern (und Kollegen) schrittweise ein eigenes Archiv aus selbst erstellten Medien aufzubauen. Hierfür eignen sich

- Dias (z. B. über die Metamorphose des Frosches),
- einfache Modelle (z. B. Modell des Lautorgans der Grille),
- Arbeitstransparente (Normal- und Fehlsichtigkeit),
- Tonbänder (z. B. Reportagen, Interviews),
- Videofilme.

Beispiel: Einfache Modelle selbst herstellen

Modell des Lautorgans bei Grillen

Benötigtes Material: Modellskizze, Schere

Arbeitsanleitung:

1. Schneide alle durchgezogenen Linien aus.
2. Knicke alle gestrichelten Linien in der angegebenen Richtung.
3. Simuliere die Ruhestellung: Lege A über B.
4. Simuliere den Gesang: Ziehe A über B nach außen.

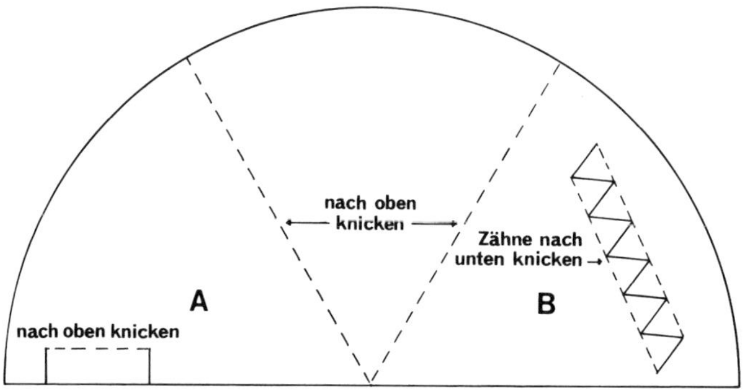

Nach: Gerasch, R.: Akustische Kommunikation der Grillen. In Unterricht Biologie, 41/1980, S. 27

Beispiel: Arbeitstransparente (Folien) selbst herstellen

Arbeitstransparent zu Normal- und Fehlsichtigkeit

Arbeitsanleitung:

1. Stellt den Strahlengang in einem gesunden Auge dar.
2. Stellt den Strahlengang in einem kurzsichtigen Auge dar.
3. Stellt den Strahlengang in einem kurzsichtigen Auge mit Sehhilfe (Korrektur) dar.
4. Stellt den Strahlengang in einem weitsichtigen Auge dar.
5. Stellt den Strahlengang in einem weitsichtigen Auge mit Sehhilfe (Korrektur) dar.
6. Beschriftet eure Abbildungen und beschreibt das entstandene Bild bzw. die Korrektur, die zur Behebung des Sehfehlers vorgenommen werden kann, jeweils mit einem Satz.

Benutzt für eure Zeichnungen folgende Symbole:

Bild Linsentypen Strahlengang Augenachse

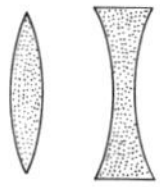

Normal- und Fehlsichtigkeit sowie mögliche Korrekturen

1.

2.

3.

4.

5.

Beispiel: Filme selbst herstellen

Das Filmen stellt ein anspruchsvolles und zeitaufwendiges Unterrichtsvorhaben dar. Die Schüler lernen hierbei, nicht nur fertige Filme kritisch zu analysieren, sondern auch selbstständig in Bildern zu denken, einen eigenen Blick für den gewählten Schwerpunkt zu entwickeln. Folgende Arbeitsschritte haben sich bei der Gestaltung von Videofilmen im Unterricht bewährt:

1. Gemeinsames Analysieren einiger Videofilme, z. B. des regionalen Schulfernsehens, mit dem Ziel, Gestaltungsmerkmale des Films zu identifizieren (z. B. Einstellung – Bildausschnitt, Kameraperspektive, Bewegung, Objektbewegung), Schnitt, Kameraführung, Montage, Originalton und Hintergrundgeräusche, Handlungsablauf.
2. Vorbereitung zur Drehbuch-Erstellung: Thema festlegen, Handlung recherchieren, insbesondere Anfang – Plotpoint (Ereignis, das in die Handlung eingreift und sie beeinflusst) – Schluss, Hauptfiguren
3. Erstellung eines Drehbuches (Storyboard)
   Beispiel:

Zeit	Titel der Szene	Kameraeinstellung/ Szene	Kommentar
15 Sek.	Hinführung zum Thema	Zoomen von der Totale auf Nah: Baum in Großansicht	Bäume gehören zu den wichtigsten Lebewesen der Erde ...

Dabei ist ein Drehbuch wie eine Bergbesteigung: Während man klettert, sieht man nichts anderes als die Felsen vor und über sich. Man sieht selten, wohin man geht, nur das Ziel steht fest.

4. Vertraut werden/Umgehen mit der Videokamera und dem (möglichst externen) Mikrofon.
5. Abdrehen der Sequenzen: Zum leichteren Wiederfinden der Einstellungen wird empfohlen, mit „Klappe“ zu arbeiten, auf der wesentliche Hinweise zur abgedrehten Sequenz stehen. Außerdem wird empfohlen, pro Sequenz 10 Sekunden Vorlauf und 10 Sekunden Nachlauf einzuplanen.
6. Nachbearbeitung, also das so genannte elektronische Schneiden der Takes (Einstellungen), Tonmischung, Trickdarstellungen (Titel, Text, Abspann). Schnittplätze gibt es in den Bildstellen.

Bandprotokoll

Projekt: ______________________ Band Nr. ______________ S. __________

Aufnahmen vom: ____________

Zählwerk-Min/Sek von bis	Bild / Inhalt	Take / Einst.	Bild-Qualit.	Ton / sonst. Bemerk.	Szene / Kontext

Als Faustregel für den Arbeitsaufwand gilt: Für jede Minute des fertigen Films wird eine Stunde Arbeit benötigt. Als Faustregel für den zeitlichen Umfang von Filmrohmaterial : fertigem Material gilt bei Tierfilmen ein Verhältnis von maximal 10 : 1. Sonst sollte das Verhältnis 5 : 1 nicht überschreiten.

Literatur

Gerasch, R.: Akustische Kommunikation der Grillen. In: Unterricht Biologie, 41/1980, S. 24-29

Staeck, L.: Medien im Biologieunterricht. Königstein 1980

Staeck, L.: Zeitgemäßer Biologieunterricht. Berlin 1995

Vester, F.: Ballungsgebiete in der Krise. München 1991

Lothar Staeck

6 Modelle – Einsatz und Selbstbau

Modelle beinhalten für den Lernenden wichtige Lernhilfen, indem sie den Blick auf das Wesentliche und Typische lenken. Ein Modell unterscheidet sich vom originalen biologischen Objekt durch drei Eigenschaften:

1. durch ein anderes Material (z. B. Pappe),
2. durch eine andere Dimension (z. B. vergrößertes Abbild der Wirklichkeit),
3. durch Abstraktion (z. B. Weglassen nebensächlicher bei gleichzeitiger Hervorhebung wesentlicher Kennzeichen im Sinne der Zielsetzung).

Die folgenden Beispiele für biologische Modelle können ohne allzu großen Aufwand von den Schülern selbst gebaut werden.

Modell des Einlinsen-Mikroskops **5–7**

Material: Marmeladenglas, Metall-Lochstreifen (z. B. Schnellhefter), Gummiband, Wassertropfen; Blatt der Wasserpest

Arbeitsanleitung:

1. Biege den Lochstreifen in einem rechten Winkel.
2. Befestige den nicht gelochten Schenkel mit dem Gummiband so an dem umgedrehten Marmeladenglas, wie es die Abbildung zeigt.
3. Bringe mit dem Zeigefinger einen Wassertropfen in das Loch des Metallstreifens.
4. Gib auf den Boden des Marmeladenglases einen zweiten Wassertropfen.
5. Bringe in diesen Tropfen ein abgezupftes Blättchen der Wasserpest.
6. Betrachte das Objekt durch den Wassertropfen im Lochstreifen. Zum Scharfstellen kannst du die Höhe des gewinkelten Lochstreifens verändern.

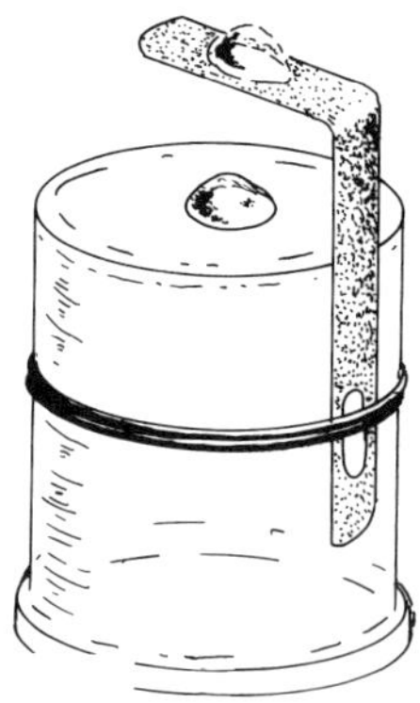

Verschiedene Zellmodelle **5–7**

Seifenschaummodell

Material: kleines Plastikaquarium, etwa ein halbes Glas Wasser, einige Tropfen Spülmittel, Trinkhalm

Arbeitsanleitung:

1. Gieße in ein kleines Aquarium das Wasser und einige Tropfen Spülmittel.
2. Blase so lange Luft durch den Trinkhalm, bis das Gefäß ganz mit Seifenblasen gefüllt ist.
3. Zeichne die Umrisse einiger Seifenblasen auf der Aquariumwand mit Filzstift nach.
4. Betrachte das Zellmodell von der Seite und zeichne, was du siehst.

Treppenmodell

Material: drei Petrischalen (oder Glasplatten), vier Holzleisten, Overheadprojektor, Filzstifte

Arbeitsanleitung:

1. Mehrere Petrischalen (Glasplatten) werden verschiedenfarbig beschriftet und auf der Projektionsfläche des Overheadprojektors übereinander gestapelt.
2. Zwischen die unteren beiden Petrischalen (Glasplatten) werden je zwei kleine Holzleisten gelegt, um den Abstand zu vergrößern.
3. Der Reihe nach wird auf die einzelnen Glasebenen scharfgestellt, sodass die Buchstaben zu lesen sind.
4. Der Zusammenhang zwischen einer Zelle und dem Overheadmodell wird hergestellt.

Bau eines Zellmodells

Material: Schuhkarton, einige gleichartige Plastikschachteln (z. B. Aufschnitt behälter für den Kühlschrank), Watte (Zellplasma), eiförmige Plastikteile (Blattgrünkörner), Tischtennisbälle (Zellkerne)

Arbeitsanleitung:

1. Die Schüler bauen das Modell zusammen.
2. Sie erklären, in welchen Teilen ihr Modell mit der Wirklichkeit der Pflanzenzellen übereinstimmt und wo Abweichungen auftreten.

Einfaches Blütenmodell (Kreuzblütler) **5–7**

Material: ein Blatt Zeichenkarton (DIN A4), Klebstoff, eine Briefklammer für Großbriefe von ca. 3–4 cm Länge (oder ein großer Nagel), eine Schere, Buntstifte, Skalpell zum Vorbohren der Löcher

Arbeitsanleitung:

1. Klebe die Kopie auf den Zeichenkarton.
2. Male die Blütenteile aus:
   A Kelchblattkreis mit dem Blütenstiel = grün;
   B Blütenblätter = gelb;
   C äußere Staubblätter = gelb;
   D innere Staubblätter = gelb.
3. Schneide den Kelchblattkreis A aus und klebe ihn zu einer Röhre zusammen. Knicke anschließend die vier Kelchblätter nach außen.
4. Schneide nun die anderen Blütenteile aus B, C, D und nimm an den markierten Stellen die angegebenen Knickungen und Biegungen vor.
5. Bohre die Mitte der einzelnen Blütenkreise (B, C und D) mit einem Skalpell vor und schiebe anschließend in der Reihenfolge B, C und D die Blütenteile mit der Farbe nach unten jeweils so auf die Verschlussklammer, dass ihr Kopf noch ca. 1 cm frei liegt. (Die Verschlussklammer stellt den Stempel dar.)
6. Die zusammengesteckten Blütenkreise werden von oben in den grün angemalten Blütenkelch bis zur Biegestelle der Blütenblätter geschoben.
7. Zum besseren Halt können die einzelnen Blütenkreise in der Mitte zusammengeklebt werden.

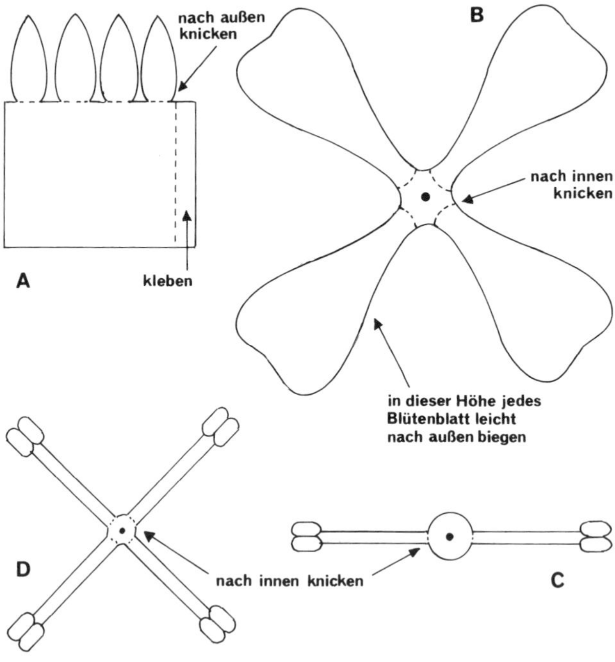

Wer fliegt am besten? **6–7**

Zur Vorbereitung der Modellversuche wird in einem ersten Schritt mit Realobjekten experimentiert.

Material: Messlatte, Föhn, Pinzette, Stoppuhr (oder Sekundenzeiger der Uhr); verschiedene Samentypen, z. B. Schirmflieger (Löwenzahn, Wiesenbocksbart, Waldrebe, Kratzdiestel), Segelflieger (z. B. Birke, Ulme), Schraubenflieger (z. B. Bergahorn, Linde, Hainbuche), Streufrüchte (z. B. Schlafmohn, Schwertlilie)

Arbeitsanleitung:

1. Gehe zur Ermittlung der Aufgaben so vor: Markiere an der Tafel oder der Wand eine Höhe von 2 m. Lass nun die verschiedenen Samen bzw. Früchte von dieser Höhe aus fliegen (z. B. von einem bereitgestellten Tisch).
2. Protokolliere die Messergebnisse für Sinkgeschwindigkeit, Flugform, Flugstrecke. (Erzeuge zur Ermittlung der Flugstrecke mit dem Föhn Wind.) Wie weit werden die Samen/Früchte weggetrieben?
3. Erläutere die Ergebnisse.
4. Entferne anschließend die Flugeinrichtungen und wiederhole die Versuche.

Modellversuche

Material: Zeichenkarton, Papier, Plastikfolie, Luftballons, Bindfaden, Büroklammern, Zahnstocher, Streichhölzer, Klebeband, Klebstoff

Arbeitsanleitung:

1. Baue mit den zur Verfügung stehenden Materialien Modelle von Flugsamen und Flugfrüchten. (Sei kreativ.)
2. Berücksichtige auch Fluggeräte, die du aus der Technik kennst.
3. Nimm der Reihe nach die einzelnen Modellsamen bzw. Modellfrüchte und protokolliere die Messergebnisse für Sinkgeschwindigkeit, Flugform und Flugstrecke. (Fahre fort wie bei den Versuchen mit den Realobjekten beschrieben.)

Kiemenmodell **5–7**

Material: Modellskizze, Buntstifte, Schere, Klebstoff

Arbeitsanleitung:

1. Schneide das Kiemenmodell mit der Schere aus und male anschließend die Kiemenblättchen auf beiden Seiten rot an.
2. Schneide alle durchgezogenen Linien bis zum Ende ein.
3. Knicke alle gestrichelten Linien und klebe die beiden Hälften des Kiemenbogens mit Klebstoff zusammen.
4. Um wie viel größer ist die Oberfläche der Kiemenblättchen des fertigen Modells im Vergleich zur ursprünglichen Skizze?

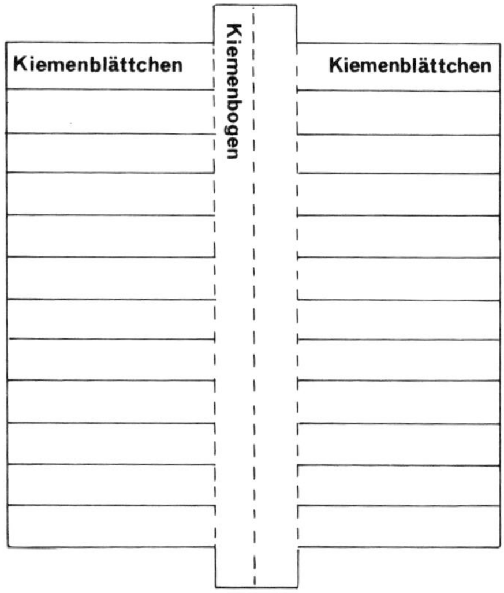

Modelle zum Schwimmen und Schweben **5–7**

Welche Form ist am strömungsgünstigsten?

Material: mit Wasser gefülltes Plastikaquarium mit groß aufgetragener Zentimeterskala an den Seitenflächen, Plastilin, Waage, Stoppuhr mit Sekundenanzeiger

Arbeitsanleitung:

1. Wiege drei gleich schwere Portionen Plastilin ab.
2. Knete daraus
   a) einen dünnen, langen Körper,
   b) einen breiten Körper,
   c) eine Kugel.
3. Stelle vor der Untersuchung eine Reihenfolge auf, welche Form am tiefsten, welche am flachsten eintaucht.
4. Lasse alle drei Formen nacheinander aus der gleichen Höhe ins Wasser fallen.
5. Bestimme jeweils die Eintauchtiefe.
6. Erläutere deine Beobachtungen und übertrage sie auf Wasserlebewesen.
7. Versuche – als Wettbewerb in der Klasse – eine Form zu kneten, die noch weniger eintaucht als alle bisher geformten.

Was/wer schwimmt am besten?

Material: mit Wasser gefülltes Plastikaquarium, drei Kugeln oder Würfel von gleicher Größe, aber von unterschiedlichem Gewicht (z. B. Polystyrol oder Styropor, Plastilin, Metall)

Arbeitsanleitung:
1. Bringe die drei Körper vorsichtig auf die Wasseroberfläche und lasse dann los.
2. Welche Kugel geht unter, welche schwebt?
3. Erkläre.

Welcher Körper schwebt am besten?
Material: Plastikaquarium mit Wasser, vier Glaspipetten mit Gummihütchen
Arbeitsanleitung:
1. Sauge in die Pipetten unterschiedlich viel Wasser ein.
2. Lege sie auf die Wasseroberfläche.
3. Welche Pipette geht unter?
4. Erkläre.
5. Wie erreicht man, dass eine Pipette im Wasser schwebt?

Welche Flossen bewegen sich am besten?
Material: mit Wasser gefülltes Plastikaquarium, steifer Karton, Schere, Stifte
Arbeitsanleitung:
1. Schneide aus dem Karton verschiedene Flossenformen aus.
2. Halte nacheinander jede dieser Flossen fest und bewege sie im Wasser in allen Richtungen (nach oben/unten, nach links/rechts).
3. Welche Bewegungen lassen sich leicht, welche schwer ausführen?
4. Erkläre.

Modell einer Schwimmblase
Material: mit Wasser gefülltes Plastikaquarium, Glaskolben, Plastikschlauch, Luftballon, Bindfaden, Schere
Arbeitsanleitung:
1. Lege den Kolben quer ins Wasser.
2. Binde den Luftballon am Schlauch fest und drücke ihn in den Glaskolben.
3. Blase durch den Plastikschlauch langsam Luft in den Ballon.
4. Erkläre, was passiert.
5. Übertrage das Modell auf die Schwimmblase des Fisches.

Einfaches Modell des Komplexauges von Insekten 9–13
Material: Modellskizze, Klebstoff, Schere, Seidenpapier
Die vorliegende Abbildung A sollte mit dem Fotokopierer auf ca. 20 cm vergrößert werden, bevor die benötigte Anzahl der Kopien erstellt wird.

Arbeitsanleitung:
1. Schneide das Modell aus.
2. Knicke das Modell an den durchgezogenen Linien.
3. Gib auf den Klebefalz etwas Klebstoff und klebe das Modell so zusammen, dass ein sechseckiger Pyramidenstumpf (sechs Facetten) entsteht.
4. Klebt alle erstellten Modelle (ca. 20–30) anschließend so zusammen, dass ein rundes Gebilde entsteht (=Komplexauge) und alle kleinen Öffnungen in eine Richtung zeigen.
5. Überklebt die kleinen Öffnungen mit Seidenpapicr.
6. Haltet das fertige Modell B mit den großen Öffnungen gegen eine Lichtquelle.
7. Beschreibt, was ihr seht. (Jedes Einzelauge nimmt einen Ausschnitt der Umwelt wahr. Es wird ein mosaikartiges Bild sichtbar, das aus hellen und dunklen Feldern besteht.)

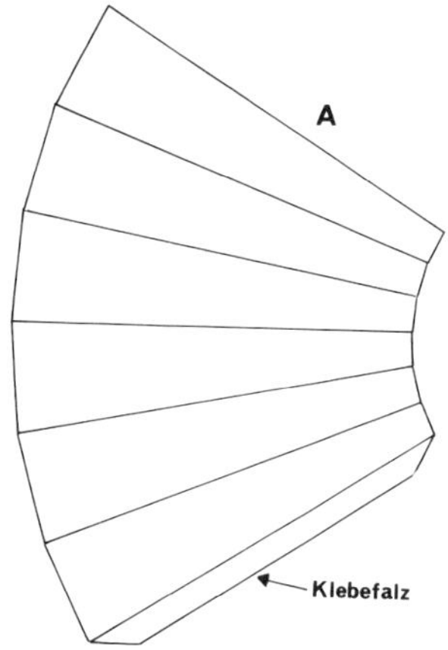

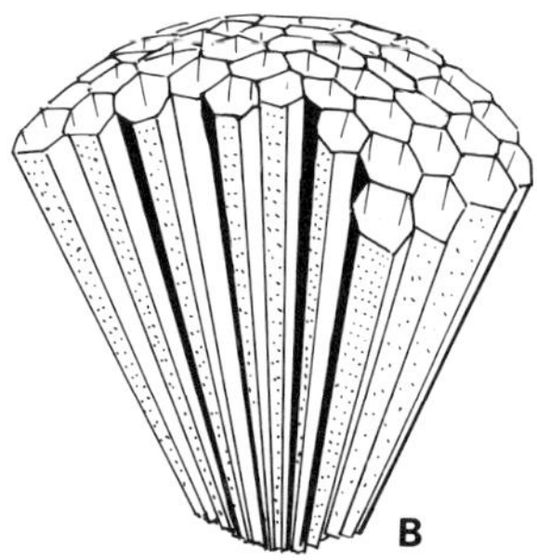

Erkenntnis: Facettenaugen haben eine einfache abbildende Funktion, die abhängig ist von ihrem Öffnungswinkel. Die Auflösung (Schärfe) des Bildes steigt mit der Anzahl der Facetten.

Modell der Wirbelsäule **5–7**

Material: Wellpappe, Schaumstoff, Holzbrett (oder starke Pappe) von 20 bis 30 cm Länge (als Unterlage), Klebeband (zweiseitig klebend)

Arbeitsanleitung:
1. Schneide aus der Wellpappe und aus dem Schaumstoff je 10 bis 15 kreisrunde Scheiben von ca. 5 cm Durchmesser aus.
2. Befestige zunächst eine Pappscheibe mit dem Klebeband auf dem Brett.
3. Klebe dann immer abwechselnd jeweils eine Scheibe Schaumstoff und Wellpappe übereinander.
4. Welches Baumaterial der Wirbelsäule wird durch das Modell dargestellt?
5. Krümme das Modell zur Seite. Beschreibe die Form der einzelnen Teile.
6. Welche Leistungen der menschlichen Wirbelsäule zeigt das Modell?

Modell zur Unterscheidung von Reiz und Erregung **9–13**

Material: ca. 10 Dominosteine

Arbeitsanlcitung:

1. Die Dominosteine werden mit etwa 2 cm Abstand senkrecht hintereinander auf eine feste Unterlage gestellt.
2. Der erste Dominostein wird so umgeworfen, dass alle übrigen Steine mitfallen.
3. Die Schüler übertragen die Modellversuche auf die Realität.

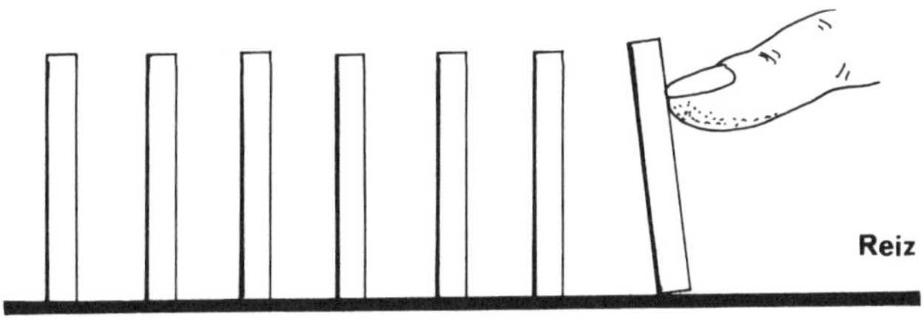

Chromosomen-Modell **9–10**

Material: vier Druckknöpfe (11 mm Durchmesser), vier weiße Drahtstücke (je 40 cm lang), vier rote Drahtstücke (je 20 cm lang, z. B. Klingeldraht), Kugelschreibermine

Arbeitsanleitung:

1. Ziehe jedes Drahtstück durch zwei benachbarte Löcher einer Druckknopfhälfte, sodass verschieden lange Abschnitte entstehen.
2. Verbinde jeweils die beiden weißen und die beiden roten Drahtstücke über den Druckknopf miteinander. So erhältst du ein weißes und ein rotes Chromosomen-Modell.
3. Ordne die Modellbestandteile der Realität zu (Centromer = Druckknopf; zwei identische Längshälften bilden das 2-Chromatiden-Chromosom).
4. Stelle mit den vier Chromosomen-Modellen die einzelnen Phasen der Mitose dar.
5. Zur Darstellung von verdichteten Chromosomenstrukturen (z. B. in der Metaphase) rolle die Drahtenden mit Hilfe der Kugelschreibermine auf.

Modelle der Versteinerung **5–9**

Steinkern einer Schnecke

Material: leeres Gehäuse der Weinbergschnecke, Jogurtbecher, zwei Esslöffel Zementmörtel, Wasser, Holzstab, Essigessenz (Vorsicht, Säure!), Glasgefäß

Arbeitsanleitung:

1. Rühre im Jogurtbecher mit dem Holzstab den Zementmörtel mit Wasser zu einer gerade noch gießfähigen Masse an.

2. Halte das Schneckengehäuse mit der Öffnung nach oben und gieße die Zementmasse hinein. Stoße das Gehäuse zwischendurch auf die Tischplatte, damit die Restluft entweichen kann.
3. Lass das zugegossene Gehäuse einen Tag erhärten.
4. Lege das Gehäuse dann in das Glasgefäß und fülle so viel Essigessenz hinein, dass das Gehäuse völlig von der Flüssigkeit bedeckt ist. Warte, bis das Gehäuse aufgelöst ist. Erneuere das Säurebad falls notwendig.
5. Spüle den erhaltenen Steinkern gut mit Wasser ab.
6. Welchen Teil des Schneckengehäuses gibt der Steinkern wieder?
7. Nenne Bedingungen, die dazu führen, dass an Stelle einer vollständigen Versteinerung ein Steinkern entsteht.

Modell des Versteinerungsprozesses
Material: Kunststoffbehälter (z. B. für Quark), zwei Jogurtbecher, Fett (Vaseline/Butter), Muschel mit zwei Hälften (z. B. Miesmuschel aus dem Fischgeschäft), Gips, Zement, Wasser, Holzstab
Arbeitsanleitung:

1. Bestreiche die beiden Muschelschalen außen dünn mit Fett.
2. Gieße in den Behälter etwa 2 cm hoch Wasser ein, gib den Gips dazu und rühre mit dem Holzstab um, bis ein Brei entsteht. Versuche eine gerade Oberfläche zu erreichen, indem du den Behälter auf die Tischplatte stößt.
3. Drücke eine Muschelschale mit der gewölbten Seite in die Gipsoberfläche und warte, bis der Gips fest ist.
4. Setze die andere Muschelhälfte auf die erste. Bestreiche die Gipsoberfläche mit Fett. Rühre in einem Jogurtbecher etwas Gipsbrei an und gieße diesen in den Behälter, sodass Muschelschalen und Oberfläche ganz bedeckt sind.
5. Löse nach dem Erhärten den Gipsblock aus dem Behälter und brich ihn so durch, dass zwei Gipshälften entstehen, in denen jeweils eine Muschelschale liegt. Entferne die Muschelschalen.
6. Bestreiche die entstandenen Gipsabdrücke dünn mit Fett.
7. Rühre im zweiten Jogurtbecher etwas Zement an. Fülle damit die beiden Muschelabdrücke.
8. Drücke anschließend beide Gipsformen wieder fest zusammen.
9. Trenne nach frühestens einem Tag die Gipsblöcke.
10. Nenne Vorgänge, die bei der Entstehung von Versteinerungen im Versuch nachvollzogen wurden. (Sand und Bodenteilchen begraben eine tote Schnecke. Die Kalkschalen bleiben erhalten. Die sie umgebenden Sedimente verfestigen sich allmählich zu Stein. Die Reste der ehemaligen Muschelgehäuse wandeln sich ebenfalls zu Stein um.)

Lothar Staeck

7 Lernkontrollen

Die Lern- und Bildungsziele sind durch die Lehrpläne und Stundentafeln der Ministerien festgelegt. Aufgabe des Lehrer ist es – in seiner pädagogischen Verantwortung und Freiheit –, die Schülerleistungen festzustellen und zu beurteilen. Hierbei soll eine Vielfalt von mündlichen, schriftlichen und praktischen Arbeitsformen zu Grunde gelegt werden. Für den Biologieunterricht können dies sein:

- Beiträge im Unterrichtsgespräch und in Diskussionen,
- Überprüfung der Hausaufgaben (schriftlich oder mündlich),
- Heftführung und Anfertigung von Zeichnungen,
- Unterrichts- und Versuchsprotokolle,
- mündliche Überprüfung, mündlicher Vortrag,
- schriftliche Überprüfung (Test, Klassenarbeit),
- Referate,
- Kurs- und Facharbeiten in der Oberstufe.

Diese Lernkontrollen haben folgende Funktionen:

- Die Schüler können feststellen, ob sie das Unterrichtsziel erreicht haben (positive oder negative Rückmeldung).
- Die Lehrer können anhand von Erfolg oder Misserfolg ihre Unterrichtsinhalte und -methoden überdenken.
- Den Eltern geben die Ergebnisse der Leistungskontrollen Auskunft über die Lernfortschritte und den Leistungsstand ihres Kindes. Zudem sind sie für die Empfehlung der Schullaufbahn von Bedeutung.
- Lernkontrollen sind die rechtliche Grundlage für die Notengebung.

A Überprüfung des Stundenstoffs

Die mündliche Überprüfung, das „Abfragen" des Stoffes der letzten Stunde, ist zeitaufwendig und nicht sehr objektiv, da Vergleiche innerhalb der jeweiligen Lerngruppe fehlen. (Außerdem zeigt die Erfahrung: Ein Schüler redet, der Rest der Klasse schläft!) Geeigneter ist eine kurze schriftliche Überprüfung der Hausaufgaben. Auch eine mündliche Kurzzusammenfassung der letzten Stunde kann als Einstieg in das aktuelle Stundenthema sinnvoll und motivierend sein.

B Mappenführung

Heft oder Mappe sind eine Lernhilfe für die Schüler, zugleich aber auch eine Lernkontrolle für den Lehrer. Für das Fach Biologie bietet sich ein Schnellhefter an.
In Klasse 5 und 6 wird die saubere Mappenführung eingeübt (viele Schüler fertigen gerne Mappen an). In Klasse 7 und 8 ist sie dann eine Selbstverständlichkeit und in Klasse 9 und 10 sollte die Mappenführung nur noch stichprobenartig überprüft werden.
Auf Folgendes ist bei der Heftführung zu achten:

- sachliche Richtigkeit (auch der Zeichnungen),
- Orthografie,
- Vollständigkeit (auch der Hausaufgaben),
- Sauberkeit,
- zusätzlich aufgenommene Materialien, die Aufschluss über das Engagement für das Fach geben (Zeitungsartikel, gesammelte Blätter, Samen ...).

C Protokolle

Das Stundenprotokoll
Abwechselnd von einer kleinen Schülergruppe verfasst und zu Beginn der Stunde verlesen oder vorgetragen – kann das Stundenprotokoll die Wiederholungsphase ersetzen. Werden diese Kurzprotokolle für alle Schüler kopiert, kann viel Zeit für aufwändige Tafelnotizen gespart werden.

Das Versuchsprotokoll
In der Sekundarstufe I sollte die Versuchsdurchführung vom Lehrer gut vorbereitet werden. Die Fragestellung muss klar sein. Werden Tabellen und Versuchsaufbauten vorgegeben, kann ökonomischer gearbeitet werden.
Folgende Aspekte sollten bei der Bewertung des Versuchsprotokolls berücksichtigt werden:

- Exaktheit und sachliche Richtigkeit,
- Vollständigkeit,
- korrekte Verwendung der Fachbegriffe,
- äußere Form (Sauberkeit, Zeichnungen),
- Orthografie,
- Selbstständigkeit,
- Vortrag des Ergebnisses (abgelesen oder frei vorgetragen).

D Tests und Klassenarbeiten

Obwohl im Fach Biologie neben dem reinen Tatsachenwissen auch schwer zu objektivierende Verhaltensweisen bewertet werden müssen (allgemeines Engagement, Pflegearbeiten usw.), sind Tests bzw. Klassenarbeiten immer eine wichtige und recht objektive Lernkontrolle, da alle Schüler hierbei die gleichen Aufgaben lösen müssen. Sie bieten sich als Abschluss der Bearbeitung eines Sachgebietes an und sind ein wichtiger Beitrag für die Festsetzung der Zeugnisnote. Im Folgenden sind zahlreiche Beispiele für Test- und Klassenarbeitsfragen zu verschiedenen Themenbereichen der Biologie zusammengestellt.

5–6

Allgemeine Biologie

1. Nenne – mit Beispielen – die Kennzeichen des Lebendigen.
2. Beschrifte eine vorgegebene Zeichnung eines Mikroskops und nenne die Aufgaben der einzelnen Teile.
3. Dein Schulmikroskop hat ein Okular mit sechsfacher Vergrößerung. Die drei Objektive am Objektivrevolver haben folgende Vergrößerungen: 4 x, 10 x und 40 x. Welche Gesamtvergrößerungen sind möglich?
4. Zellen von Pflanzen und Tieren haben gemeinsame, aber auch unterschiedliche Bestandteile. Stelle diese in einer Tabelle einander gegenüber und nenne ihre Aufgaben.

Humanbiologie

Bewegungsapparat

1. Beschrifte die Zeichnung eines menschlichen Skeletts an den gekennzeichneten Stellen.
2. Welche Aufgaben hat das Knochengerüst des Menschen?
3. Vergleiche Anordnung und Zahl der Knochen des Bein- und des Armskeletts. Nenne Gemeinsamkeiten und Unterschiede.
4. Knochen sind beweglich miteinander verbunden. Zeichne eine Schemazeichnung eines Gelenks und beschrifte sie.
5. Nenne drei Gelenktypen und die Knochen, die durch sie verbunden sind.
6. Nenne Haltungsschäden bzw. Veränderungen des Skeletts und überlege, wie wir sie vermeiden können.
7. Vergleiche die Wirbelsäule eines Hundes mit der eines Menschen.
8. An welchen Stellen deines Körpers kannst du Beuge- und Streckmuskeln ertasten? Erläutere ihre Arbeitsweise.
9. „Sport ist Mord." „Training stärkt die Muskulatur." Beziehe kritisch Stellung zu diesen Äußerungen.

Ernährung und Verdauung

1. Nährstoffe allein reichen für die Ernährung nicht aus. Nenne weitere Bestandteile einer gesunden Ernährung sowie Lebensmittel, in denen sie enthalten sind.
2. Skorbut ist eine Mangelkrankheit. Worauf ist sie zurückzuführen, wie kann man ihr vorbeugen und sie heilen?
3. Beschreibe die Bedeutung der drei verschiedenen Nährstoffe für den Körper.
4. Beschrifte den Längsschnitt eines Backenzahns.
5. Weshalb sind Süßigkeiten für die Zähne so schädlich?
6. Wodurch unterscheidet sich das Milchgebiss von dem Gebiss eines Erwachsenen?
7. Nenne wichtige Grundsätze der Zahnpflege.
8. „Gut gekaut ist halb verdaut." Was ist hiermit gemeint?
9. Wo werden Kohlenhydrate, Fette und Eiweiße hauptsächlich verdaut?
10. Beschrifte die Zeichnung der Verdauungsorgane des Menschen und erläutere stichwortartig, was hier jeweils geschieht.
11. Untersuchungen von Schulkindern zeigen, dass
    - etwa ein Drittel Übergewicht hat,
    - acht von zehn Schülern Karies haben,
    - bei jedem dritten Schulkind im Laufe des Vormittags die Leistungs- und Konzentrationsfähigkeit erheblich sinkt.

    Wie sind diese Beobachtungen zu erklären und zu vermeiden?

Sexualkunde

1. Einige Merkmale des Körpers werden als „sekundäre Geschlechtsmerkmale" bezeichnet, da sie
   - ❑ von zweitrangiger Bedeutung sind,
   - ❑ erst nach den primären Geschlechtsmerkmalen auftreten,
   - ❑ äußerlich nicht zu erkennen sind.
2. Mit dem Begriff „Befruchtung" bezeichnet man
   - ❑ die Vereinigung von Mann und Frau,
   - ❑ die Verschmelzung von Ei- und Samenzelle.
3. Beschrifte die Zeichnung eines Fetus, indem du die Organe benennst, die zu seinem Schutz und seiner Ernährung dienen. Gib die Aufgaben dieser Organe an.
4. In der Reifezeit oder ________________________ bilden sich die ________

   ____________________ aus. Nenne die der Frau und die des Mannes.

   Welche Veränderungen treten bei beiden Geschlechtern auf?

5. Beschrifte in den Skizzen von weiblichen und männlichen Geschlechtsorganen die gekennzeichneten Stellen.
6. Die befruchtete Eizelle kann im Eileiter nicht heranwachsen. Begründe dies.

Botanik

1. Beschrifte den Grundbauplan einer Blütenpflanze und nenne die Aufgabe der verschiedenen Organe der Pflanze.
2. Vervollständige den Grundriss einer Kirschblüte.
3. Ergänze den Längsschnitt eines Bohnensamens und gib die Aufgaben der Samenteile an.
4. Was versteht man unter dem Begriff „Pflanzensamen“?
5. Welche Faktoren sind für das Keimen von Kressesamen erforderlich?
6. Beschreibe den Vorgang der Bestäubung.
7. Beschreibe, was zwischen Bestäubung und Befruchtung geschieht.
8. Neben der geschlechtlichen gibt es bei Pflanzen auch die ungeschlechtliche Vermehrung. Nenne drei Formen dieser Vermehrungsart sowie Pflanzen, bei denen sie möglich sind.
9. Was versteht man unter Fotosynthese?
   Vervollständige die Wortgleichung der Fotosynthese:

$$\_\_\_\_\_\_ \quad \_\_\_\_\_\_ \xrightarrow{?} \_\_\_\_\_\_ \quad \_\_\_\_\_\_$$

Zoologie

Säugetiere

1. Zähle die fünf Wirbeltierklassen auf, nenne ihre Lebensräume, Unterscheidungsmerkmale und je einen typischen Vertreter.
2. Nenne typische Merkmale eines
   - Raubtier-Gebisses,
   - Nagetier-Gebisses,
   - Insektenfresser-Gebisses,
   - Wiederkäuer-Gebisses.
3. Das Hausrind stammt vom ________________ ab. Seine Hauptnahrung sind ________________ und ________________ . Da die Nahrung wenig Nährstoffe hat, muss das Rind sie ________________ .
   Bei den Verdauungsorganen lassen sich einige Besonderheiten feststellen. Beschrifte in der Zeichnung die gekennzeichneten Verdauungsorgane des Rindes und nenne die jeweilige Aufgabe.

4. Vergleiche die beiden Schädel von Tieren, die du im Unterricht kennen gelernt hast.
   - Um welche Tiere handelt es sich? (Hund und Katze)
   - Welche Eigenschaften kannst du von den Schädeln ablesen? („Nasentier“: Hund, „Augentier“: Katze)
   - Kennzeichne die Zähne: Schneidezähne (gelb), Eckzähne (blau), Backenzähne (rot). Kennzeichne auch die Reiß- und Fangzähne, indem zu sie beschriftest.

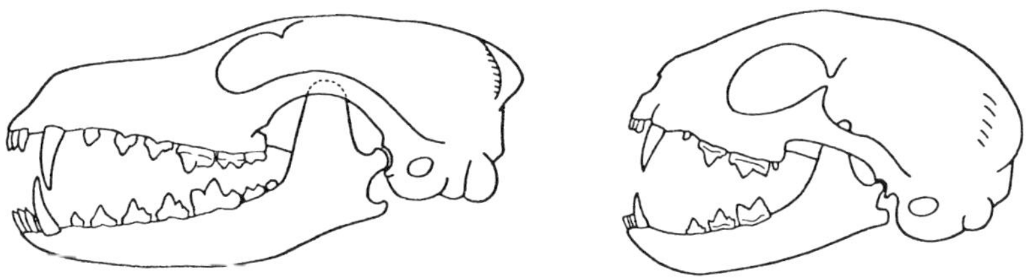

5. Katze und Hund jagen auf verschiedene Weise.
   - Der Hund ist ein ________________________ wie sein Vorfahre, der ________________________. Welche beiden Sinnesorgane sind bei ihm besonders gut ausgebildet?
   - Die Katze ist ein ________________________. Zu welcher Tageszeit jagt sie besonders gern? Welche körperlichen Eigenschaften erleichtern ihr die Jagd?
6. Nenne drei Eigenschaften, die den Hund als Freund und Helfer für den Menschen so wertvoll machen.
7. Ordne die drei Beinskelette Lebewesen zu. Zeichne die Zehenknochen gelb, die Mittelfußknochen rot, die Fußwurzelknochen grün, die Unterschenkelknochen blau und die Oberschenkelknochen schwarz.

   A: ____________________ gänger

   B: ____________________ gänger

   C: ____________________ gänger

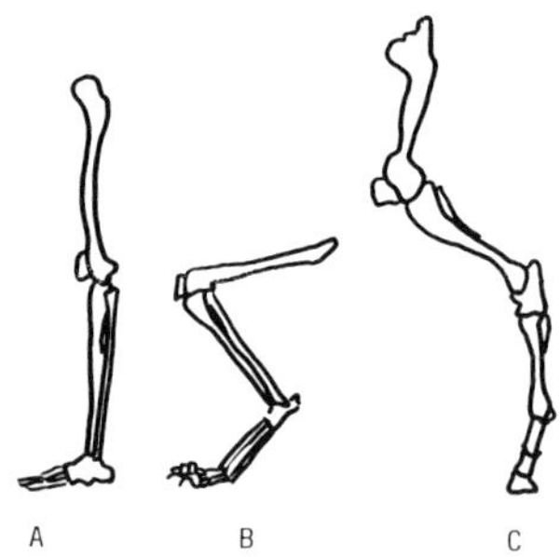

Vögel

1. Ergänze die Umrisszeichnung eines Eies und beschrifte sie.

   Das Küken entwickelt sich aus der ______________________________.

   Die Hagelschnüre haben die Aufgabe, ________________________________

   ____________. Nach etwa _____ Tagen schlüpft das Küken. Dabei ist ihm

   der _________________________ behilflich. Nach dem Schlüpfen können die

   Küken gleich fressen, laufen und sehen: Man nennt sie deshalb auch ______

   ___________________________. Der Mensch dagegen ist – wie viele andere Lebewesen – nach seiner Geburt auf die Hilfe der Eltern angewiesen. Er

   gehört zur Gruppe der ____________________________ .
2. Im Hühnerei müssen die Voraussetzungen gegeben sein, die auch der Embryo in der Gebärmutter vorfindet. Nenne sie und schreibe dahinter die Teile des Eis, die diese Aufgaben erfüllen.
3. Vögel sind in der Leichtbauweise gebaut. Erkläre diese Aussage.
4. „Der Mäusebussard hat eine wichtige Rolle beim Erhalt des biologischen Gleichgewichts." Erkläre diese Aussage.
5. „Greifvögel oder Raubvögel"? Welche Bezeichnung ist deiner Meinung nach zutreffender? Begründe.
6. Nenne vier Körpermerkmale des Spechts, die ihn zum „Zimmermann des Waldes" mit großer ökologischer Bedeutung machen.

Schlangen, Echsen, Reptilien, Amphibien

1. Viele Menschen haben Angst vor Schlangen. Die nützliche Ringelnatter wird oft getötet, weil sie mit der Kreuzotter verwechselt wird.
   – Nenne Unterscheidungsmerkmale.
   – Nenne wichtige Beutetiere der Ringelnatter.
2. Weshalb kann man in der kalten Jahreszeit keine Schlangen beobachten? Erkläre dies genau.
3. „Der Physiologus sagt vom Krokodil, dass es ein Wassertier ist, und man findet es in Flüssen und Seen. Von vorn bis zum Nabel scheint es wie ein Löwe zu sein, vom Nabel nach hinten wie eine Schlange. Wenn es einen Menschen ergreift, frisst es ihn auf von den Füßen an bis zur Wirbelsäule. Wenn es aber nahe an den Kopf kommt, setzt es sich hin und betrauert ihn."
   (Naturkunde in frühchristlicher Deutung, etwa 2. Jh. n. Chr.)
   – Welche Aussagen sind richtig?

– Welche sind falsch?
– Welche gehören in das Reich der Fabeln und Legenden?

4. Die Blindschleiche ist keine Schlange, sondern eine Echse.
   Die Abbildung zeigt unter anderem eine Blindschleiche. Identifiziere die Lebewesen und erläutere, woran du die Blindschleiche erkennst.

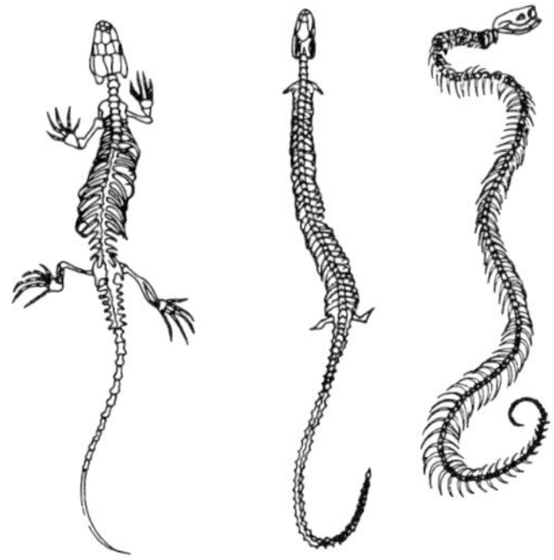

5. Erkläre, was man unter einem „Natterhemd" versteht.
6. Die Entwicklungsdauer der Eier von Reptilien ist unterschiedlich lang. Wovon hängt sie ab?
7. Weshalb können Eidechsen ihre Eier nicht wie Vögel ausbrüten?
8. Frösche machen eine Verwandlung durch, die als ____________________ bezeichnet wird. Nenne die drei Stadien in der richtigen Reihenfolge.
9. Vergleiche:

	Kaulquappe	**Frosch**
Lebensraum		
Atmung		
Fortbewegung		
äußere Form		
Veränderungen des Verdauungstraktes		

10. Nenne weitere Amphibien und ihre Kennzeichen.
11. Amphibien stehen bei uns unter Naturschutz. Nenne Gründe.
12. Amphibien sind Feuchtluft-Tiere. Erkläre dies.
13. Unterscheide innere und äußere Befruchtung. Welche Wirbeltierklassen sind für die innere, welche für die äußere spezialisiert?

Fische

1. Damit sich Fische im Aquarium wohl fühlen, musst du einige wichtige Vorkehrungen bei der Einrichtung beachten. Nenne diese Vorkehrungen und ihre biologische Bedeutung.
2. Nenne Anpassungen der Fische an das Leben im Wasser.
3. Erkläre die Funktion der Kiemen von Fischen.
4. „Pfui! Fische, Frösche und Schlangen sind glitschig!“ Stimmt diese Aussage? Begründe deine Meinung.
5. Erkläre, warum Fische im Wasser „schweben“ können.
6. „Fische können den Eiweißbedarf der Menschen decken.“ Diese Aussage ist nicht ganz zutreffend. Erkläre dies.

7–10

Pflanzen und Tiere des Waldes

1. Ordne den Stockwerken des Waldes einheimische Pflanzen zu.
2. In einem Mischwald ist die Artenvielfalt von Pflanzen und Tieren viel größer als in einer Monokultur. Nenne Gründe hierfür.
3. Nenne Kennzeichen der einheimischen Nadelbäume.

	Nadeln	Zapfen	Borke
Kiefer			
Tanne			
Fichte			
Lärche			

4. Wie entstehen Jahresringe und wie unterscheidet sich Frühholz von Spätholz?
5. Unterscheide bedeckt- und nacktsamige Pflanzen.
6. Erläutere am Beispiel der Farnpflanze den Generationswechsel.
7. Bodenversauerung (3 Fragestellungen unterschiedlichen Niveaus)
   Alternative 1: Erläutere anhand der Skizze, wie sich der pH-Wert des Bodens um einen Fichtenstamm herum verändert, wenn man ihn in verschiedenen Abständen zum Baumstamm untersucht. Begründe deine Darstellung.

Alternative 2: Beschrifte folgende Skizze und begründe die zunehmende Bodenversauerung.

Alternative 3: Kreuze die richtigen Aussagen an:

❑ Der pH-Wert gibt den Säuregrad des Bodens an.
❑ Der pH-Wert ist ein Anzeiger für den Grad der Waldschädigung.
❑ Der pH-Wert des Bodens steigt mit der Entfernung zum Stamm.
❑ Der „saure Regen" versickert im Boden und schädigt die Wurzeln.

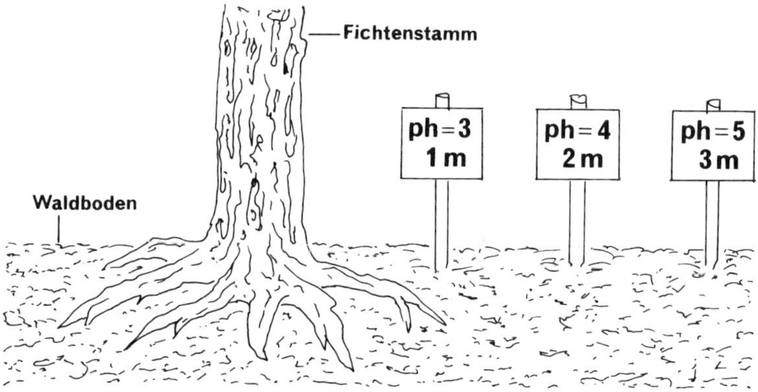

8. Welche Stoffe werden bei der Fotosynthese gebildet? Welche Ausgangsstoffe werden benötigt?
9. Erläutere die wesentlichen Unterschiede von Fotosynthese und Zellatmung und formuliere die jeweilige Gleichung.
10. Nenne zu jeder Pilzgruppe zwei Vertreter. Kennzeichne die ungenießbaren: Blätterpilze, Röhrenpilze, Bauchpilze, Schlauchpilze.
12. Definiere die folgenden Begriffe und nenne je ein Beispiel: Parasitismus, Symbiose, Mykorrhiza.
13. Erkläre die Begriffe Produzent, Konsument, Destruent und ordne sie dem Ökosystem Wald zu.
13. Welche Auswirkungen hat die Abholzung des Waldes im Hinblick auf Landschaftsbild, Waldwirtschaft, Fremdenverkehr, Luftreinigung und Klima?
14. „Der Regenwurm ist ein Helfer des Gärtners." Erläutere diese Aussage auf Grund der Lebensweise des Regenwurms.
15. Nenne allgemeine Merkmale der Insekten.
16. Vergleiche die Funktionen des Innenskeletts der Insekten mit dem Außenskelett der Wirbeltiere.

Humanbiologie

Sinnesorgane, Nerven- und Hormonsystem

1. Nenne Sinne des Menschen und die Aufgaben der entsprechenden Sinnesorgane.
2. Zeichne das menschliche Auge und beschreibe die Aufgaben der einzelnen Teile.
3. Welche Teile des Auges sind zuständig für die Akkommodation, welche für die Adaptation?
4. Wieso sind „nachts alle Katzen grau"?
5. Fertige eine Zeichnung der Nervenzelle an und beschrifte sie.
6. Wie wird die Erregung in der Nervenzelle, wie an den Synapsen weitergeleitet? (physikalisch/chemisch)
7. Nenne die Aufgaben der folgenden Teile des Gehirns: Großhirn, Kleinhirn, Stammhirn, Hypophyse.
8. Welche Aufgaben hat das Vegetativen Nervensystem?
   - Der Sympathicus sorgt ...
   - Der Parasympathicus ...
   - Wie wirkt sich die Störung des Vegetativen Nervensystems aus?

   Nenne Störfaktoren.
9. Definiere den Begriff „Hormone".
10. Im Gegensatz zum Nervensystem, das Informationen sehr schnell weiterleitet, arbeitet das Hormonsystem langsam, aber sehr präzise. Erkläre die Wirkungsweisen der beiden Systeme.
11. Erkläre die Wirkungsweise des Schilddrüsen-Hormons Thyroxin.
    Wie wirkt sich die Überfunktion, wie die Unterfunktion der Schilddrüse aus?
12. Nenne fünf Hormondrüsen des menschlichen Körpers sowie die Wirkungen ihrer Hormone.
13. Erkläre die Wirkungsweise der „Pille".

Gesundheitserziehung

1. Was sind Infektionskrankheiten? Nenne einige.
2. Der Schweinebandwurm ist ein Innenparasit mit Wirtswechsel.
   Erkläre die Begriffe Innenparasit und Wirtswechsel. Wie gelangt der Schweinebandwurm in den Menschen?
3. Erkläre anhand einer einfachen Skizze die aktive und die passive Immunisierung. Welche ist wirksamer?
4. Was bedeutet Aids? Wodurch wird diese Krankheit ausgelöst? Wie wird sie übertragen?

Stoffwechsel

1. Beschrifte und vervollständige das Schema der Bestandteile des Blutes:

Blut

feste Bestandteile	flüssige Bestandteile
a ____________________	a ____________________
b ____________________	b ____________________
c ____________________	

   Nenne auch die jeweilige(n) Aufgabe(n).
2. Nenne Erkrankungen des Herz-Kreislauf-Systems. Wie kann man ihnen vorbeugen?
3. Unterscheide Arterien, Venen, Kapillaren.
4. Es ist tödlich, Blut der Blutgruppe A einem Menschen zu spenden, der die Blutgruppe B hat. Erkläre dies.
5. Du hast Serum der Blutgruppe A und der Blutgruppe B. Wie kannst du feststellen, welche Blutgruppe du hast? Welche Ergebnisse sind möglich? Skizziere die Möglichkeiten.
6. Welche Blutgruppe könnte man als „Universalempfänger", welche als „Universalspender" bezeichnen? Begründe deine Antwort.
7. Weshalb ist die Kenntnis des Rhesusfaktors von großer praktischer Bedeutung?

Atmung

1. Verdeutliche den Gasaustausch in den Lungenbläschen anhand einer einfachen Skizze.
2. Wie lässt sich mit einem einfachen Versuch der Unterschied zwischen eingeatmeter und ausgeatmeter Luft demonstrieren?
3. Welche Organe sind bei der Atmung beteiligt?
4. Erläutere die schädliche Wirkung des Rauchens auf die Atmungsorgane.

Ernährung und Verdauung

1. Nenne die wichtigsten Bestandteile unserer Nahrung.
2. Unterscheide Betriebs- und Baustoffe.
3. Was sind Vitamine? Wie deckt man den täglichen Bedarf an Vitaminen am sinnvollsten?
4. Beschrifte die Zeichnung des menschlichen Verdauungssystems.

Nenne die Aufgaben der folgenden Abschnitte für die Verdauung der Nährstoffe:

	Kohlenhydrate	**Fette**	**Proteine**
Mund			
Magen			
Dünndarm			
Dickdarm			

Genetik

1. Beschrifte das elektronenmikroskopische Bild einer Pflanzenzelle und nenne die Aufgaben der gekennzeichneten Zellorganellen.
2. Erkläre folgende Begriffe: Chromosom, Chromatid, diploid, haploid, homologe Chromosomen.
3. Nenne die verschiedenen Stadien der Mitose und erläutere in Stichworten, was jeweils geschieht.
4. Stelle in einer Tabelle die grundlegenden Unterschiede von Mitose und Meiose zusammen.
5. Wie heißen die „Bausteine" der DNA? Sie setzen sich wiederum aus drei Bestandteilen zusammen: Wodurch unterscheiden sich die „Bausteine"?
6. Was versteht man unter „identischer Reduplikation" der DNA? Skizziere diesen Vorgang. Welche Bedeutung hat sie?
7. „Die Chromosomen-Theorie erklärt die Mendel'schen Regeln". Erkläre diese Aussage.
8. Kreuzt man reinerbig weiß blühende und reinerbig rot blühende Malven, erhält man in der F_1 rosafarbene, in der F_2 rote, weiße und rosafarbene.
   - Wie heißt der Erbgang?
   - Welche Mendel'sche(n) Regel(n) erklären den Erbgang?
   - Zeichne ein Erbschema.
9. Erkläre die folgenden Begriffe: homozygot, heterozygot, Allel, intermediär, dominant, rezessiv, Genotyp, Phänotyp.
10. Man kreuzt zwei Lebewesen, die sich unter anderem in zwei Merkmalspaaren unterscheiden. Die P-Generation hat folgendes Erbbild: SSgg ssGG
    - Zeichne den Erbgang bis zur F_2 – mit Kombinationsquadrat.
    - Welche Mendel'schen Regeln lassen sich damit erklären?

Evolution

1. Reste von Lebewesen aus frühen Erdepochen sind nur durch Zufall erhalten geblieben. Nenne drei Möglichkeiten der Konservierung.
2. Der Archaeopteryx wird als fossiles Brückentier bezeichnet.
   – Kennzeichne am Skelett des Archaeopteryx Reptilienmerkmale mit R, Vogelmerkmale mit V.
   – Worin liegt die Bedeutung dieses Fundes?
2. Nenne zwei Beispiele „lebender Fossilien“ und erkläre, weshalb man sie so bezeichnen kann.
4. Definiere die Begriffe: homologe und analoge Organe. Nenne für beide Gruppen Beispiele. Welche Gruppe ist ein Hinweis auf die Evolution?
5. Charles Darwin wird der „Vater der Evolutionstheorie“ genannt. Welche drei Faktoren beeinflussten seiner Meinung nach die Entwicklung der Lebewesen? Erkläre dies stichwortartig.
6. Ernst Haeckel formulierte die „biogenetische Grundregel“.
   – Wie lautet diese Regel?
   – Auf welche Beobachtungen gründete er seine Aussage?
   – Wie steht die Wissenschaft heute zu dieser Aussage?
7. Der Birkenspanner ist mit seinen hellgrundigen Flügeln auf der Rinde von Birken gut getarnt. 1848 wurde im mittelenglischen Manchester ein erstes dunkles Exemplar entdeckt – 1895 waren um Manchester bereits 95% aller Birkenspanner dunkel gefärbt. Wie ist dies zu erklären?
8. Ärzte warnen davor, leichte Erkältungen mit Antibiotika zu behandeln. Antibiotika wirken auf Bakterien als Selektionsfaktoren? Erkläre beides.
9. Beschreibe Unterschiede im Skelett von Schimpanse und Mensch.
10. Trotz vieler Ähnlichkeiten unterscheidet sich der Mensch von den Menschenaffen in einigen wesentlichen Merkmalen. Welche sind dies?
11. Trotz großer Unterschiede gehören alle Menschen zu einer Spezies, dem „Jetztmenschen“ Homo sapiens sapiens. Die Unterschiede können teilweise als Anpassung an verschiedene Klimate gedeutet werden.

	typische Merkmale	**Anpassung an**
Negride		
Europide		
Mongolide		

Nenne auch Gemeinsamkeiten.

11–13

Zytologie

1. Nennen Sie Zellorganellen mit Einfach- und Doppelmembran. Wie ist der bauliche Unterschied zu erklären? Kann man einen Zusammenhang zwischen Bau und Funktion erkennen? Begründen Sie.
2. Tierische und pflanzliche Zellen unterscheiden sich deutlich im Hinblick auf die Vakuolen. Begründen Sie den Unterschied auch mit stoffwechselphysiologischen Gegebenheiten.
3. Die Abbildung zeigt die Strukturformeln des Farbstoffs Neutralrot, der zum Anfärben von kontrastarmen Zellpräparaten verwendet wird. Einmal in die Zelle gelangte Farbstoffmoleküle können die Zelle nicht mehr verlassen. Erläutern Sie diesen Sachverhalt anhand der Abbildung und zeigen Sie, warum dieser Mechanismus den Namen „Ionenfalle" verdient (die Zahl der Neutralrot-Moleküle nimmt in der Zelle ständig zu!).

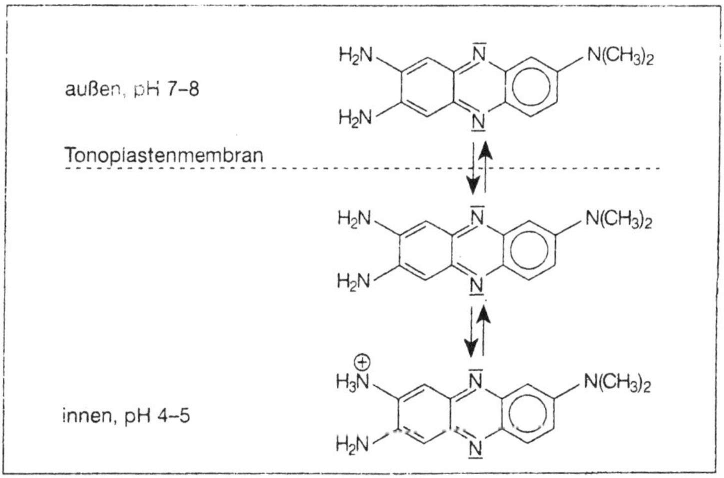

Genetik

Sichelzellanämie

1. Definieren Sie die Begriffe: Mutagen, Polyploidie, Mutationsrate.
2. Nennen Sie Symptome der Sichelzellanämie (SA).
3. Welche genetische Veränderung führt zur SA? Wo findet man die Ursache für diese Krankheit?
4. Begründen Sie, zu welcher Mutationsart die SA gehört. Nennen Sie weitere Mutationsarten.

Klassische Genetik

1. Die Alkaptonurie ist eine autosomal-rezessiv vererbte Stoffwechselkrankheit des Menschen. Erläutern Sie kurz diese Art der Vererbung und nennen Sie ein weiteres Beispiel für eine so vererbte Krankheit.
2. Eine rhesusnegative Mutter mit dem Genotyp dd bekommt als erstes Kind ein rhesuspositives mit dem Genotyp Dd, als zweites wieder ein rhesuspositives.
   – Erläutern und begründen Sie die Folgen für das erste und das zweite Kind.
   – Gibt es eine Möglichkeit, Komplikationen vorzubeugen?
2. Von der Blutgruppe A sind verschiedene Untergruppen bekannt (A_1, A_2 ...). Das Allel A_1 ist immer dominant über A_2.
   – Geben Sie für die Fälle in der Tabelle die Blutgruppen der möglichen Väter bzw. die Blutgruppen der Männer an, die als Vater des Kindes auszuschließen sind. Begründen Sie Ihre Entscheidungen.

	Mutter	**Kind**
a	A_2	B
b	A_1B	A_1B
c	0	B

   – Bei einer Vaterschaftsklage haben die beteiligten Personen folgende Blutgruppen: Mutter: A, rh-; Kind: 0, rh-; Mann B, rh.
   Kann der Mann Vater des Kindes sein? Begründen Sie Ihre Entscheidung.

Ökologie

Ökosystem Maar, See

Die Abbildung zeigt die Entwicklung der Phosphatkonzentration im „Meerfelder Maar“ in den letzten Jahrzehnten bis 1980.

– Begründen Sie, warum für die Grafik die März- und nicht etwa die Juni-Werte gewählt wurden.

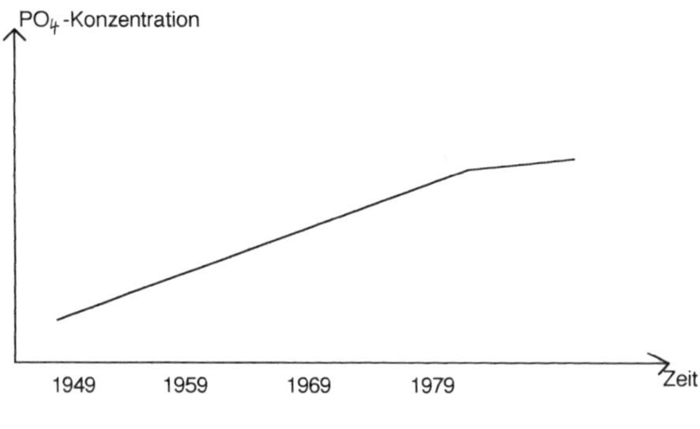

- Erläutern Sie alle Faktoren, die für die Entwicklung der Phosphatkonzentration im „Meerfelder Maar“ in den letzten Jahrzehnten in Frage kommen.
- Die Phosphatkonzentration im „Meerfelder Maar“ stieg von 1949 bis 1981 stark an. Phosphat ist für Grünalgen eine willkommene Nahrungsquelle (Dünger). Erklären Sie die Folgen für die Population der Wasserflöhe sowie die Folgen für das gesamte Ökosystem „Meerfelder Maar“.

E Referate

Für den Biologieunterricht bieten sich zwei Formen von Referaten an:
- *Das Kurzreferat*, bei dem die Schüler in wenigen Minuten ein eng umrissenes Problem erläutern (z. B. Modifikation, Aufbau des Säugerauges, Funktion der Zellwand der Pflanzenzelle ...). Für ein solches Kurzreferat reicht fast immer ein mediales Anschauungsmittel wie Arbeitstransparent, Dia, Modell ...
- *Der ausführliche Vortrag* (vorwiegend in der Oberstufe) mit einer Dauer von bis zu 30 Minuten, bei dem eine Thematik umfassender vorgestellt wird. Hierbei können mehrere Medien zum Einsatz kommen. Außerdem empfiehlt es sich, den Mitschülern eine schriftliche Zusammenfassung zur Verfügung zu stellen.

Im Folgenden finden Sie Beispiele für Referatsthemen – zusammen mit Hinweisen auf Texte, die für die Erarbeitung genutzt werden können.

Evolution **8–10**
- Der Weg zum Menschen
  Schneider, H.: Anatomische Voraussetzungen der Menschwerdung. In: Unterricht Biologie, 31/1979
- Evolutionstrends bei Primaten
  Edey, M. A.: Vom Menschenaffen zum Menschen. Hamburg (Time Life) 1977
- Verhaltensevolution bei Fischen
  Kattmann, U., Klein, R.: Maulbrüter – Selektion und Verhalten. In: Unterricht Biologie 141/1989
- Rassensystematik des Menschen
  Baker, J. R.: Die Rassen der Menschheit. Stuttgart (DVA) 1976

Stoffwechsel
- Zu viel Zucker in der Nahrung?
  Meyer, R.: Falsch ernährt durch Zucker? In: Unterricht Biologie, 168/1991
- Überhöhter Fettanteil in der Nahrung
  Vogt, D.: Zu viel Fett in unserer Nahrung. In: Unterricht Biologie, 168/1991

- Bestimmung des Ovulationszeitpunkts beim Menschen
  Scharf, K.-H., Bolkart, K.-H.: Bestimmung des Ovulationszeitpunkts über den Nachweis von luteinisierendem Hormon (LH). In: Praxis der Naturwissenschaften Biologie, 3/1988

Botanik
- Verbreitung von Samen und Früchten
  Kronfelder, M.: Verbreitung von Samen und Früchten – Karpobiologie. Köln (Aulis) 1982
- Biologie der Insekten fressenden Pflanzen
  Slack, A.: Karnivoren. Stuttgart (Ulmer) 1984
- Die durchwachsene Rose
  Wittmann, R.: Die „Metamorphose" der Pflanzen. In: Unterricht Biologie, 101/1985

Ökologie
- Parasiten des Menschen
  Mehlhorn, H.: Grundriss der Parasitenkunde. Stuttgart (G. Fischer) 1981
- Unterscheidung von Ackerböden
  Brucker, D., Kalusche, D.: Bodenbiologisches Praktikum. Heidelberg (Quelle und Meyer) 1976
- Rohstoff Papier
  Weber, K.-H.: Recycling: Beispiel Papier. In: Unterricht Biologie, 38/1979
- Gefahren des Sondermülls am Beispiel Quecksilber
  Förstner, U., Müller, G.: Schwermetalle in Flüssen und Seen. Berlin (Springer) 1974

Verhalten
- Akustische Kommunikation bei Grillen
  Dambach, M.: Beobachtungen und Experimente zur Ethologie der Grillen. In: Stokes: Praktikum der Verhaltensforschung. Heidelberg (G. Fischer) 1971
- Anpassung des Menschen an Kälte und Schnee
  Schuler, F.: Auch für den Menschen gilt: „Der nächste Winter kommt bestimmt". In: Naturwissenschaften im Unterricht, 9/1981
- Menschen in extremen Lebensräumen
  Wunsch, C.: Eskimos – Bewohner der Arktis. In: Naturwissenschaften im Unterricht, 9/1881
- Wann ist der Goldhamster aktiv?
  Bünning, E.: Die Physiologische Uhr. Berlin (Springer) 1977

- Die innere Uhr
  Weiss, J.: Lernleistungen und Tagesrhythmik. In: Unterricht Biologie, 41/1980
- Sozialverhalten bei Raubtieren
  Schneider, I.: Tiergesellschaften der Raubtiere. In: Unterricht Biologie, 98/1984

Ethologie **11–13**

- Orientierung im Raum bei Bienen
  Frisch, K. v.: Aus dem Leben der Bienen. Berlin (Springer) 1977
- Fledermäuse und Ultraschall
  Immelmann, K. (Hrsg.): Verhaltensforschung. München (Kindler) 1974
- Der Vogelzug
  Immelmann, K. (Hrsg.): Verhaltensforschung. München (Kindler) 1974
- Was steuert den Vogelzug?
  Gwinner, E.: Endogene Jahresrhythmik beim Vogelzug. In: Spektrum der Wissenschaft, 6/1986
- Signalverarbeitung im menschlichen Körper
  Hassenstein, B.: Biologische Kybernetik. Heidelberg (Quelle u. Meyer) 1977
- Wann wirkt welche Tablette am besten?
  Stössel, I. B.: Arzneimittelwirkung und Tageszeit. In: Bild der Wissenschaft, 2/1980
- Die Informationstheorie
  Hassenstein, B.: Biologische Kybernetik. Heidelberg (Quelle u. Meyer) 1977; Steinbuch, K.: Automat und Mensch. Stuttgart (Seewald) 1971
- Mimikry
  Wickler, W.: Mimikry, Signalfälschung in der Natur. München (Kindler) 1968; deBeer, G.: Bildatlas der Evolution. München 1966
- Sozialverhalten bei Ratten
  Jankov, P.: Rattengesellschaften – Rangbeziehungen und aggressives Verhalten bei Ratten. In: Unterricht Biologie, 98/1984
- Akustische Verständigung bei Grillen
  Huber, F., Thorso, J.: In: Spektrum der Wissenschaft, 2/1986,
- Elektrische Hirnreizversuche
  Holst, E. v.: Zur Verhaltensphysiologie bei Tieren und Menschen. München (Piper) 1970
- Haben Menschenaffen eine Sprache?
  Lethmate, J.: Sprache, Menschenaffen und der-Apfel-der-ist-orange. In: Unterricht Biologie, 41/1980

Genetik

- Frühe Vorstellungen zur Vererbung
  Daumer, K.: Genetik. Handbuch zur Unterrichtsvorbereitung. Köln (Aulis) 1977
- Die Entdeckung der Geschlechter
  Daumer, K.: Genetik. Handbuch zur Unterrichtsvorbereitung. Köln (Aulis) 1977; Stern, C.: Grundlagen der Humangenetik. Stuttgart (G. Fischer) 1968
- Wer entdeckte die Struktur der DNS?
  Watson, J.: Die Doppel-Helix. Reinbek (Rowohlt) 1977
- DNS chemisch betrachtet
  Harbers, E.: Nukleinsäuren. Stuttgart (Thieme) 1975; Kaudewitz, F.: Molekular- und Mikrobengenetik. Berlin (Springer) 1973
- DNS-Reduplikation in virto
  Kaudewitz, F.: Molekular- und Mikrobengenetik. Berlin (Springer) 1973
- Riesenchromosomen
  Nagel, G., Rensing, L.: Struktur und Funktion von Riesenchromosomen. In: Naturwissenschaftliche Rundschau, 1972
- Keimzellen und Befruchtung beim Menschen
  Stern, C.: Grundlagen der Humangenetik. Stuttgart (G. Fischer) 1968
- Körperlich-sexuelle Fehlentwicklungen beim Menschen
  Money, J.: Körperlich-sexuelle Fehlentwicklungen. Reinbek (Rowohlt) 1966
- Polyploidisierung bei Kulturpflanzen
  Schwanitz, F.: Die Entstehung der Kulturpflanzen. Berlin (Springer) 1955

Evolution

- Geschichte des Abstammungsgedankens
  Grzimek, B.: Entwicklungsgeschichte des Lebewesen. In: Grzimeks Tierleben. München (dtv) 1993
- Chemische Evolution
  Dickerson, R. E.: Chemische Evolution und der Ursprung des Lebens. In: Spektrum der Wissensschaft, 9/1979
- Die Hyperzyklen-Theorie
  Kull, U.: Evolution. Stuttgart (Metzler) 1977
- Die Bedeutung der Porphyrine für autotrophe Organismen
  Boschke, F.: Die Herkunft des Menschen. Frankfurt/M. (Fischer) 1972
  Dithfurt, H. v.: Im Anfang war der Wasserstoff. München (Droemer) 1977
- Energiegewinnung bei Bakterien
  Kaplan, R.: Der Ursprung des Lebens, München (dtv) 1972

Axel Brott, Manfred Rein

8 Projektunterricht

Der Begriff Projektunterricht wird unterschiedlich verstanden. Die einen verbinden damit fächerübergreifenden Gesamtunterricht, andere arbeiten fachintern, wenn auch unter fächerübergreifenden Aspekten. Auch die Frage, ob zu Projekten zwangsläufig außerschulische Lernorte oder eigens ausgewiesene Projekttage gehören, wird unterschiedlich beantwortet. Die Gruppen können sich aus einer Klasse oder klassenübergreifend zusammensetzen. Einig sind sich die meisten Lehrer darüber, dass Projektunterricht eine arbeitsaufwendige Alternative zum überwiegend lehrerzentrierten Klassenunterricht darstellt.
Projektarbeit berücksichtigt die Interessen der Schüler. Im Idealfall äußern sie von sich aus den Wunsch, sich mit einer Sache auseinander zu setzen. Projekte können auch vom Lehrer initiiert werden. Dabei ist der Situationsbezug des Projektes entscheidend. Das Projekt soll zur Bewältigung bestimmter Aufgaben herausfordern. Projektunterricht berücksichtigt kognitive, affektive und psychomotorische Zielsetzungen gleichermaßen. Durch Team-Teaching kann die Komplexität einer Thematik herausgearbeitet werden. Hierbei werden fächerübergreifende Aspekte deutlich. Ein besonders wichtiges Kriterium des Projektunterrichtes ist die Werkvollendung. Findet das Resultat Anerkennung, entsteht eine starke Lernmotivation.

Vorentscheidungen
- Welche Groblernziele sollen erreicht werden?
- Soll das Projekt in der Klasse, in einer Teilgruppe oder klassenstufenübergreifend durchgeführt werden?
- Sollen Kollegen, Eltern und Fachleute von außerhalb zum Team gehören?
- Welche Vorkenntnisse besitzen die Schüler?
- Welche unterrichtsorganisatorischen und finanziellen Fragen sind mit der Schulleitung zu klären?
- Wie könnte eine erfolgversprechende Verlaufsstruktur bis zur Werkvollendung aussehen?

Projektorganisation
Projektinitiative: Eine Idee entsteht. Die Klasse/Gruppe entscheidet, dass die Idee weiterverfolgt wird.
Projektskizze: Die Teilnehmer diskutieren verschiedene Anregungen, Bedürfnisse und den Zeitraum für die Durchführung des Projekts.
Projektplan: Die zu leistende Arbeit wird festgelegt, unter den Teilnehmern ver-

teilt, ein Zeitrahmen wird aufgestellt und das angestrebte Endresultat benannt. *Projektabschluss:* Die Ergebnisse des Projektes werden in einer Rückschau bewertet. Wenn immer möglich sollte die Projektarbeit durch eine mehr oder weniger umfangreiche Ausstellung dokumentiert werden.

Projektdokumentation
Vor allem bei aufwändigen Projekten erwarten die Schüler eine entsprechende Würdigung ihrer Arbeit durch die Schulöffentlichkeit. Denkbar ist es, die Ziele des Projektes, die Fortschritte der Arbeit und das Ergebnis an zentraler Stelle des Schulgeländes darzustellen. Weitere Möglichkeiten wären Berichte in der Schülerzeitung, der Lokalpresse oder die Teilnahme an Wettbewerben, die immer wieder zu biologischen Themen von unterschiedlichen Veranstaltern ausgeschrieben werden. Es ist dabei sinnvoll, Dokumentationsgruppen zu bilden.
Arbeitsgruppe Textdokumentation: Die Gruppe stellt Ziele, Pläne, Visionen, Schwierigkeiten und Ergebnisse im Text vor. Wird am Computer gearbeitet, lernen die Schüler nebenbei den Umgang mit Textprogrammen.
Arbeitsgruppe Bilddokumentation: Die Gruppe stellt Fotos für die Dokumentation zur Verfügung. Eine genaue Abstimmung mit der Textgruppe ist nötig. Werden Schwarzweiß-Filme eingesetzt, können die Abzüge eventuell kostengünstig im Fotolabor der Schule entwickelt werden.
Arbeitsgruppe Videodokumentation: Um das Projektgeschehen im Film zu dokumentieren, muss zuerst ein Drehbuch geschrieben werden. Hier wird aufgeführt, welche Aktivitäten wie lange gefilmt werden, welche Interviews nötig sind und wo die Drehorte sind. Um den endgültigen Filmschnitt zeitlich sinnvoll bearbeiten zu können, sollte das Verhältnis von gedrehtem Material und fertigem Film nicht größer sein als 8 : 1.

Literatur
Frey, K.: Die Projektmethode. Weinheim 1990
Jüdes, U., Frey, K. (Hrsg.): Biologie in Projekten. Kiel 1993
Hedewig, R. (Hrsg.): Projekte. Themenheft Unterricht Biologie. 188/1993
Kuhn, K. u. a. : Biologie im Freien. Stuttgart 1986
Schweingruber, R.: Das Projekt in der Schule. Bern 1979

A Projekt: Artenschutz

Motivation und Hinführung
In den letzten 150 Jahren sind in Deutschland 7 Säugetierarten ausgestorben, ebenso 20 Vogelarten sowie 58 Arten der Farn- und Blütenpflanzen. Bei uns gel-

ten heute 66 % der Wirbeltierarten, 40 % der Käferarten und 30 % der Blüten- und Farnpflanzen als gefährdet. Weltweit werden Rote Listen erstellt, um die Bevölkerung zu informieren, Behörden Entscheidungshilfen an die Hand zu geben und Grundlagenforschung und Schutzprogramme zu unterstützen.
Während vielen Schülern der „Schutz der Wale" ebenso ein selbstverständliches Anliegen ist wie der „Schutz des tropischen Regenwaldes", ist die Problematik „Gefährdung einheimischer Fledermäuse" oder „Unsere Hornissen sind bedroht" weniger bekannt. Hier kann das Interesse über Bücher, Rote Listen oder Zeitungsartikel geweckt werden. Besonders eindrucksvoll kann die Begegnung der Schüler mit einem Hornissen-Spezialisten oder dem Beauftragten für den Schutz der Fledermäuse sein. Eine Exkursion zu Beginn des Projektes sorgt für eine hohe Motivation.
Ein Projekt „Artenschutz" kann ohne weiteres auch im Rahmen des regulären Biologieunterrichts erarbeitet werden.

Handlungsorientierte Auseinandersetzung mit Teilthemen
Ein Projekt „Artenschutz" kann thematisch und zeitlich leicht ausufern. Sinnvoll ist daher die Beschränkung auf eine oder wenige Arten. Welches Teilthema auch ausgewählt wird, ein Hauptkriterium sollte dabei die Fragestellung sein: „Was können wir tun?".

5–7

Teilthemen	**Hilfsmaßnahmen**	**Untersuchungen**
Hilfe für Lurche	Anlegen eines Lurchgewässers; Gewässerentrümpelung; Sammelaktionen während der Lurchwanderung	Gewässerkartierung; Erfassen des Vorkommens einzelner Lurcharten im Heimatraum
Bedrohte Kriechtiere	Anlegen von Steinhaufen im Schulgarten; Anlegen eines Naturgartens	Erfassen von Trockenbiotopen im Nahbereich
Schwalben sind selten geworden	Anbringen von Nistbrettchen für Rauch- und Mehlschwalben; Anbringen von kleinen Lehmgruben für Nistmaterial und von Kunstnestern für Mehlschwalben	Bestandsaufnahme von Mehl- und Rauchschwalben am Ort

Teilthemen	Hilfsmaßnahmen	Untersuchungen
Tiere auf Wohnungssuche	Schaffung von Nestplätzen für Igel und Zaunkönig; Schaffen von Zugängen zu Kellern und Dachstühlen für Erdkröte, Steinmarder, Schleiereule u. a.	Erfassen von Tierbehausungen in Schule und Umgebung
Wildpflanzen sind selten geworden	Aussäen einer Blumenwiese im Schulgarten; Aussäen von Wildblumensamen in Balkonkästen	Protokollieren der Entwicklung einer Blumenwiese im Verlauf der Wachstumsperiode; Erfassen des Verhältnisses Blumenwiesen : Zierrasen im Ort
Artenschutz weltweit	Aufklärungsaktionen in und außerhalb der Schule, Gestaltung einer Wandzeitung in der Schule	Erfassen käuflicher Produkte aus Materialien von Pelztieren, Schildkröten, Walen, Reptilien u. a.
		8–10
Gefährdung der Großschmetterlinge	Anlegen einer Brennnessel-Ecke im Schattenbereich des Schulgeländes; Anpflanzen von „Schmetterlingsbüschen“ und „Schmetterlingsblumen“ (Hornklee, Glockenblume, Esparsette, Kronwicke u. a.)	Erfassen des Bestands von Brennnesseln und anderen Futterpflanzen für Schmetterlinge; Vergleich des Blütenangebots bei Wildblumenwiesen, Staudenbeeten und Rasenflächen; Erfassen der Blütenbesucher bei ausgewählten „Schmetterlingsblumen“
Nisthilfen für Bienen, Hummeln und Hornissen	Bau von Hummelnestern an Sonnenstellen des Schulgartens; Aufhängen von Bambusbüscheln, Lochziegeln, durchbohrten Harthölzern u. a.; Bau von Hornissenkästen; Anpflanzen von „Bienenblumen“ (Wiesensalbei, Lobelie, Schlüsselblume u. a.) und „Hummelblumen“ (Boretsch, Rotklee, Zaunwicke u. a.)	Untersuchen von Agrarflächen, Kleingärten und öffentlichen Anlagen auf deren Eignung als Lebensraum für Hautflügler; Umfragen zur Einstellung gegenüber Hornissen

Teilthemen	Hilfsmaßnahmen	Untersuchungen
Der naturnahe Garten	Mischkulturen anlegen; Reisighaufen für Zaunkönige und Igel aufschichten; Trittplatten statt Asphaltwege, Kompost statt Kunstdünger und Torf verwenden; Laub unter Hecken und Sträuchern liegen lassen; verblühte Stauden als Winterquartiere für Insektennachwuchs stehen lassen	Dokumentation der Entstehung eines naturnahen Gartens
Lebensraum Hecke	Neupflanzung einer Hecke mit einheimischen Sträuchern; Ausstellung über Kleingehölze und deren ökologischen Bedeutung	Kartieren bestehender Hecken, Weiterleiten der Ergebnisse an lokale Naturschutzvereinigungen

11–13

Teilthemen	Einzelarbeiten	Untersuchungen und Ziele
Bau einer Trockenmauer	Einholen der nötigen Genehmigungen von Schulleitung und Schulträger; Beschaffung von Steinmaterial; Organisation des Transports; Planung der anzusiedelnden Pflanzengesellschaften; Beschaffung des Pflanzenmaterials; Bau und Bepflanzung der Trockenmauer; Sicherstellung der Pflege für die nächsten Jahre	Aufnahme des Bestands von Vegetation und Fauna; Untersuchung der Standortfaktoren; Dokumentation der Sukzession

Teilthemen	**Einzelarbeiten**	**Untersuchungen und Ziele**
Renaturieren von Lebensräumen, z.B.: Anlegen einer Streuobstwiese, Landschaftspflege auf Wacholderheiden oder Steinriegelterrassen, Renaturierung von Bachbiotopen, Anlegen von Trittsteinbiotopen	Schutzverordnungen und besitzrechtliche Fragen klären (Naturschutzbehörden vor Ort erteilen fachlichen Rat und Auskunft über Fördermöglichkeiten, eine Zusammenarbeit mit den Behörden ist unbedingt ratsam)	Kennenlernen der Instrumentarien des Naturschutzes; Kennenlernen von Zielen und Konflikten des Artenschutzes; Dokumentieren von Planungsabläufen, Renaturierungsmaßnahmen und Sukzessionen
Tourismus kontra Artenschutz, z. B.: Biotopzerstörung durch Skianlagen, Gefährdung seltener Arten der Felsbiotope durch Kletterer, Brutstörungen von Wasservögeln durch Kanuten, Artenverarmung durch Golfplätze, Lärmbelästigung durch Motor- und Flugsport, etc.	Untersuchungen an lokalen Beispielen oder Literaturarbeit an überregionalen aktuellen Beispielen; Einzelergebnisse im Klassenraum/Kursraum diskutieren und der Schulöffentlichkeit zugänglich machen; Ergebnisse, die von Interesse für die Allgemeinheit sind, über die Lokalpresse veröffentlichen	Tourismus als Belastungspotenzial für Natur abschätzen; Unvereinbarkeit von totaler Freizeitnutzung und Naturschutz erkennen; Entwicklungsbegrenzungen aufzeigen, soziale Folgen und Folgen der Umweltschäden abschätzen; subjektive freizeitbezogene Ansprüche relativieren und richtig einschätzen

B Projekt: Energie

Im Gegensatz zum Projekt „Artenschutz“ eignet sich das Projekt „Energie“ wie kaum ein anderes zur interdisziplinären Erarbeitung im Unterricht. Im Biologieunterricht wird Energie zum einen in der Stoffwechselphysiologie mit den Teilthemen Assimilation und Dissimilation behandelt, zum anderen ist Energie in der Ökologie Unterrichtsgegenstand im Rahmenthema Energiekreislauf. Dabei stehen hier die Auswirkungen der Energieversorgung auf die Organismen und ihre Umwelt im Vordergrund. Umweltbelastung und Schutz der Biosphäre durch umweltfreundliche Energien und Energiesparmaßnahmen stehen im Rahmen dieser Projektbeschreibung im Vordergrund.
Beim Projekt „Energie“ erkennen die Schüler, dass Probleme der Biologie mit zahlreichen anderen Naturwissenschaften, aber auch mit gesellschaftspolitischen Bereichen verknüpft sind. Ein solches Projekt ist daher geeignet, im Rahmen mehrtägiger Projekttage angegangen zu werden.

Motivation und Hinführung

Fossile Energieträger sind das Ergebnis der Fotosynthese, die vor langer Zeit stattgefunden hat. Wir verbrauchen heute in wenigen Minuten Biomasse, die sich in Jahrtausenden angesammelt hat. Wenn auch keine exakten und unumstrittenen Messwerte vorliegen, so haben doch die Forschungen der letzten Jahre gezeigt, dass die Eingriffe in die Biosphäre inzwischen gefährliche Ausmaße angenommen haben. Wenn wir nicht die Lebensgrundlagen der Erde zerstören wollen, müssen wir unsere Energienutzung neu überdenken.

Umweltwissen und Umwelthandeln

Umfragen zeigen, dass das Umweltbewusstsein und die Problemwahrnehmung bei Schülern recht ausgeprägt ist. Zum tatsächlichen Umweltverhalten zeigen sich aber evidente Unterschiede. Katastrophenszenarien und Diskussionen zahlloser Problemlösungsansätze verpuffen häufig emotional wirkungslos. Selbstständiges Handeln und eigenes Experimentieren sensibilisieren mehr, setzen Fantasie frei und ermutigen. Oberstes Gebot sollte sein, Schüler vor Ohnmachts- und Resignationsgefühlen zu bewahren. Beim Projekt „Energie“ sollte daher Handeln im Vordergrund stehen. Dabei muss es sich mit der Diskussion von Alternativen und Lösungsansätzen verbinden. Problemlösungen können durch technische Möglichkeiten wie durch Veränderung des Lebensstils erreicht werden. Ökologischer Moralismus schreckt aber viele Jugendliche eher ab.
Hier einige Vorschläge für Teilthemen zum Komplex „Energie“:

5–7

Thema: Energie sparen

Energiesparen in der Natur: Beispiele aus dem Tierreich (Robben, Schafe, Pinguine, etc). Durch Modellversuche wird das wärmeisolierende Prinzip von Fell, Federn und Fett erarbeitet. Unterschiede im Wärmehaushalt der gleich- und wechselwarmen Tiere werden erklärt und die morphologischen und ethologischen Auswirkungen erkannt.
Modellversuche zur Isolierung:
Isolierung durch Polystyrol: Die Abkühlung von Warmwasser in Gefäßen mit und ohne Polystyrol-Isolierung wird dokumentiert.
Isolierung durch Glas: Glühbirnen erwärmen Thermometer; zwischen Glühbirne und Thermometer werden entweder keine, eine oder mehrere Glasscheiben gestellt und die Messwerte 10 Minuten lang alle 30 Sekunden verglichen.
„Energieverschwenderhaus“: Wasser in einer Getränkedose als „Modellhaus“ wird erhitzt. Der Wärmeverlust über einen bestimmten Zeitraum wird dokumentiert. Eine zweite Dose wird nach dem Erhitzen isoliert. Das Modell wird auf Wohnhäuser übertragen und die Problematik diskutiert.

Thema: Energielieferant Sonne

Einfangen von Sonnenwärme: Auf einem weißen und einem schwarzen Karton wird je ein Thermometer befestigt. Das Ganze wird mit durchsichtiger Plastikfolie überzogen, der Sonnenbestrahlung ausgesetzt. Die Ergebnisse werden verglichen. Anschließend wird ein Modelltreibhaus aus Pappkarton gebaut.

Passive Nutzung der Sonnenenergie: Eine Arbeitsgruppe untersucht das Schulgebäude, andere planen Neubauten unter dem Gesichtspunkt der passiven Sonnenenergie-Nutzung. Berücksichtigt werden u. a. Standort, Ausrichtung nach der Sonne, Gebäudeform, Anordnung der Innenräume, Windschutz, u. a.

Pflanzen nutzen Sonnenenergie zur Bildung von Biomasse:

Beispiel Rosskastanie: Eine blühende Rosskastanie wird im Frühjahr fotografiert, die Zahl der Blütenstände mit Hilfe des Fotos geschätzt. Die Blattfläche eines mittelgroßen Blattes der Kastanie wird mit Hilfe von Millimeterpapier bestimmt, die Blattzahl eines kleines Astes wird bestimmt, anschließend die Gesamtzahl der Äste und die Blattfläche des Baumes geschätzt. Im Spätsommer wird das Gewicht einer Kastanienfrucht bestimmt und entsprechend das Gesamtgewicht der Früchte geschätzt. Aus allen ermittelten Zahlen lässt sich die von einer Kastanie im Laufe eines Jahres gebildete Biomasse ermitteln.

8–10

Thema: Abbau von Biomasse und Nutzung ihrer Energie

Biomasse aus Kompost: Champignon-Kulturen können von Großgärtnereien und Reformhäusern zum Selberkultivieren bezogen werden. Ernten ist mehrmals möglich.

Zelluloseabbau durch Mikroorganismen: Filterpapier wird in Petrischalen mit feuchter Gartenerde, Kompost, Sand u. a. zersetzt. Der mikrobielle Abbau zeigt sich durch Farbflecken und Löcher. Im Verlauf von 4 bis 6 Wochen wird einmal wöchentlich kontrolliert.

11–13

Thema: Der Verbrennungsmotor und seine Folgen

Funktion und Wirkungsgrad des Verbrennungsmotors: In Zusammenarbeit mit dem Physiklehrer werden Funktion und Wirkungsgrad des Verbrennungsmotors erarbeitet. Verglichen wird der Motor eines Mofas mit dem eines Pkws, die Auswirkung eines Dachgepäckträgers auf den Benzinverbrauch, der Unterschied zwischen Zweitakt- und Viertaktmotor u. a.

Abgasbelastung: Mit dem Gasspürgerät kann die Abgasbelastung und die Schadstoffkonzentration in verschiedenen Stadtteilen ermittelt werden.

In einer Autowerkstatt/beim TÜV werden die Messmethoden und Messwerte bei der Abgasuntersuchung erkundet.

Mit dem Gasspürgerät werden auf dem Parkplatz der Schule Abgaswerte von Mofa, Mokick, Pkw und Motorrad gemessen.
Motorenlärm und seine Folgen: Eine Skala für Lärmempfinden bezüglich verschiedener Lärmquellen einschließlich Motorenlärm wird erstellt. Mit einem Lärmpegelmessgerät werden die Werte objektiviert.
Bei unterschiedlichem Lärmpegel aus einem Kassettenrekorder wird versucht, innerhalb eines kurzen Zeitraumes eine große Zahl unterschiedlicher Wörter auswendig zu lernen. Die Ergebnisse werden verglichen und Schlüsse daraus gezogen.

Thema: Sonnenkollektor zur Warmwasserbereitung
Technische versierte Schüler bauen einen Sonnenkollektor zur Warmwassererzeugung. Als Wärmeaustauscher kann ein umgebauter Warmwasserboiler dienen.

Thema: Schutz der Erdatmosphäre
Fächerübergreifend können mit verschiedenen Arbeitsgruppen zahlreiche Themen angegangen werden.

- Erarbeitung eines Fragebogens zum Thema Treibhauseffekt
- Computersimulation mit Softwarepaketen
- Interviews und Podiumsdiskussion mit Politikern
- Analysen von Zeitungstexten und Stellungnahmen von Vertretern der Industrie, Wirtschaft, Umweltverbänden und Politik
- Nachweis der biologischen Wirkung von Ozon anhand von Wachstumsexperimenten mit Kressekeimlingen und Bakterienkulturen
- Exkursionen zu Energieversorgungsunternehmen

Im Folgenden werden exemplarisch drei *enger umgrenzte Projekte* vorgestellt, die mit Erfolg durchgeführt wurden und so oder auf ähnliche Weise problemlos verwirklicht werden können.

C Projekt: Dinosaurier-Ausstellung

5–8

Projektinitiative
Im Rahmen des Pflichtunterrichts lässt sich das Wissensbedürfnis über Dinosaurier meist kaum abdecken. Hier bleibt ein breites Betätigungsfeld für Projekte, vor allem wenn das Thema fächerübergreifend angegangen wird (z. B. Biologie/Kunst). Für die Erstellung einer Dinosaurier-Ausstellung sollte der Projektleiter auch Erfahrungen in handwerklicher und künstlerischer Hinsicht

haben oder mit entsprechend ausgebildeten Kollegen oder Fachleuten kooperieren.
Durchgeführt wurde dieses Projekt im Rahmen einer Projektwoche an einem Gymnasium mit einer Gruppe von 24 Schülern. (Zeitbedarf: 25–30 Stunden)

Projektplanung
Zunächst sollte geklärt werden, welche Kenntnisse über Dinosaurier die Schüler bisher besitzen und woher sie diese haben. Hier zeigt sich meist schon ein breites Wissensspektrum – von absoluten „Dino-Fans“, die alle Daten eines Allosaurus oder Iguanodon im Kopf haben, bis hin zu allgemein biologisch interessierten Schülern, die immerhin wissen, dass Dinosaurier ausgestorbene Tiere sind.
Anschließend sollten die Schüler Vorschläge machen, wie sie sich mit dem Thema auseinander setzen wollen. Die Vorschläge werden diskutiert und es wird abgestimmt, welcher Vorschlag realisiert werden soll. Hieraus kann sich eine rein theoretische Auseinandersetzung mit dem Thema ergeben, die vielleicht mit dem Besuch einer Ausstellung abgerundet wird, oder wie in unserem Falle die Gestaltung einer Dinosaurier-Ausstellung.
Im nächsten Schritt wird überlegt, wie das *Informationsmaterial* zu beschaffen ist. Häufig haben Schüler zu Hause bereits eine Reihe von Büchern über Dinosaurier, darüber hinaus dürfte die Schul- oder Stadtbibliothek auch einiges an Literatur zu diesem Thema zur Verfügung stellen können. Die Auseinandersetzung mit Dinosauriern setzt auch ein gewisses „Urzeit-Wissen“ voraus, die Schüler sollten also auch Literatur zu allgemeinen paläontologischen Themen beschaffen.
Haben sich die Schüler auf das Thema Ausstellung geeinigt, wird überlegt, wie diese Ausstellung aufgebaut werden soll. Dazu sind folgende Fragen zu klären:
1. Wo kann die Ausstellung aufgebaut werden?
2. Wie umfangreich wird die Ausstellung, d. h., wie viel Platz benötigt sie?
3. Wann kann die Ausstellung aufgebaut werden und wie lange darf sie stehen bleiben?

Diese Fragen sollten die Schüler vorab mit der Schulleitung und dem Hausmeister klären, damit die schönen Ausstellungsstücke später nicht in der „Rumpelkammer“ der Schule verschwinden.
Anschließend werden Vorschläge gesammelt, aus welchen Teilen die Ausstellung zusammengesetzt werden soll. Meist haben einige Schüler bereits eine Dinosaurier-Ausstellung gesehen und können von daher Ideen einbringen. Natürlich sollten die Dinosaurier selbst im Mittelpunkt stehen, sodass sich die Frage ergibt: Woraus sollen die Tiere hergestellt werden? Hier bieten sich verschiedene Techniken bzw. Materialien an:

- reine Papp- oder Papierkonstruktionen,
- Ton- oder Salzteig-Figuren,
- Sperrholz-Arbeiten,
- Draht-Pappmaschee-Figuren,
- Draht-Zement-Figuren.

Meine Schüler wählten die Draht-Pappmaschee-Technik, die auch den Bau sehr großer Figuren ermöglicht. Für eine Ausstellung unter freiem Himmel hätten sich auch Draht-Zement-Figuren angeboten. Als Hintergrund stellten sich die Schüler eine typische Dinosaurier-Landschaft vor, die auf Bettlaken gemalt werden sollte.

Dann wurden sechs *Gruppen* gebildet: Eine Gruppe fand sich schnell für die Gestaltung des Hintergrundes. Die anderen Gruppen versuchten sich jeweils auf eine Dinosaurier-Art festzulegen. Sie einigten sich schließlich, möglichst bekannte Saurier nachzubilden, weil hierfür das meiste Informationsmaterial zur Verfügung stehen würde. Es kann aber durchaus reizvoll sein, sich mit Dinosauriern zu beschäftigen, die nicht so populär sind. Das sollte die Schülergruppe jeweils entscheiden.

Projektdurchführung

Es wurde vereinbart, zum nächsten Treffen alle verfügbaren Materialien zum Thema Dinosaurier mitzubringen.

Nach Durchsicht der Literatur wurde zunächst gemeinsam beraten, welche Dinosaurier nachgebaut werden sollten. Die Schüler entschieden, Exemplare aus nur einer *Zeitepoche*, aber aus verschiedenen *Lebensräumen* darzustellen (Luft, Wasser, Land). Um die Zeitdimension zu veranschaulichen, entwickelte die „Hintergrund-Gruppe“ die Idee einer „Urzeit-Uhr“. Schließlich kamen die Gruppen überein, folgende Dinosaurier nachzubilden: Triceratops, Stegosaurus, Brachiosaurus, Tyrannosaurus, Pteranodon.

Jede Gruppe sammelte nun Daten und Fakten über „ihren“ Dinosaurier. Wichtig für die Berechnung des *Materialbedarfs* waren dabei zunächst die Daten über die Größe.

Um einen gemeinsamen *Maßstab* für die Größe der Tiere zu erhalten, geht man am besten vom größten geplanten Dinosaurier aus, in unserem Fall der Brachiosaurus (23 m). Dieser Maßstab richtet sich nach dem Platz, der für die Ausstellung zur Verfügung steht. Bei einem Maßstab von 1 : 10, wäre der Brachiosaurus 2,30 m lang, der Triceratops 0,90 m und der Stegosaurus sogar „nur“ 0,80 m. Zur Berechnung der Körperproportionen wird der jeweilige Saurier in einzelne Körperabschnitte „zerlegt“. Hierfür nehmen sich die Schüler verschiedene Abbildungen oder Figuren vor und messen die Körperabschnitte nach.

Folgende *Materialien* werden für die Modelle benötigt: Maschendraht (Breite 50 cm, Maschengröße 12 cm), Zeitungspapier, Tapetenkleister, Wandfarbe in verschiedenen Tönen, Pinsel, Drahtschere, Zange, Eimer.
Nach der Beschaffung des Materials geht es an den *Zusammenbau* der „Draht-Skelette“. Sind die Skelette einigermaßen zufriedenstellend ausgefallen, wird in Tapetenkleister eingeweichtes Zeitungspapier um die Drahtgestelle gewickelt. Die Phase des Trocknens (mindestens 24 Stunden) kann genutzt werden, um Informationen zum jeweiligen Modell-Saurier auf Informationstafeln darzustellen.
Dann werden die Dinosaurier bemalt, wobei der Farbfantasie keine Grenzen gesetzt sind. Zähne, Klauen und Knochenplatten werden aus den verschiedensten Materialien beigesteuert. Anschließend stellen die Schüler die fertigen Modelle mit den zugehörigen Informationstafeln vor der bemalten Kulisse auf. In unserem Fall hat die „Hintergrund-Gruppe“ eine Landschaft auf zusammengenähte Bettlaken gemalt. Eine Pappscheibe bildete die „Urzeit-Uhr“ (Durchmesser 1 m), auf der die Erdepochen als Segmente einer 24-Stunden-Uhr dargestellt wurden.

Projektergebnis

Unsere Dinosaurier-Ausstellung fand einen bleibenden Platz im naturwissenschaftlichen Trakt des Schulgebäudes. Sie war eine Attraktion der Projektwoche und blieb auch weiteren Schülergenerationen erhalten. Sie regte andere Schülergruppen zur praktischen Beschäftigung mit dem Thema Dinosaurier an und wuchs mit der Zeit auf 14 Modelle an.

Literatur

Lambert. D.: Alles über Dinosaurier. Würzburg 1988
Charig, A.: Dinosaurier. Berlin 1984
Desmond, A.: Das Rätsel der Dinosaurier. Köln 1978
Steiner, W.: Die große Zeit der Saurier. Hannover 1986
Bunter Kinder-Kosmos: Saurier – Tiere der Urzeit. Stuttgart 1987
Norman, D.: Kennst du diese Dinosaurier? Ravensburg 1987
Cox, Dixon, Gardiner, Savage: Dinosaurier und andere Tiere der Vorzeit. München 1992

D Projekt: Tümpel-Aquarium

7–11

Projektinitiative

In der unmittelbaren Umgebung der Schule, in der dieses Projekt durchgeführt wurde, gibt es eine Reihe von kleinen Tümpeln, die aus dem Überschwemmungsbereich eines alten Flussbettes entstanden sind. Einige Schüler hatten bereits Erfahrungen mit diesen Tümpeln gemacht und regten an, die Lebewesen darin doch etwas genauer zu untersuchen. Gelegenheit dazu bot sich im Rahmen einer Biologie-Arbeitsgemeinschaft, die sich allgemein zur Aufgabe gemacht hatte, Leben in die Schule zu holen. Ursprünglich hatten die Schüler die Idee, ein Warmwasser-Aquarium mit schönen bunten „Exoten" anzulegen. Schließlich erschien es ihnen aber reizvoller, Aquarien nicht mit den üblichen Fischen, sondern mit ganz andersartigen Wassertieren zu füllen.
Durchgeführt wurde dieses Projekt an einem Gymnasium mit einer Gruppe von 22 Schülern. (Zeitbedarf: ca. 20 Stunden)

Projektplanung

Im Mittelpunkt der ersten Gruppenzusammenkunft stand die Frage: Welche dieser Tümpel eignen sich, um daraus die Aquarien zu bestücken? Allein nach Beschreibung der Schüler konnte diese Frage nicht beantwortet werden. Unter den beschriebenen Tümpeln sollten die geeigneten nach folgenden *Kriterien* ausgewählt werden:

1. Handelt es sich tatsächlich um einen Tümpel (also um ein Gewässer, das meist so flach ist, dass es in jedem Jahr vorübergehend austrocknen kann, und nur von geringem Umfang ist) und nicht um einen Weiher oder See?
2. Ist die Tier- und Pflanzenwelt ausreichend?
3. Ist der Tümpel zugänglich?

Dazu wurden *Gruppen* mit drei bis vier Schülern gebildet, die jeweils einen Tümpel selbstständig aufsuchen und beurteilen sollten. Diese Gruppen waren später auch verantwortlich für die Einrichtung und Pflege eines Aquariums und die weitere vergleichende Beobachtung „ihres" Tümpels im Freien.
Schließlich wurde die Biologiesammlung auf die für die Einrichtung von Aquarien notwendigen *Geräte* hin durchsucht. Es fanden sich sechs geeignete Glasbecken (von 10 l bis 60 l Inhalt). Für die Beschaffung des Aquariumgrundes in Form von Sand und Kies erklärte sich ein Schüler bereit, der eine preiswerte Quelle wusste. Die anderen Geräte, die für die Beschaffung und Untersuchung der Lebewesen notwendig waren (Kescher, Netze, Präparierbesteck, Stereolupen, Petrischalen, Mikroskope) standen ebenfalls aus der Biologiesammlung zur Verfügung wie auch eine ausreichende Anzahl von Bestimmungsbüchern.

Projektdurchführung

Für die erfolgreiche Realisierung dieses Projekts sind geeignete Gewässer in der Nähe der Schule nötig, unabdingbare Voraussetzung ist aber auch die richtige Jahreszeit (Mai bis Juli).

Die erste Aufgabe unserer Projektgruppen war es, mit Hilfe eines *Arbeitsblattes* „ihren“ Tümpel so genau wie möglich zu beschreiben und zu beurteilen. Geplant wurden hierzu zwei Exkursionen zu je drei Tümpeln. In der Schule wurden die *Aquarien* für die Tümpelbewohner mit gewaschenem Sand und Kies ausgestattet und zur Hälfte mit Leitungswasser gefüllt, das mindestens 8 Tage vor dem Einsatz der Tümpelbewohner stehen bleiben sollte. (Frisches Leitungswasser ist für die Tümpelorganismen schädlich!) Die andere Hälfte wurde später mit Wasser aus den Tümpeln aufgefüllt.

Für die *Exkursionen* wurden die Schüler mit Keschern und Netzen ausgestattet. Außerdem sollten sie möglichst viele verschließbare Glasgefäße mitbringen.

Wichtig: Bei der Entnahme von Tieren aus dem Freiland sind unbedingt die Gesetze des Artenschutzes zu berücksichtigen. Geschützte Arten wie Amphibien und seltene Libellenlarven dürfen auf keinen Fall mitgenommen werden!

Die spätere *Untersuchung* der Tümpelbewohner hing von der Artenzusammensetzung im jeweiligen Aquarium ab. Die Schüler machten sehr schnell die Erfahrung, dass je nach Beckengröße und der Anzahl von „Räubern“ (Käfer- oder Libellenlarven) die Vielfalt an Lebewesen rasch abnehmen konnte. Deshalb wurden zuerst diese „Endglieder“ der Nahrungskette im Tümpelbiotop beobachtet, bestimmt und – soweit erforderlich – wieder in die Freiheit entlassen. Das Fressverhalten dieser Larven lässt sich sehr gut beobachten, wenn man ihnen mit Pinzetten kleine Fleischstückchen vorhält.

Die *Betreuung der Aquarien* konnte sich nicht nur auf die wöchentlichen AG-Stunden beschränken, die Schüler kontrollierten ihr Aquarium täglich in der großen Pause. Die Tiere wurden mit Lebendplankton gefüttert, das die Schüler mit Planktonnetzen aus „ihrem“ Tümpel holten. Der Algenbelag an den Aquarienwänden wurde entfernt und in den AG-Stunden mikroskopisch untersucht.

Zur *Dokumentation* der Tümpel-Aquarien fertigten die Schüler ein Gruppenprotokoll an. Dieses enthielt neben den täglichen bzw. wöchentlichen Beobachtungen und Beschreibungen auch Zeichnungen und Fotos, die die Schüler an „ihrem“ Tümpel bzw. von „ihren“ Tümpelbewohnern angefertigt hatten.

In den nächsten AG-Stunden wurde kontinuierlich die Tier- und Pflanzenwelt der Aquarien untersucht, bestimmt und beschrieben, wobei auch die Beziehungen der Lebewesen untereinander beobachtet werden konnten.

Projektergebnis

Die Gruppenprotokolle dienten als Vorlage für Schaubilder, die ausgestellt wurden. Die Schülergruppen klebten hierzu Zeichnungen, Fotos und Berichte auf Tonpapier (DIN A1). Außerdem wurden die konservierten Tiere und Pflanzen ausgestellt. Das präparierte Zoo- und Phytoplankton wurde unter Mikroskopen gezeigt und das letzte Tümpel-Aquarium dazugestellt. Der Inhalt der anderen Aquarien wurde wieder dem Tümpel „übereignet", aus dem das Mini-Biotop stammte. Es fiel den Schülern nicht leicht, sich von ihren Aquarien zu trennen.

Literatur

Streble, H., Krauter, D.: Das Leben im Wassertropfen. Stuttgart 1981
Weiss, W.: ABC der Aquarienkunde. Stuttgart 1986
Engelhardt, W.: Was lebt in Tümpel, Bach und Weiher? Stuttgart 1989
Fischer, J.: Das Unterrichtsaquarium. Köln 1963
Kelle, A., Sturm, H.: Tiere leicht bestimmt. Bonn 1984
Kelle, A., Sturm, H.: Pflanzen leicht bestimmt. Bonn 1993
Meyer, D.: Makroskopisch – biologische Feldmethoden zur Wassergütebeurteilung von Fließgewässern. BUND (Hrsg.), Hannover 1990

E Projekt: Haustierhaltung

5–7

Projektinitiative

Ausgelöst wurde das Interesse an dem Thema u. a. durch die Auseinandersetzung der Stadt mit den Hundehaltern zum Streitpunkt „Hundekot". Dieses heikle Thema und die Frage der Tierhaltung in Hochhäusern ging mehrfach durch die Lokalpresse und beschäftigte natürlich auch die Schüler. Das Projekt „Haustierhaltung" wurde an einem Gymnasium mit einer Gruppe von 26 Schülern im Rahmen einer Projektwoche durchgeführt. (Zeitbedarf: ca. 30 Stunden)

Projektplanung

Zunächst wurde das vielfältige *Informationsmaterial* zum Thema gesichtet, das Schüler und Lehrer schon beschafft hatten. Außer Zeitungsausschnitten und Fachliteratur war eine Fülle von Informationsschriften der unterschiedlichen Tierschutzverbände und anderer Hilfsorganisationen, von Zoohändlern und Tierärzten zusammengekommen. Da das Problem der Tierhaltung in Hochhäusern für einige beteiligte Schüler von unmittelbarer Bedeutung war, wurde das Material auf diesen Aspekt hin durchgesehen. Es wurden *Gruppen* gebildet, die sich jeweils mit der Haltung folgender Tiere auseinander setzen wollten: Hunde, Katzen, Vögel, Fische, Mäuse und Ratten, Kaninchen und Hamster.

Dann wurde der Wunsch geäußert, einen Tierarzt und einen Vertreter des Tierschutzvereins einzuladen, um deren persönliche Erfahrungen und Einstellungen anzuhören. Außerdem sollte eine Befragung der Hausbewohner in der unmittelbaren Umgebung der Schule durchgeführt werden. Projektziel sollte ein *Prospekt* sein, das Tipps zur Haustierhaltung enthalten sollte.

Projektdurchführung

Zunächst wurde der *Fragebogen* entwickelt, der Grundlage für die Befragung der Hausbewohner sein sollte. Dann wurde überlegt, welche verschiedenen Aspekte in einem Prospekt „Tipps zur Haustierhaltung" angesprochen werden sollten. Die Schüler einigten sich darauf, die Fragen: Wie groß? Wie alt? Wie viel Platz? Wie teuer? usw. aufzunehmen. Jede Gruppe bearbeitete nun in den folgenden zwei Tagen die gemeinsam erstellte Liste der Aspekte im Hinblick auf die jeweils ausgewählten Tiere. Am 4. Tag sollten die Prospektseiten so weit vorliegen, dass die „Computer-Gruppe" daraus die druckreife Form erstellen konnte. Am 2. und 3. Tag kamen außerdem ein Tierarzt und eine Vertreterin des örtlichen Tierhilfswerks für jeweils eine Stunde in unsere Projektgruppe und beantworteten sehr bereitwillig die Fragen, die wir am Tag zuvor vorbereitet hatten.
Ebenfalls am 2. und 3. Tag wurde die Befragung der Hausbewohner von drei Untergruppen der Schüler durchgeführt. Die ausgefüllten Fragebögen übergaben sie der „Computer-Gruppe", die die Ergebnisse am 5. Tag vorstellen wollten.
Am 5. Tag sollten alle Gruppen außerdem von den Erfahrungen berichten, die auf den Fragebögen oder Prospektseiten nicht zum Ausdruck kamen. Hier wurde deutlich, dass sich viele Schüler auch nachmittags mit dem Thema beschäftigt hatten, dass also die Stunden am Vormittag oft nicht ausreichten. Vor allem bei der Umfrage hatten die Schüler nachmittags größeren Erfolg als vormittags.

Projektergebnis

Das Prospekt „Tipps zur Haustierhaltung" und die grafische Darstellung der Ergebnisse unserer Fragebogen-Aktion wurden am Präsentationstag an einem „Haustier-Stand" ausgelegt bzw. ausgestellt.

Informationsmaterial zur Haustierhaltung ist erhältlich bei:
Deutscher Tierschutzbund e.V., Baumschulallee 15, 53115 Bonn
AG Deutscher Tierschutz e.V., Dr.-H.-Boschheidgen Str. 20, 47447 Moers

Literatur

Haustiere. Themenheft Unterricht Biologie, 5/1977
Grzimeks Tierleben: Verhaltensforschung. München 1993

Brigitte Engelhardt, Walter Kleestattel

9 Biologie im Gelände

Mit dem Unterricht im Gelände und der unmittelbaren Begegnung mit lebenden Pflanzen und Tieren lassen sich neben rein fachlichen Zielen auch wichtige erzieherische Ziele erreichen. Ethologische und ökologische Fragestellungen können im Freiland besonders gut bearbeitet werden, das Phänomen der Angepasstheit lässt sich in vielen Bereichen verdeutlichen. Am schnellsten erreichbar ist das Schulgelände. Es bietet bereits eine Fülle von Möglichkeiten, auch innerhalb von 45 Minuten interessanten Unterricht im Freien zu gestalten. Durch die unmittelbare und intensive Auseinandersetzung wird die Identifikation mit dem Schulgelände und den hier vorkommenden Pflanzen und Tieren ausgebildet. Die Übernahme von Patenschaften für Bäume, Sträucher, eine Hecke oder eine begrünte Fassade hilft den Schülern, Verantwortungsbewusstsein zu entwickeln und beugt mutwilliger Zerstörung und Vandalismus vor. Motivation und Eigeninitiative von Jugendlichen werden durch die aktive Begegnung mit einem Lebensraum und den hier vorkommenden Lebewesen gefördert. Langzeitbeobachtungen können die Schüler auch in der außerunterrichtlichen Zeit durchführen. Neben dem Schulgelände bieten sich – vor allem für ältere Schüler – viele außerschulische Lernorte an, die freilandbiologisches Arbeiten das ganze Jahr hindurch ermöglichen.

A Freilandbiologie fürs ganze Jahr

Pflanzen und Tiere bestimmen 5–10

Um den Schülern Artenkenntnisse zu vermitteln und diese immer wieder zu vertiefen, sollten regelmäßig Bestimmungsübungen im Freiland stattfinden. Benötigt wird hierfür ein Grundstock an einfach zu handhabender Bestimmungsliteraur (➔ Seite 125). Um die Bearbeitung von Arbeitsblättern zu erleichtern, kann man als feste Unterlage Klemmbretter im Klassensatz anschaffen. Für Bestimmungsübungen im Freien sind außerdem Lupen, Lupengläser, Sammelbehälter und Pinzetten sinnvoll (Klassensätze).

Fotopirsch und -ausstellung 5–10

Während eines Rundgangs fotografieren die Schüler markante Bäume und Sträucher auf dem Schulgelände oder in der Umgebung der Schule. Nach dem Entwickeln werden die Fotos auf eine Tapete geklebt, die Gehölze bestimmt und in einer kurzen Monografie näher beschrieben. Ergänzend hierzu kann ein Plan des Schulgeländes aufgehängt werden, der die Standorte der verschiedenen Gehölze zeigt. Dazu wird jeder Gehölzart eine Stecknadel mit andersfarbigem Kopf zugeordnet. Weitere Fotos, Monografien, gepresste Blätter sowie Blatt- und Stammabdrücke können nach und nach ergänzt werden. Eine sinnvolle Dauerausstellung entsteht, wenn die Schüler jahreszeitlich bedingte Veränderungen an den Gehölzen festhalten. In gleicher Weise lassen sich auch andere Pflanzen des Schulgeländes und der Umgebung dokumentieren.

Schallpegel-Messungen **9–13**
Zur Untersuchung der Lärmbelastung werden an verschiedenen Stellen des Ortes (wenig und viel befahrene Straßen, Fußgängerzone ...) und zu unterschiedlichen Zeiten (frühmorgens, während des Berufsverkehrs, am Abend) Messungen mit einem Schallpegel-Messgerät durchgeführt und ausgewertet.

Messung der Luftbelastung **9–13**
Mit einem Dräger-Messgerät lässt sich bei Aufsatz verschiedener Teströhrchen die Belastung der Luft durch Schadstoffe ermitteln.

B Freilandbiologie im Frühjahr

Ein Blütendiagramm nachstellen **5–8**
Blüten aus verschiedenen Pflanzenfamilien (Rosengewächse, Kreuzblütler ...) werden in Gruppen untersucht. Jede Gruppe erhält die Aufgabe, unter Leitung eines „Regisseurs" das jeweilige Blütendiagramm mit den Gruppenmitgliedern nachzustellen. Zur besseren Kennzeichnung der einzelnen Teile (Kelchblätter, Kronblätter, Staubblätter, Fruchtknoten) erhalten die Schüler verschiedenfarbige Bänder. Sehr anschaulich ist es auch, wenn die Schüler – auf dem Boden hockend – eine farbige Pappscheibe über ihrem Kopf hochhalten.

Eine Hecke untersuchen **8–13**
In Gruppen nehmen die Schüler den Pflanzenbestand einer Naturhecke qualitativ und quantitativ auf. Hierzu wird die Hecke in Abschnitte aufgeteilt, Bäume, Sträucher und Kräuter werden erfasst. Die Artmächtigkeit, d. h. Individuenzahl (Abundanz) und Deckungsgrad (Dominanz), wird mit Hilfe des Schätzungsschlüssels nach Braun-Blanquet ermittelt und tabellarisch festgehalten. Bei Pflanzen der Krautschicht ermitteln die Schüler außerdem die Geselligkeit, in der sie vorkommen. Wird dies über eine Vegetationsperiode hin durchgeführt, erhalten die Schüler eine gute Einführung in wissenschaftliche Arbeitsweisen und die Methoden der Pflanzensoziologie.

Schätzungsschüssel für die Artmächtigkeit (Dominanz und Abundanz) nach Braun Blanquet

5: mehr als $^2/_3$ der Aufnahmefläche deckend; Individuenzahl beliebig
4: $^1/_2$ bis $^3/_4$ der Aufnahmefläche deckend, Individuenzahl beliebig
3: $^1/_4$ bis $^1/_3$ der Aufnahmefläche deckend, Individuenzahl beliebig
2: entweder 5 % bis 25 % der Aufnahmefläche deckend und Individuenzahl beliebig oder sehr zahlreiche Individuen bei geringem Deckungsgrad
1: mäßig zahlreich und weniger als 5 % deckend oder gering an Zahl, aber mit größerem Deckungsgrad
+: spärlich in wenigen Exemplaren und nur wenig Fläche deckend
r: rar, sehr selten, nur 1 bis 2 Exemplare und nur sehr wenig Fläche deckend

Geselligkeit
- als Einzelpflanze wachsend
- in einer Gruppe oder einem Horst wachsend
- kleine Flecken oder Polster bildend
- große Flächen oder Teppiche bildend

Die Lichtintensität in einer Hecke feststellen 8–13

Die Schüler ermitteln die Auswirkungen des Lichtfaktors auf die Lebewesen einer Hecke, indem sie zunächst die Lichtintensität mit einem Fotometer in den verschiedenen Schichten an mehreren horizontalen und vertikalen Punkten messen und festhalten. Zum Vergleich wird auch die Lichtintensität im umgebenden Freiland festgestellt. Die Auswirkungen der unterschiedlichen Lichtintensität auf das Vorkommen und die Entwicklung der Pflanzen können vor Ort ermittelt werden (Lage, Anzahl, Größe, Färbung und Ausrichtung von Knospen, Blättern, Blüten und Früchten; Reifezustand der Früchte).

Die Luftfeuchtigkeit in einer Hecke ermitteln 8–13

An verschiedenen Messpunkten in einer Hecke (Vertikal- und Horizontalebene) ermitteln die Schüler mit einem Hygrometer bei jeweils drei bis fünf Minuten Messdauer die relative Luftfeuchtigkeit. Die Auswertung der Messergebnisse macht deutlich, dass feuchtigkeitsliebende Tiere und Pflanzen in der Hecke gute Lebensbedingungen vorfinden.

Die Lufttemperatur bei einer Hecke feststellen 8–13

Temperaturmessungen an und in einer Hecke zu verschiedenen Jahreszeiten geben den Schülern wichtige Hinweise auf ihre ökologische Bedeutung. So stellen sie fest, dass an sonnigen Tagen die Lufttemperatur in der Hecke geringer ist als im umgebenden Freiland, es an kalten Tagen jedoch umgekehrt ist. Außerdem lassen sich auf der Südseite höhere Temperaturen ermitteln als auf der Nordseite, was Einfluss auf die Artenzusammensetzung und den Zeitpunkt von Keimung, Blühen und Wachstum hat.

Die Windgeschwindigkeit bei einer Hecke messen 8–13

Hecken dienen als Windschutz und haben somit für das angrenzende Freiland eine große Bedeutung. Zur Windmessung können die Schüler Schalenkreuz-Anemometer verwenden, eine Einordnung aber auch mit Hilfe der Beaufort-Skala vornehmen. Die Messpunkte sollten bei dieser Aufgabe jeweils 50 m, 20 m, 10 m , 5 m und 1 m vor und hinter der Hecke liegen.

Beaufort-Skala

Beaufort-Grad	Bezeichnung der Windgeschwindigkeit	Auswirkung der Windstärke
2	leichte Brise, 1,8–3,3 m/s	Wind fühlbar im Gesicht
3	schwache Brise, 3,4–5,2 m/s	Blätter und dünne Zweige in ständiger Bewegung
4	mäßige Brise, 5,3–7,4 m/s	hebt feinen Sand
5	frische Brise, 7,5–9,8 m/s	kleine Laubbäume beginnen zu schwanken
6	starker Wind, 9,9–12,4 m/s	Halten eines Regenschirmes schwierig
7	steifer Wind, 12,5–15,2 m/s	Hemmung beim Gehen gegen den Wind
8	stürmischer Wind, 15,3–18,2 m/s	Gehen im Freien erheblich erschwert

Die Bodentemperatur bei einer Hecke ermitteln 8–13

Mit einem Bodenthermometer wird die Temperatur in unterschiedlicher Bodentiefe (Bodenoberfläche, 5 cm Tiefe, 10 cm Tiefe, 20 cm Tiefe) an den Hecken-

rändern, in der Heckenmitte und im umgebenden Freiland festgestellt und ausgewertet. Dazu wird mit einem Erdbohrstock ein entsprechend tiefes Loch gebohrt, gegebenenfalls wird es mit einem Spaten gegraben.
Zur Ermittlung weiterer Bodenparameter (Humusgehalt, pH-Wert, Kalkgehalt) sollten bei trockenem Wetter Bodenproben am Heckenrand, in der Heckenmitte und im umgebenden Freiland entnommen und in die Schule mitgenommen werden.

Staubmessungen an einer Hecke **8–13**
Zur Feststellung des Staubgehalts wird an verschiedenen Stellen der Hecke etwa je 10 g Blattmaterial entnommen. Im Unterrichtsraum werden die Blätter mit destilliertem Wasser übergossen. Das auf der Blattoberfläche befindliche Material wird mit einem feinen Pinsel vorsichtig abgestreift und durch einen Filter gegossen. Die Rückstände im Filter werden verglichen. Aufwändiger ist es, an verschiedenen Stellen der Hecke Objektträger aufzuhängen, die mit nach oben gerichtetem Klebestreifen präpariert sind. Nach einer Woche werden die Objektträger abgenommen, die Staubpartikel unter dem Mikroskop ausgezählt und ihre Anzahl verglichen.

Insekten an Frühblühern beobachten **5–13**
An einem sonnigen Frühlingstag lassen sich an frühblühenden Pflanzen (Salweide, Haselnuss, Winterjasmin, Krokus, Winterling, Schneeglöckchen ...) Insekten bei der Futtersammlung beobachten und bestimmen. Interessant ist es, aufzuzeigen, wie viele und welche Arten die jeweilige Futterquelle nutzen.

C Freilandbiologie im Sommer

Die Umgebung wahrnehmen – hören, fühlen, riechen **5–10**
Ziel dieser Aufgabenstellung ist, dass die Schüler ein ihnen durch optischen Eindruck bekanntes Gelände mit anderen Sinnen erfassen. Dazu führt ein Schüler einen Partner, dessen Augen verbunden sind, lässt ihn fühlen, tasten und riechen. Beim „Umarmen“ eines Baumes, beim „Streicheln“ eines Moospolsters, beim Schnuppern an einer Frucht oder auch beim Barfußgehen über eine Rasenfläche vermitteln sich den Schülern so ganz neue Sinneseindrücke. Wichtig ist es, dass die beiden Partner vertrauensvoll miteinander umgehen. Der führenden Person muss bewusst sein, dass sie für ihren Partner eine große Verantwortung übernimmt. Ihre Augen müssen bei dieser Aufgabenstellung die Augen des anderen ersetzen. Großen Spaß macht es Schülern, sich zu einem Themenschwerpunkt einen Parcours für den Partner auszudenken.

Beispiele:
- Die Bäume an unserer Straße. – Wie fühlen sie sich an?
- Wo stehe ich? – Wir erkunden die Fußgängerzone.
- Fühlen mit den Füßen. – Was kannst du beim Barfußgehen feststellen?

Im Zusammenhang mit der Behandlung der Sinnesorgane oder stadtökologischen Fragestellungen bietet eine solche „Blindführung“ durch verschiedene Bereiche des Ortes (Park, Fußgängerzone ...) den Schülern viele Eindrücke von hohem Erlebniswert.

Gehölze kartieren **5–10**

Die Schüler erhalten ein Arbeitsblatt mit dem Grundriss des Schulgeländes. Während eines Unterrichtsganges sollen sie den Bewuchs des Schulgeländes kartieren. Bäume, Sträucher, begrünte Fassaden, Rasenflächen und krautiger Bewuchs werden mit unterschiedlichen Farben markiert. In der gemeinsamen Auswertung wird besprochen, an welchen Stellen Veränderungen durch Neubepflanzung nötig und möglich sind.

Bäume und Sträucher unterscheiden **5–10**

Die Schüler erhalten pro Gruppe Bestimmungsbücher, mit deren Hilfe sie während eines Unterrichtsganges Bäume und Sträucher durch Objekt-Bild-Vergleich einordnen können. Sinnvoll ist es auch, die Schüler bei einem Unterrichtsgang auf Gehölze mit giftigen Inhaltsstoffen aufmerksam zu machen, die in öffentlichen Anlagen häufig anzutreffen sind (Gemeiner Goldregen, Eibe, Ilex, Schneebeere, Liguster, Pfaffenhütchen, Mahonie, Feuerdorn, Zwergmispel u.a.).

Baumrallye **5–6**

Als Abschluss einer Unterrichtseinheit „Bäume unterscheiden sich“ bietet sich zur Überprüfung der Lernergebnisse eine Rallye auf dem Schulgelände oder in einem ihnen noch nicht bekannten Gebiet (Stadtgarten, Park ...) an. Die Schüler erhalten pro Gruppe einen Rallyeplan mit folgenden Aufgaben:

- Sammle je ein einfaches und ein zusammengesetztes Blatt.
- Wie viele unterschiedliche Blattformen kannst du finden? Zeichne und benenne sie.
- Fertige einen Blattabdruck von einem ganzrandigen, einem gesägten und einem gebuchteten Blatt an, indem du diese Blätter in ein gefaltetes Papier legst und mit einem weichen Bleistift darüber streichst.
- Zeichne die Adern des Blattes einer Eiche, einer Buche und einer Birke.
- Wie fühlt sich die Rinde einer Eiche, einer Buche, einer Birke an?

Trittpflanzen untersuchen **5–11**

Auf einer häufig betretenen Fläche (Parkplatz, Sportfläche, Trampelpfad ...) steckt jede Arbeitsgruppe zunächst ein Areal von 1 m^2 ab. Anschließend bestimmt und beschreibt sie die vorkommenden Pflanzenarten. Gemeinsam wird analysiert, wie die Pflanzen an die besonderen Bedingungen des Standortes angepasst sind.

Häufig vorkommende Trittpflanzen:

- Breitwegerich (Plantago major)
- Einjähriges Rispengras (Poa annua)
- Niederliegendes Mastkreut (Sagina procumbens)
- Gemeines Rispengras (Poa trivialis)
- Gemeiner Löwenzahn (Taraxacum officinale)
- Strahlenlose Kamille (Matricaria discoidea)
- Vogelknöterich (Polygonum aviculare (agg.))
- Weißklee (Trifolium repens)
- Wiesen-Rispengras (Poa pratensis)

Um pflanzensoziologisches Arbeiten zu initiieren, tragen die Schüler auf einem Plan ihres Areals die Individuenzahl (Abundanz) der vorkommenden Pflanzen mit Symbolen ein (x = 1 Pflanze, o = 2-5 Pflanzen, ▲ = mehr als 5 Pflanzen). Im Unterrichtsraum erstellen die Schüler Monografien der gefundenen Arten und vergleichen sie mit verwandten Arten (z. B. Breitwegerich mit Spitzwegerich, Strahlenlose Kamille mit Echter Kamille, Gemeinen Löwenzahn mit Herbstlöwenzahn).

Pflanzen, die Fassaden begrünen **8–11**

Während eines Unterrichtsganges durch verschiedene Gebiete des Ortes oder der Stadt werden die Pflanzen bestimmt und fotografiert, die der Fassadenbegrünung dienen. Wesentliche Merkmale der Pflanzen (z. B. Art der Befestigung bei Kletter-, Schling-, Winde- und Rankpflanzen; Form der Blätter) werden notiert. Eine begrünte Hauswand wird mit einer unbegrünten verglichen, Vor- und Nachteile der Begrünung werden diskutiert. Mit einem Thermometer messen die Schüler die Temperatur an einer unbegrünten Hauswand sowie an einer dicht begrünten unmittelbar vor und hinter dem Bewuchs. Besonders aussagekräftige Ergebnisse erhalten die Schüler, wenn sie die Messdaten an unterschiedlich ausgerichteten Fassaden und über einen längeren Zeitraum sammeln und auswerten. Parallel zur Temperaturmessung kann mit einem Hygrometer die Luftfeuchtigkeit ermittelt werden. Auch können die Insekten, die im Fassadenbewuchs leben, mit der Lupe oder im Lupenglas betrachtet und bestimmt werden.

Ein Fließgewässer untersuchen **5–13**

Während eines ersten Unterrichtsgangs nehmen die Schüler den zu untersuchenden Abschnitt des Fließgewässers in voller Länge auf, beschreiben Besonderheiten und Auffälligkeiten (Zu- und Abläufe, Vorfluter, Siedlungen, Straßenüberführungen, Einleitungen ...) und legen die Entnahmestellen für Proben fest. Physikalische und geografische Daten (z. B. Wassertemperatur, Breite und Tiefe des Gewässers, Lichteinfall und Beschattung, Untergrundbeschaffenheit, Trübung, Färbung und Geruch des Wassers, Strömungsgeschwindigkeit) werden ermittelt, tabellarisch festgehalten und grafisch dargestellt. Die biologische Bestimmung der Wassergüte erfolgt nach dem Saprobiensystem, für die chemische Analyse empfehlen sich Wassertestgeräte oder Wasseranalysesätze. Zum Sammeln und Bestimmen tierischer Organismen fahren die Schüler mit einem Haarsieb (Teesieb o. Ä.) mehrfach gegen die Strömung durch den Bachboden. Die gefangenen Tiere werden mit einer Uhrfederpinzette vorsichtig in eine flach mit Wasser gefüllte Wanne gesetzt und bestimmt. Auch beim Umdrehen von Steinen und beim Untersuchen der Blätter von Wasserpflanzen lassen sich einzelne Organismen finden. Die Häufigkeit der verschiedenen Arten wird geschätzt und in eine Tabelle eingetragen.

Häufigkeitstabelle:

1: Einzelfund (1–2 Individuen)
2: selten (3–10 Individuen)
3: wenig (11–30 Individuen)
4: mehrfach (31–60 Individuen)
5: häufig (61–100 Individuen)
6: viel (101–150 Individuen)
7: massenhaft (mehr als 150 Individuen)

Wenn alle Tiere bestimmt und in ihrer Häufigkeit geschätzt sind, werden sie an den Entnahmestellen wieder ausgesetzt.

Schmetterlinge beobachten **7–8**

An sonnigen Juni- oder Julitagen können die Schüler an einem Sommerflieder (Buddleia) viele Insekten, darunter auch verschiedene Schmetterlingsarten, bei der Nektarsuche beobachten. Im August und September bieten auch andere Pflanzen (Große Fetthenne, Herbstastern u. a.) gute Beobachtungsmöglichkeiten. Dies kann der Ausgangspunkt für ökologische Fragestellungen sein (Notwendigkeit des Schmetterlingsschutzes u. a.). Interessant ist es auch, die Futterpflanzen der Schmetterlingsraupen (Brennnessel, Wilde Möhre, Disteln, Kletten, Melden u. a.) aufzusuchen und ihre ökologische Bedeutung aufzuzeigen.

Tiere unter Steinen entdecken **7–11**

Unter Steinen und Bodenplatten lassen sich viele lichtempfindliche Bodentiere finden, die dort Schutz vor Wärme, Austrocknung, Licht und Fressfeinden suchen. Um sie besser beobachten und bestimmen zu können, werden diese Tiere mit einem feinen Pinsel in eine Lupenglas gestreift. Schnecken auf der Steinunterseite werden mit der Hand vorsichtig abgenommen. Tiere, die sich unter dem Stein auf der Erde befinden, werden mit einem Löffel aufgehoben. Um die Abhängigkeit der Bodentiere von ihrem Lebensraum zu verdeutlichen, werden folgende Experimente durchgeführt:

1. Jeweils eine Steinplatte und eine ebenso große unbewachsene Fläche werden mit je 1 l Wasser begossen und im Verlauf eines Vormittages immer wieder verglichen.
2. Ein weißes und ein schwarzes Stück Karton werden aneinander geklebt und die Mitte jeder Fläche wird markiert. Nun setzen die Schüler eingefangene Tiere derselben Art (Asseln, Ohrwürmer ...) mit einer Pinzette abwechselnd auf die markierten Mittelpunkte und beobachten sie.
3. Ein Einmachglas wird mit schwarzer Folie beklebt oder mit Plakafarbe schwarz gestrichen. Lediglich die Bodenfläche bleibt frei; sie wird auf ein Stück schwarze Pappe gestellt. Nun werden einige der gefangenen Bodentiere in das Glas gesetzt. Nach einigen Minuten heben die Schüler das Glas von der schwarzen Pappe senkrecht ab und beobachten die Tiere durch das Bodenglas.

D Freilandbiologie im Herbst

Blätter unterscheiden **5–6**

In Gruppen (drei bis vier Personen) sammeln die Schüler je ein Blatt der auf dem Schulgelände wachsenden Bäume und Sträucher. Die Blätter werden möglichst auf einer hellen Unterlage (Tapetenrolle) ausgelegt und geordnet. Aufgabe der Schüler ist es, möglichst viele Ordnungskriterien zu benennen (z. B. Form des Blattes, Aussehen des Blattrandes, Anordnung der Blattadern, Struktur des Blattes, Größe).

Blätter beschreiben **5–6**

Je ein Laubblatt der auf dem Schulgelände wachsenden Bäume (und Sträucher) wird auf dem Boden ausgelegt. Um die ausgelegten Blätter herum bilden die Schüler einen Kreis. Ein Kind sucht ein Blatt aus und beschreibt es möglichst genau. Die Mitschüler versuchen, den Namen des Gehölzes zu ermitteln.

Blätter zeichnen **5–10**

Jedes Kind wählt ein Laubgehölz aus, merkt sich den Standort und zeichnet das zugehörige Blatt möglichst genau ab. In der folgenden Stunde werden die Zeichnungen jeweils zwischen zwei Schülern ausgetauscht, die Standorte der zugehörigen Gehölze aufgesucht und notiert. Je genauer die Zeichnung ist, desto leichter kann das Blatt identifiziert werden.

Einen Blattabdruck herstellen **5–8**

Ein Blatt Papier wird in der Mitte gefaltet. Nun legt man ein Laubblatt zwischen die Blatthälften und fertigt mit Hilfe der Frottagetechnik einen Abdruck an, indem man mit einem weichen Bleistift über das Papier reibt. Anhand der Abdrücke können die Ordnungskriterien der Laubblätter im Klassenraum vertieft werden. Auch können die Abdrücke Bestandteil einer Ausstellung mit dem Thema „Die Bäume auf unserem Schulgelände“ sein.

Blätter untersuchen **7–11**

Werden die Blattunterseiten heimischer Laubgehölze mit der Lupe untersucht, entdecken die Schüler unterschiedliche Fraßspuren von Schnecken und Insekten. Dagegen zeigen die Laubblätter von Gehölzen aus fremden Regionen (Platanen, Robinien u. a.) kaum oder keine Fraßspuren. Hier kann die ökologische Bedeutung heimischer Gehölze anschaulich demonstriert werden. Besonders im Frühherbst finden die Schüler an der Unterseite von Eichenblättern größere „Galläpfel“ und kleinere Linsengallen, in denen die Larven von Gallwespen heranwachsen. Hier kann das Phänomen des Parasitismus gut verdeutlicht werden. Im Herbst lässt sich die Humusbildung beim Betrachten unterschiedlich skelettierter Blätter (Fensterfaß, Lochfraß, Skelettfraß) thematisieren.

Blätter pressen **5–7**

Jeder Schüler erhält eine Zeitschrift, zwischen deren Seiten er die während eines Unterrichtsganges gefundenen Blätter legt. Nach Rückkehr in den Unterrichtsraum werden die Zeitschriften mit dicken Büchern oder Steinen beschwert. Alle zwei bis drei Tagen müssen die Blätter umgelegt werden, nach acht bis zehn Tagen sind sie getrocknet. Jetzt können sie zu einer Blattsammlung zusammengestellt werden (➔ Seite 145 f.). Man kann sie aber auch verwenden, um ein „Memory“ aus Blättern und gezeichneten Baumumrissen zu basteln.

Blätter bieten Kälteschutz **5–10**

Mit einem Bodenthermometer ermitteln die Schüler die Temperatur von Böden mit und ohne Laubauftrag. Die Bedeutung der Laubschicht für die darunter liegenden Pflanzen und die hier überwinternden Tiere wird verdeutlicht.

Tiere überwintern in der Blattschicht **5–10**

Bei Frost entnehmen die Schüler unter Gehölzen eine Laubprobe, indem sie die Blattschicht von oben nach unten abtragen und in ein Einmachglas füllen. Eine Parallelprobe wird ebenso entnommen und sofort auf Lebewesen hin untersucht. Die erste Probe wird mindestens einen Tag lang in einem geheizten Raum aufgestellt und danach auf einer hellen Folie ausgeleert. Die Schüler untersuchen die Probe, fangen die sich bewegenden Lebewesen ein und setzen sie zur weiteren Beobachtung und Bestimmung in ein Lupenglas. Zum Fangen von Tieren aus einer Bodenprobe kann auch der Berlese-Apparat eingesetzt werden.

E Freilandbiologie im Winter

Flechten untersuchen **8–13**

Auf Grund ihrer hervorragenden Resistenzeigenschaften – unter anderem auch gegen Kälte – sind Flechten für freilandbiologische Arbeiten im Winter besonders gut geeignet. In Gruppen untersuchen die Schüler das Schulgelände (Baumstämme, Mauern, Pflaster) hinsichtlich des Vorkommens von Flechten. Sie betrachten die Flechten mit der Lupe, zeichnen sie und ordnen sie den Hauptgruppen Krustenflechten, Blattflechten und Strauchflechten zu. Mit der Untersuchung von Baumstämmen an viel und wenig befahrenen Straßen (Anzahl und Häufigkeit einzelner Arten, Lage am Stamm) lassen sich die Auswirkungen der Luftverschmutzung (vor allem mit Schwefeldioxid) gut verdeutlichen. In der Sekundarstufe II bietet sich die Durchführung einer Flechtenkartierung an.

Knospen bestimmen **5–13**

An einem sonnigen Wintertag untersuchen die Schüler während eines Unterrichtsganges die Zweige einheimischer Laubbäume. Besondere Aufmerksamkeit gilt dabei der Rinde (Beschaffenheit, Farbe, Zeichnung) und den Knospen (Stellung, Beschaffenheit, Form, Farbe, Größe, Häufigkeit). Unterhalb der Blattknospen können die Schüler die Narben der vorjährigen Blätter entdecken. Mit Hilfe der Bestimmungsliteratur erfolgt eine Zuordnung der Zweige zu der jeweiligen Gehölzart. Ein Winterzweig wird jeweils mitgenommen und im Unterrichtsraum in lauwarmes Wasser gestellt. Im Laufe der nächsten Wochen können die Schüler die Entwicklung und das Aufbrechen der Knospen beobachten und ihre Bestimmungsergebnisse überprüfen. Eine weitere Arbeitsmöglichkeit besteht darin, eine Knospe längs aufzuschneiden und die in ihr vorhandene Blatt- oder Blütenanlage zu untersuchen.

Immergrüne Pflanzen bestimmen 5–10

In der Weihnachtszeit werden viele Häuser und Wohnungen festlich geschmückt. Besonders immergrüne Pflanzen – meist Laub- und Nadelgehölze – haben als Weihnachtsschmuck eine lange Tradition. Im Biologieunterricht kann dies ein guter Anknüpfungspunkt sein, um immergrüne Pflanzen an ihrem Standort aufzusuchen, sie zu unterscheiden und zu bestimmen. Tannen, Fichten, Kiefern, verschiedene Zypressengewächse wie Lebensbaum und Scheinzypresse, Eibe, Ilex und Wacholder sind in Parks und Gärten überall anzutreffen: Teile dieser Pflanzen kann man aber auch auf dem Markt finden und dort genauer betrachten. Besonders interessant ist in diesem Zusammenhang die Gattung Viscum aus der Familie der Mistelgewächse, die als Halbparasiten auf Laub- und Nadelbäumen leben, näher zu behandeln.

Tierspuren im Schnee bestimmen 5–8

Im frisch gefallenen Schnee lassen sich die Spuren, Fährten und Geläufe verschiedener Tiere gut feststellen und beschreiben. Mit Hilfe eines Bestimmungsbuches gelingt es den Schülern, Rückschlüsse auf die in der Umgebung angesiedelten Tiere zu ziehen. Ist der Schnee gefroren, können die Schüler die Tritte auch mit Gießmasse (Bastelgeschäft) vorsichtig ausfüllen und nach dem Trocknen mitnehmen.

Vögel am Futterplatz beobachten 5–8

An einer geschützten Stelle des Schulgeländes wird ein Futterplatz angelegt und bei winterlichem Wetter regelmäßig versorgt. Vögel, die den Futterplatz aufsuchen, werden bestimmt. Auf einem Arbeitsblatt, das die Umrisse häufig vorkommender Arten zeigt, können die wesentlichen Unterscheidungsmerkmale (Gefiederzeichnung, -farbe ...) eingetragen werden.

Vogelnester untersuchen 5–10

In unbelaubten Sträuchern und Hecken sowie in Nistkästen lassen sich die Vogelnester im Winter gut entdecken und untersuchen. Die Schüler beschreiben die Form des jeweiligen Nestes, seine Größe und das verwendete Material. Mit Hilfe eines Bestimmungsbuches kann das Nest der entsprechenden Vogelart zugeordnet werden. Lage, Art und Anzahl der Nester geben Aufschluss über die vorkommenden Arten und über ihre Besiedlungsdichte auf dem Schulgelände. Hinweis: Wird ein Vogelnest zur genaueren Untersuchung mit in die Schule genommen, muss es zuvor im Trockenschrank bei 120 °C sterilisiert werden. So werden zum einen mögliche Krankheitserreger abgetötet, zum anderen wird das Einschleppen von Federlingen und anderen Parasiten in die Biologiesammlung verhindert.

Typographie des Vogels

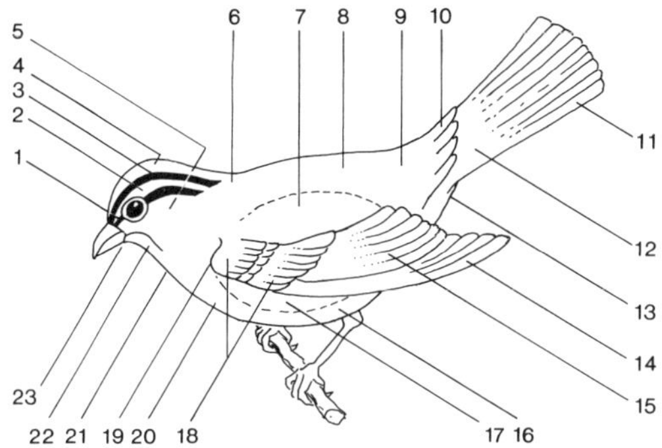

1 Augenstreif
2 Überaugenstreif
3 Kopfstreif
4 Scheitel
5 Wange
6 Nacken
7 Schulter
8 Rücken
9 Bürzel
10 Oberschwanzdecken
11 äußere Schwanzfedern
12 Schwanzwurzel
13 Unterschwanzdecken
14 Handschwingen
15 Armschwingen
16 Bauch
17 Flanke
18 Flügelbinden
19 Flügelbug
20 Brust
21 Kehle
22 Bartstreif
23 Kinn

Literatur

Aichele, D. u. a.: Welcher Baum ist das? Stuttgart 1992
Aichele, D., Golte-Bechtle, M.: Was blüht denn da? Stuttgart 1996
Bon, M.: Pareys Buch der Pilze. Hamburg/Berlin 1988
Engelhardt, W.: Was lebt in Tümpel, Bach und Weiher? Stuttgart 1995
Gerstmeier, R.: Welcher Schmetterling ist das? Stuttgart 1989
Godet, J.-D.: Knospen und Zweige der einheimischen Baum- und Straucharten. Melsungen 1995
Harde, K. W., Severa, F.: Der Kosmos-Käferführer. Stuttgart 1995
Heinzel, H. u. a.: Pareys Vogelbuch. Hamburg/Berlin 1992
Jahns, H. M.: Farne, Moose, Flechten Mittel-, Nord- und Westeuropas. München 1995
Maurer, G.: Mein erstes Bestimmungsbuch Spuren. Stuttgart 1985
Ohnesorge, G.: Tierspuren und Fährten in Feld und Wald. Aachen 1995
Schumann, H. G., Fischer, M.: Fährten, Spuren, Geläufe. Melsungen 1988

Christiane Piepenbrock

10 Außerschulische Lernorte

Unter außerschulischen Lernorten werden hier biologisch interessante Einrichtungen oder Institutionen verstanden. Zoologischer Garten, naturkundliches Museum und botanischer Garten spielen dabei für den Biologieunterricht die bedeutsamste Rolle. Für eine Besichtigung und biologisches Arbeiten eignen sich aber auch Betriebe und Einrichtungen wie Imkerei, Hühnerfarm, Fischereibetrieb, Molkerei, Bauernhof, Gärtnerei, Schrebergartenkolonie, Pflanzgarten im Forstbetrieb, Bierbrauerei, Pflanzenschutzamt, Hygieneinstitut, Kläranlage, Wasserwerk und Müllkompostierungsanlage.
Einige Gesichtspunkte sind für das Arbeiten an außerschulischen Lernorten besonders bedeutsam:

- Die reine Arbeitszeit sollte in der Sekundarstufe I 60 bis 90 Minuten, in der Oberstufe 150 Minuten nicht übersteigen.
- Bei größeren Einrichtungen sollte man sich auf einige wenige Abteilungen bzw. Teilbereiche beschränken.
- Die Einhaltung von Abständen zu Gehegen bzw. Exponaten und das Sitzen auf dem Boden erleichtern das Arbeiten in der Gruppe.
- Im Anschluss an die gemeinsame Arbeit sollte man den Schülern – sofern möglich – noch freie Zeit für bestimmte Interessenschwerpunkte lassen (z. B. im Zoo für ihre Lieblingstiere).

Für die Gestaltung der Schülerarbeit gibt es u. a. folgende Möglichkeiten, die auch miteinander gekoppelt werden können:

- *Führung* durch den Lehrer oder durch Personal der besuchten Einrichtung,
- *Schülertrail* mit Hilfe eines thematischen Arbeitsheftes, in das die Schüler die Ergebnisse ihrer Arbeit eintragen,
- *Arbeit mit Arbeitsblättern* zu einem bestimmten Thema und
- *Arbeitsunterricht*, der spezielle Arbeitsräume, zusätzliches Material und viel Zeit erfordert.
- Bei Beobachtungsaufgaben ist es nötig, sich auf wenige oder nur eine Tier- oder Pflanzenart zu konzentrieren. Insbesondere hier bietet sich Gruppenarbeit an.
  - Zur Ergebnissicherung können Schüler ab der Mittelstufe selbstständig ein Arbeitsprotokoll verfassen. Dies fördert auch die Intensität des Arbeitens.
  - Zeichnerische Darstellungen werden von Unterstufen-Schülern meist gerne angefertigt, während ältere Schüler dazu häufig anfangs ermunternden Zuspruch benötigen.

Im Folgenden finden Sie für die verschiedenen außerschulischen Einrichtungen besonders geeignete Fragenkomplexe und Arbeitsanregungen. Die Stichworte sind leicht in Fragestellungen für Arbeitsblätter und Lehrer-Schüler-Gespräch umzuformulieren.

A Der Zoologische Garten

Bei der Arbeit vor Gehegen kommt es häufig zu vermenschlichenden Beurteilungen von Aussehen und Verhalten der Tiere. Hier sollte die Lehrperson objektivierende Hilfestellung geben.
Durch den Einfluss der Fernsehens, wo in kurzer Zeit oft das gesamte Verhaltensrepertoire einer Tierart vorgestellt wird, ist die Erwartungshaltung der Schüler beim Zoobesuch sehr hoch und wird oftmals nicht erfüllt. Umso mehr sollten sie daher zum intensiven, geduldigen Beobachten angehalten werden.
Eine Grundsatzdiskussion nach dem Motto „Der Zoo als Tiergefängnis“ kann leicht ausufern. Um oberflächliches Diskutieren zu vermeiden, können die tatsächlichen Bedürfnisse einer Art erörtert und mit den vorhandenen Bedingungen verglichen werden.
Es ist denkbar, die im Folgenden angeführten Arbeitsaufträge je nach Lehrplan und Intention des Lehrers über alle Altersstufen hinweg zu thematisieren. In der *Unterstufe* dürfte im Allgemeinen aber eher die monografische Betrachtung einer Tierart im Vordergrund stehen, in der *Mittelstufe* sind häufig der Lebensraum einer Art und ihre Anpassung an diesen Gegenstand des Unterrichtens im Zoo. In der *Oberstufe* werden Fragen zur Evolution und Vererbung intensiver thematisiert. Ethogramme im Sinne einer Wissenschaftspropädeutik sind ebenfalls erst in der Oberstufe zu erstellen.

Überleben in der Arche oder die Rolle des Zoos

- Bedrohte Tierarten im Zoo
  - Gründe für die Bedrohung (Schießlust, Trophäenjagd, Mode, Tierhandel, Lebensraumzerstörung)
  - Anforderungen der Art an den natürlichen Lebensraum
  - Arten des Europäischen Erhaltungszuchtprogramms (EEP)
  - Schutzmaßnahmen
  - Wildfang oder Zoogeburt?
- Haltung von Wildtieren
  - artgerechte Tierhaltung durch Berücksichtigung der ökologischen Ansprüche
  - Gehege-Ausstattung als Revier mit Heim erster, zweiter und weiterer Ord-

nung; Fress-, Harn-, Kotstellen, Tierwechseln, Komfortplätze wie Badeplätze, Scheuerstellen, Suhlen
  - Markierung des Territoriums durch Harn oder Kot, durch Kratzspuren, optisch oder akustisch
  - Gehegegröße und Territoriumsgröße im Vergleich
  - monotone oder vielfältige Spielmöglichkeiten
  - Vergleich unterschiedlicher Gehege verschiedener Tierarten
  - Sicherheitsvorkehrungen für Tier und Mensch, Haltbarkeit, Sauberkeit
  - Fütterungszeiten im Vergleich zum natürlichen Nahrungserwerb
- Ergebnissicherung als Skizze
  - Schülerskizze vom Gehege mit allen Örtlichkeiten und Einrichtungsgegenständen; ferner von Spuren wie Trittsiegel, Kratzspuren, Fußpfade, Losungen, Futterreste, Scheuerstellen und Markierungen
  - Vorschläge zur artgerechten Umgestaltung des Geheges

Anpassung an den natürlichen Lebensraum
- Lebensräume
  - Tiere aus Steppe, Wüste, Hochgebirge, verschiedenen Waldtypen, Arktis, Fließwasser, Feuchtgebiet, Küstengewässer, Hoch- oder Tiefsee, Boden
  - gemeinsame Eigenschaften von Vertretern bestimmter Lebensräume
  - Temperaturabhängigkeit bei Reptilien und Amphibien (Temperaturen in den Terrarien)
- Aussehen des Tieres
  - Zusammenhang zwischen Lebensraum und Körperbau
  - Färbung, Musterung und Form des Körpers (Eisbär, Puma, Löwe, Stabheuschrecke, Wandelndes Blatt)
  - optische Auflösung durch Streifung oder Fleckung im natürlichen Lebensraum (Leopard, Tiger)
  - Anordnung der Sinnesorgane am Kopf
  - Aufbau der Haut bzw. Hautbedeckung
  - Anordnung von Fell bzw. Gefieder
  - Vorteile bestimmter körperlicher Merkmale im jeweiligen Lebensraum
  - Beobachtungen zu ökologischen Regeln (Bergmann'sche Größenregel: Königs-/Adelie-/Eselspinguin, Eisbär/Braunbär/Malaienbär, Sibirischer Tiger/Indischer Tiger; Allen'sche Proportionsregel: Fennek/Rotfuchs/Polarfuchs)
- Fortbewegung
  - Ausbildung von Ruderextremitäten bei Wassertieren (Pinguine, Pelikan, Fischotter, Seelöwen)
  - Rückbildung von Federn oder Fell (Pinguine, Delfin)

- Vergleich der Fußstellung bei Sohlengängern (Bären, Dachs), Zehengängern (hunde- und katzenartige Raubtiere), Schnelläufern (Unpaarhufer) und Langsamgehern (Ameisenbär, Bären)
- Zahl der Zehen an Vorder- und Hinterbeinen
- Zehenrückbildung (Tapir, Nashorn, Strauß)
- Ausbildung von Tragflächen bei Fliegern (Flughunde, Flughörnchen, Flugbeutler, Vögel)
- Vergleich des Tragflächenbaus aus Knochen, Häuten, Federn etc.
- Verlängerung der Hinterbeine bei Springern (katzenartige Raubtiere, Hasen, Känguru)
- Zusammenhänge zwischen Fortbewegung und Arm- und Beinlänge verschiedener Primatenarten
- vergleichende Betrachtung von Fischgestalt und Schwimmbewegung verschiedener Arten (Flunder, Seepferd, Korallenfisch, Muräne, Hai)

Verhaltensbeobachtungen
Zootiere haben einen regelmäßigen Tagesablauf. Je nach Besuchszeit und Tierart sind die momentanen Aktivitäten unterschiedlich. Als Schülerarbeit ist hier ein „30-Minuten-Ethogramm" mit allen Aktivitäten des Tieres (Beschreibung der Verhaltensweise, Häufigkeit des Verhaltens, Deutung der Verhaltensweise) zum aktuellen Zeitpunkt denkbar.

- Nahrungsaufnahme
  - Essen und Trinken
  - Zusammensetzung der Nahrung
  - Prüfung der Nahrung durch das Tier
  - Zerkleinern der Nahrung
  - Körperhaltung beim Wiederkäuen
    Futtertransport durch das Tier
  - Verhalten beim Erscheinen des Pflegers
  - Gründe für das Fütterungsverbot durch Zoobesucher
- Komfortverhalten
  - Staubbad, Scheuern
  - Körperpflege (Putzen, Waschen, Lausen)
- Spielverhalten
  - Bewegungsspiele (Rennen, Springen)
  - Spiele mit Artgenossen (Jungtieren, Erwachsenen)
  - Spiele mit Gegenständen
  - Bedeutung des Spielverhaltens
- Ruheverhalten
  - Schlafen, Dösen, „Nichtstun"

- Schlafhaltung
- Lage des Ruheplatzes im Zoo bzw. im natürlichen Lebensraum

• Sozialverhalten
- Zusammensitzen mit anderen Tieren im Gehege
- räumlicher Abstand zwischen den Tieren
- Imponier- und Drohverhalten gegen Artgenossen
- Körpersprache bei Begegnung zweier Tiere
- Lautsprache mit Knurren, Bellen, Heulen
- Demutsgebärden
- Unterschiede im Verhalten von Tieren unterschiedlicher Ranghöhe
- Lausen (Grooming)
- Kontaktaufnahme
- Präsentieren

• Balzverhalten
- Färbung im Dienste des Balzverhaltens, Laute, Bewegungen

• Elterliche Fürsorgehandlungen
- Brutpflege, Säugen, Spielen
- Vergleich der Verhaltensweisen von Erwachsenen und Jungtieren
- Lernen durch Nachahmung

Evolution und Vererbung

• Haustiere und Wildtiere
- Gegenüberstellung von Wildform und Haustierform (Bezoarziege/Hausziege, Wildschwein/Hausschwein, Falbkatze/Hauskatze, Wolf/Schakal/Haushund, Guanako/Alpaka/Lama, Graugans/Hausgans, Przewalksipferd/Hauspferd, Wildesel/Hausesel)
- Vergleich von Aussehen und Körperbau (Körpergröße, Farbe, Fell, Beinlänge, Kopfform)
- Art der Nutzung des Haustieres

• Mutationen
- Albinos, Schwärzlinge
- Domestikationsmerkmale
- Rückzüchtungen

• Verwandtschaftsbeziehungen
- Homologie und Konvergenz
- Vergleich von Schnabelformen bei Vögeln, Vogelfüße im Vergleich
- Hand- und Fußformen verschiedener Primatenarten, Fortbewegungsweisen bei Primaten

Literatur

Gerhardt-Dircksen, A. (Hrsg.): Unterricht im Zoo. Themenheft Praxis der Naturwissenschaften – Biologie, 3/1992
Nittinger, H. u. a.: Biologie im Zoo. Hannover 1992
Terstegge, G., Koschel, H.: Verhaltensbeobachtungen an Schimpansen. In: Praxis der Naturwissenschaften – Biologie, 1/1989, S. 37-40
Winkel, G. (Hrsg.): Der Zoo. Themenheft Unterricht Biologie, 15/1977

B Der Botanische Garten

Die folgenden Fragestellungen und Stichworte können in allen Klassenstufen thematisiert werden, wobei sich bestimmte Themen in den verschiedenen Altersstufen bevorzugt ergeben:
Unterstufe: Gärtnerische Grundthemen, Biologie der Zimmerpflanzen, Naturerleben mit Pflanzen, Wild- und Nutzpflanzen, Heil- und Giftpflanzen, Sachzeichnen.
Mittelstufe: Anpassungen an den Lebensraum, Biogeographie, Systematik und Morphologie, Klassische Genetik.
Oberstufe: Molekulargenetik, Evolution, Pflanzenphysiologie.

Gärtnerische Grundthemen

- Arbeit des Gärtners
  - Pflege der Pflanzen
  - automatisierte Einrichtungen: Topfmaschinen, Gießautomaten, Schattierungsanlagen
  - Bodenpflege: Mischung der Erden, Herstellung der Substrate
  - Düngen
  - Kompostieren
  - Schreddern und Mulchen
  - Einsatz von Pflanzenschutzmitteln
- Vermehrungstechniken
  - Aussaat, vegetative Vermehrung über Stecklinge, Ableger, Zwiebeln und Knollen
- Aufgaben des Botanischen Gartens
  - Artenschutzsammlungen und Genbanken
  - alte Kulturpflanzen
  - Methoden der Konservierung
  - Züchtung und Kultivierung alter und neuer Zimmerpflanzen

Biogeographie – Pflanzen fremder Länder

- Klimakennzeichen und Ansprüche der Pflanzen
  - Regenwald- und Wüstenpflanzen im Vergleich
  - Hartlaubgehölze
  - Fühlen und Abschätzen von Luftfeuchtigkeit, Temperatur und Bodenfeuchtigkeit
  - Messen der Helligkeit mit Belichtungsmesser oder Luxmeter
- verschiedene Erdteil-Abteilungen
  - Kennzeichen der Pflanzenwelt des Erdteils
  - Alpinum

Anpassungen an den Lebensraum

- Tropischer Regenwald
  - Kampf ums Licht: Lianen und Epiphyten
  - Träufelspitzen zum Ablaufen des übermäßigen Regenwassers
  - große, stark duftende Blüten zum Anlocken der Bestäuber
- Wüsten
  - Sukkulenz: dickfleischige, stammartige (Cereus) und blattartige (Opuntia) Sprosse, Kugelform (Echinocactus)
  - Verdunstungsschutzeinrichtungen wie Rückbildung der Blätter, Behaarung
  - Fensterblätter
  - Blattrosetten zum Feuchthalten des Bodens
  - Vergleich von Kakteen mit einheimischen Sträuchern
- Gewässer
  - Ausbildung von Schwimmblättern (Seerose, Wasserhyazinthe)
  - blattartige Schwimmsprosse (Wasserlinse)
  - zerschlitzte Unterwasserblätter (Tausendblatt, Wasserhahnenfuß, Wasserfarn) oder bandförmige Blätter (Vallisneria) gegen Zugkräfte der Wasserbewegung
- Extreme Anpassungen
  - Epiphyten (Geweihfarn und Bromelien, Ananasgewächse)
  - Mantelblätter zum Auffangen von Regenwasser und zur Humusbildung beim Geweihfarn
  - Blattzisternen bei Bromelien
  - Ausbildung von Haftwurzeln bei Bromeliaceen und Nährsalzaufnahme über Schildhaare
  - Fleisch fressende Pflanzen; verschiedene Fangmechanismen durch Umbildung der Blätter: aktive Klappfalle (Venusfliegenfalle), passive Fallgrube (Kannenpflanze, Schlauchpflanze), Klebfalle (Sonnentau, Fettkraut)
  - Nährstoffaufnahme über die Blätter

- Physiologische Besonderheiten
  - Techniken der Samenverbreitung bei Spritzgurke und Diptam
  - Reizreaktionen der Mimose und Venusfliegenfalle

Nutzpflanzen

- Gift- und Heilpflanzen
  - von der Pflanze zur Droge
  - Heilpflanzen in Einzelportraits
  - Heilpflanzen in verschiedenen Lebensräumen: Wälder und Gebüsche (Linde, Faulbaum, Berberitze, Bärenlauch, Tausendgüldenkraut); Wiesen und Weiden (Gelber Enzian, Schlüsselblume); Moore und Gewässer (Fieberklee, Kalmus, Engelwurz); Äcker und Ruderalstandorte (Huflattich, Ackerschachtelhalm, Schöllkraut)
  - exotische Heilpflanzen: Eukalyptus, Ginko, Myrre, Passionsblume
- Gewürzpflanzen
  - Pfeffer, eine indomalayische Liane
  - Muskatnuss-Strauch und Gewürznelken-Baum von den Molluken
  - Zimt-Baum aus Sri Lanka
  - Vanille, eine mexikanische Kletterorchidee
  - Verarbeitung und Verwendung der Pflanze: Chiclebaum (Milchsaft), Ingwer (Wurzelstock), Kaper (Blütenknospen), Lorbeer (Blätter), Muskat (Samen), Vanille (Frucht), Zimt (Rinde), Zitronatzitrone (Fruchtschale)
  - Bedeutung als Handelsgut in der Weltwirtschaft bzw. lokalen Wirtschaft des Heimatlandes
- Tropische Nutzpflanzen
  - Verwendung und Herkunft: Genussmittellieferanten: Kaffee-Strauch (Äthiopien), Kakao-Baum mit Kauliflorie (Mittelamerika), Tee-Strauch (Assam)
  - Nahrungspflanzen wie Reis, Sago, Banane, Zuckerrohr und Ananas
  - Gebrauchspflanzen wie Baumwolle, Kokospalme und Gummibaum
- Nutzpflanzen warmgemäßigter Zonen
  - Zitrusfrüchte, Sisalhanf und Papyrus

Bauerngarten

- alte und neue Nutzpflanzen
- Wildformen heutiger Nutzpflanzen

Naturerleben
- Erfassen von Strukturen, Düften und Geschmacksnoten
- „Tastpflanzen" mit interessanter Rinde, gut fühlbaren Blattstrukturen und Dornen und Stacheln
- Pflanzenzeichnen mit Bleistift, Rötel und Kohle
- Symmetrien im Blütenbau, bei Blattanordnung und Fruchtständen (radiärsymmetrische Kakteenblüten, bilateralsymmetrische Orchideen, Zapfenschuppen, Rossettenpflanzen)
- Farbabstufungen, Kontrastfärbungen und Saftmale zur Sicherstellung der Bestäubung

Pflanzensystematik
- Bäume und Sträucher des Botanischen Gartens
- Feststellen der natürlichen Verwandtschaft
- Kennzeichen wichtiger Pflanzenfamilien
- Vergleich des Blütenbaus
- Pflanzenmonografie als Steckbrief: Name und Heimat der Pflanze, Lebensraum, Pflanzenfamilie, Beschreibung und Zeichnung der Gesamtpflanze und besonderer Pflanzenteile wie Tasthaare, Dornen etc.

Genetik
- Kreuzungsexperimente
- Mutationen wie schlitzblättrige, rotblättrige oder hängende Formen
- Wuchsmutanten wie Pyramiden- oder Korkenzieherformen
- polyploide Formen einer Art
- vegetative Vermehrung und somatische Mutation

Evolution
- lebende Fossilien wie Cycas, Ginko und Baumfarne
- Konvergenzen bei Sukkulenten wie Geraniaceen, Cactaceen, Compositae, Asclepiadaceen, Euphorbiaceen und Vitaceen
- Blattmetamorphosen bei Aloe und Agave (Blattsukkulenz), Kaktus (Dornen), Sonnentau (Leimrute) und Erbse (Ranke)

Literatur
Gerhardt-Dircksen, A. (Hrsg.): Unterricht im Botanischen Garten. Themenheft Praxis der Naturwissenschaften – Biologie, 4/1993

Winkel, G. (Hrsg.): Pädagogik im Botanischen Garten, im Naturkundemuseum, im Zoo. Schulbiologiezentrum Hannover 1982

Winkel, G. (Hrsg.): Botanischer Garten. Unterricht Biologie, 156/1990

C Das Naturkundemuseum

Die unübersehbare Materialfülle großer Museen zwingt zur Auswahl bestimmter Abteilungen bzw. Themen. Darüber hinaus ist das Vorstellungsvermögen der Schüler aller Alterstufen bei erdgeschichtlichen Zeiträumen oft überfordert. Wo immer möglich sollten die Zeitdimensionen deshalb veranschaulicht werden.
Für die verschiedenen Klassenstufen stehen hier folgende Schwerpunktthemen im Vordergrund:
Unterstufe: Formenvielfalt und Fossilien.
Mittelstufe: Ähnlichkeiten von Lebewesen, Vergleich fossiler und rezenter Lebewesen, Ökologie und Anthropologie.
Oberstufe: Fragen der Evolution und der Ethologie können hier differenzierter behandelt werden.

Artenfülle und Formenvielfalt

- Tiergruppen
  - Kennzeichen einiger systematischer Gruppen: Rüsseltiere; Kloakentiere und Beuteltiere; Spinnen mit und ohne Netz
  - Tiere in ihrem Lebensraum
  - Säugetiere des Meeres
  - Färbung im Insektenreich
  - Entwicklung mit und ohne Puppenstadium
  - Riesen und Zwerge im Tierreich
- vergleichende Morphologie
  - Anpassungen an die Fortbewegung (Laufbein, Sprungbein, Kletterbein, Flügelbau, Grabbein)
  - Anpassungen an die Ernährungsweise (Gliedmaßenbau bei Schleichjägern und Hetzjägern; Gebissformen bei Insektenfressern, Nagetieren, Raubtieren, Pflanzenfressern und Allesfressern)
  - Anpassungen an den aufrechten Gang bei Menschenaffen und Dinosauriern

Evolution

- Vergleich von Bau und Funktion
  - Homologien (Abwandlungsreihen bei Gliedmaßen)
  - Homologiekriterien
  - rudimentäre Organe
  - Analogien (Konvergenzen bei der Körperform von wasserlebenden und grabenden Tieren; wurmförmige Tiere; konvergente Flügel bei Wirbeltieren und Insekten; Konvergenzen bei Ruder- und Steuerflossen)

- Zwischenformen und Bindeglieder
  - lebende Zwischenformen wie Quastenflosser (Latimeria), Brückenechse (Sphenodon), Pfeilschwanzkrebs (Limulus) und Perlboot (Nautilus)
  - fossile Zwischenformen wie Archaeopterix und Ichthyostega (Merkmalsmosaik)
- Abstammungsreihen – Gesetzmäßigkeiten und Beispiele
  - Größenzunahme innerhalb der Entwicklung der Pferde, der Saurier, der Tintenfische
  - Reduktionsreihen
  - Gehirnentwicklung bei Elefanten
  - Emanzipation vom Wasser
  - adaptive Radiation (Beispiel Beuteltiere, Nektarvögel, Darwinfinken)
- Artbildungsmechanismen
  - Mutationen
  - natürliche Auslese durch Selektion
  - geschlechtliche Auslese
  - Isolationsmechanismen
  - Co-Evolution
  - Räuber-Beute-Beziehungen
- Fossilien
  - Entstehungsbedingungen für Fossilien
  - Rekonstruktion von Fossilfunden
  - Spuren (Schleppspuren, fossile Wurmgänge, Kotballen, Pollen, Skelettteile)
  - Bergen und Präparieren von Fossilien
  - Fossilfundstätten der Heimat
  - Saurier: Aussehen (Skelett und Rekonstruktion); Formenvielfalt und Lebensraum; Ernährungsweisen; Anpassungen an den Lebensraum; Fährten
  - ausgestorbene Lebewesen der Heimat
- Erdgeschichte
  - Erdepochen und Erdperioden (das Jurameer; die Karbonzeit; Mensch und Tier im Eiszeitalter)
  - erdgeschichtliche Katastrophen
  - Aussterben und Aufblühen von Tierarten
  - Stammbäume und Zeittafeln
- Primatenevolution
  - Halbaffen, Tieraffen, Menschenaffen, Menschen;
  - Primatenhand und Primatenfuß im Vergleich
  - Verbreitung der heute lebenden Primaten
  - Entfaltung des Primatengehirns; Schädel- und Gebissentwicklung; der aufrechte Gang

– frühe Menschenformen (Vormenschen, Frühmenschen, Altmenschen, Neumensch)
– Skelettvergleiche früher und heute lebender Menschen
– Entfaltung menschlicher Kultur (Relikte, Werkzeugentwicklung, Entfaltung der Kunst und Religion)
– bedeutsame Fundstätten früher Menschen

Verhalten

- Auslöser
  – farbenprächtige Sexualauslöser bei Paradiesvögeln, Enten, Hühnervögeln
  – Signalfarben zum sozialen Zusammenleben („Spiegel" bei Hirsch und Reh; Leuchtfarbe bei Seevögeln)
- Mimikry
  – Nachahmer bei Insekten (Wespenmimikry) und Wirbeltieren (Korallenschlange, Putzerfisch)
  – Tarnfärbung bei Gespenstheuschrecken, Rohrdommel und Feldhase
  – Mimese und andere angeborene Verhaltensweisen zur Tarnung
- Nestbau
  – Formen von Nestern (Napfnester, Beutelnester)

Ökologie

- Biotope der Heimat
  – Tiere des Waldes (Vergleiche von Hirsch und Reh, Auerhahn und Auerhenne, Anpassungen an das Baumleben)
  – Bodenlebewesen
  – Tiere in Haus und Garten
  – Überwinterung bei Tieren
  – Kinderstube bei Tieren
  – bedrohte Tiere der Heimat
- fremde Biotope
  – Klimaregionen und Lebensräume der Erde
  – Tiere der Savanne
  – Tiere des Regenwaldes
  – Nahrungsketten im Regenwald
  – Leben im Korallenriff
- Mensch und Umwelt
  – Haustiere – Wildtiere
  – Domestikation
  – Artenrückgang und Ausrottung
  – Schädlinge und Nützlinge

Anthropologie
– Menschenrassen und Naturvölker

Literatur

Dürr, C.: Biologieunterricht im Museum. Schwäbisch Gmünd 1992
Erber, D., Göttert, E.: Biologieunterricht im Naturkundemuseum. In: Der Mathematische und Naturwissenschaftliche Unterricht (MNU), 3/1981, S. 130-139
Gerhardt-Dircksen, A. (Hrsg.): Biologieunterricht im Museum. Themenheft Praxis der Naturwissenschaften – Biologie, 6/1994
Knoll, J. (Hrsg.): Paläontologie. Themenheft Unterricht Biologie, 105/1985

Walter Kleesattel

11 Sammlungen, Ausstellungen, Herbare

In biologischen Sammlungen und Ausstellungen erhalten fachspezifische Kenntnisse, Fertigkeiten und Fähigkeiten konkrete Gestalt. Mindestens ebenso bedeutsam ist ihr Beitrag zur Bereicherung des Biologieunterrichts um ästhetisch-kreative Aspekte. Im Einzelnen fördert das Sammeln und Ausstellen:

- *Motivation und Identifikation*, da bereits das Sammeln an sich als faszinierende Beschäftigung erfahren wird,
- *Kreativität und Methodenkompetenz*, weil die Gestaltung biologischer Ausstellungen eine Vielzahl handlungsorientierter Aktivitäten und fachspezifischer Arbeitsweisen beinhaltet,
- *Artenkenntnis, biofunktionale und ökologische Einsichten* und nicht zuletzt
- *das Schulleben* – wenn die Exponate der (Schul-)Öffentlichkeit zugänglich gemacht werden.

In den wenigsten Schulen besteht indessen eine ausgeprägte „Ausstellungskultur“. Triste Flure, lieblos gestaltete und selten aktualisierte Schaukästen bestimmen oft das Bild. Im Folgenden werden deshalb Anregungen skizziert, die darauf ausgerichtet sind, die Schüler an Planung und Gestaltung weitgehend zu beteiligen.

Methodenkiste:
Sammeln und Ausstellen
Suchen – Bestimmen – Präparieren – Herbarisieren – Vergleichen – Ordnen – Fülle reduzieren – Auswahl begründen – Exponate beschriften – Grafiken und Schaubilder entwerfen – Vivarien einrichten – Stelltafeln arrangieren – Schaukästen einrichten – Zusammenhänge darstellen ...

A Arbeitsmittel zum Gestalten von Ausstellungen

Mit ein wenig methodischer Fantasie lassen sich attraktive Ausstellungen bereits mit dem üblichen Inventar gestalten:

- Als *Präsentations- und Ausstellungstafeln* eignen sich die üblichen Pinn- und Stellwände, stoffbezogene Styroportafeln, Korkfliesen etc.
- *Wandhängende Schaukästen* bieten sich für empfindlichere Exponate an. Sie sollten den sie betreuenden Schülern stets zugänglich sein.

- *Glasvitrinen* lassen sich auch in interessante Dioramen (Schaukästen mit plastischen und gemalten Elementen) umgestalten.
- Ein fest etablierter *Biotisch* stellt eine gute Möglichkeit dar, spontan von Schülern mitgebrachte Exponate zu würdigen.

B Naturaliensammlungen als „Mini-Ausstellungen"

Die Zeiten, in denen Naturaliensammlungen als antiquiert verpönt waren, sind vorbei: Angesichts defizitärer Arten- und Formenkenntnisse, aber auch zur Schulung von Aufmerksamkeit und Kreativität erleben sie derzeit eine Renaissance. Den organisatorischen Rahmen für die Betrachtung der Fundstücke steckt die so genannte „5-Minuten-Biologie" ab (vgl. Stichmann 1992). Übrigens: Der Lehrer sollte die Funde der Schüler nur grob klassifizieren, die genauere Bestimmung aber den Findern selbst überlassen.

Tipps zur Ausstellungs-Praxis:
Beschränkung statt Fülle. – Übersichtlich gliedern. – Akzente setzen. – Regelmäßig aktualisieren. – Je aktiver (die Beteiligung der Betrachter), desto attraktiver. – Ausstellungsobjekte vielseitig kombinieren (Übersicht in Eschenhagen u. a. 1993, S. 296). – Exponate deutlich, hinreichend groß und farblich differenziert beschriften. – Verantwortliche benennen, Ausstellungs-Patenschaften vereinbaren.

Biologischer Entdeckungstisch **5–13**
Hier werden spontane Funde und Exponate adäquat präsentiert. Als ständige Einrichtung animieren sie Schüler, ihre Umwelt aufmerksamer wahrzunehmen und nach biologisch Interessantem Ausschau zu halten. Mindestausstattung: Kunststoffaquarien von 5-10 l zur Haltung gefangener Kleintiere, Vasen und Gläser in verschiedenen Größen, einige Blumentöpfe, Bestimmungsbücher, Klappkärtchen und Steckbriefvorlagen zur Beschriftung. Schüler (und Lehrer!) sollten Funde so präsentieren, dass sie die Aufmerksamkeit der Mitschüler wecken: „Die springen, die Spinnen!" (Zebraspringspinne)

Tierspuren im Wald: Wer war's? **5–6**
Die Schüler tragen alles zusammen, was auf die Anwesenheit von Tieren im Wald schließen lässt: aufgenagte Nüsse, Zapfen aus der Spechtschmiede, Blätter mit Fraßspuren, Gallen, Fraßgänge des Buchdruckers... Der (vermutliche) Urheber wird ermittelt, die Fundstücke auf dem Biologischen Entdeckungstisch

ausgestellt. Ein klappbares Pappschildchen verrät dem neugierigen Betrachter den Täter.

Gefiederte Baumeister und ihre Nester **5–8**

Gesammelt werden Singvogelnester im Spätherbst/Frühwinter im kahlen Gezweig der Bäume und Sträucher (Gartenschere und Handschuhe!). Nach dem Desinfizieren im Wärmeschrank bei 120 °C, werden sie – zusammen mit dem Stopfpräparat oder Foto ihres „Baumeisters" – ausgestellt. Proben des Nistmaterials (auf Karton geklebt) oder Bruchstücke von Eierschalen (in Pappschachtel mit Watteeinlage) ergänzen die Ausstellung.

Federn **5–8**

Einzelfedern und Rupfungen werden auf Unterrichtsgängen häufig gefunden. Aussehen und Fundort lassen auf den ehemaligen „Besitzer" schließen (Stopfpräparate und Abbildungen zum Vergleich heranziehen). Mit Klebeband werden die Federn auf Karton geklebt, Beschriftungskärtchen (eventuell verdeckt) geben an, um welchen Federtyp es sich handelt: Deck-, Steuer-, Schwung- oder Daunenfeder. Ausgestellt wird zusammen mit Stopfpräparaten oder Abbildungen der Vögel. Zur Aktivitätssteigerung werden Einzelfedern und Lupen (mittels Band/Kette fixiert) angeboten.

Schneckengehäuse: Aufsicht und Einblick **5–8**

Feuchte Standorte, Gebüsche und Waldränder sind Sammelplätze für Schneckengehäuse. Mittels Feile und Sandpapier kann man sich bei vorsichtigem Vorgehen Einblick in ihr Inneres verschaffen. Ausgestellt werden sie in mit Watte oder Sand ausgelegten Schaukästen, Pappschachteln etc.

Mini-Strand im Schuhkarton **5–8**

Schalen von Muscheln und Schnecken, Panzer von Krebsen – bevorzugte „Mitbringsel" vom Strandspaziergang – können ästhetisch ansprechend als „Mini-Strand" präsentiert werden: Feiner See- oder Vogelsand wird mit Tapetenkleister verrührt, der entstehende Brei in einen Schaukasten oder den Deckel eines Schuhkartons gefüllt. Beschriftet werden die naturgetreu angeordneten Exponate mit Zahnstocher-Fähnchen. Für einzelne Exponate füllt man die Sand-Kleister-Mischung in Kunststoff-Petrischalen.

Gallen **7–10**

Die Schüler suchen an Blättern nach Pflanzengallen. Beim Ermitteln des Verursachers geht man am besten von der Wirtspflanze aus: Eichengallwespe (Herbst), Buchengallmücke (Frühsommer) ... Größere Gallen werden in heißem

Sand getrocknet. Dazu feinen Sand im Ofen erhitzen, Gallen in flache Gefäße legen, mit dem heißen Sand übergießen. So wird ihnen die Feuchtigkeit entzogen, während Farbe und Struktur erhalten bleiben. Ausgestellt werden die Exponate sowohl geschlossen als auch (mit dem Messer) geöffnet. Zeichnungen der verursachenden Insekten und ihrer Larven (Lupenuntersuchung) veranschaulichen die Entwicklung der Gallen.

Gewölle **6–8**

Findet man die Speiballen von Eulen, Krähen oder Taggreifvögeln nicht selbst unter großen (Schlaf-)Bäumen, hat die Nachfrage beim ortsansässigen Jagdinhaber, bei lokalen BUND-Gruppen etc. meist Erfolg. Gewölle bei 150 °C im Ofen desinfizieren, in Wasser aufweichen, dann vorsichtig auseinander nehmen. Gefundene Skelettteile mit Knochen und Skeletten aus der Biosammlung vergleichen, geordnet auf Karton kleben und beschriften (vgl. Rothfuchs 1982). Unversehrte Gewölle und Greifvögel mit ausstellen!

Weitere kostenlose Sammelobjekte

Früchte und Fruchtstände, Abwurfstangen, Geweihe und Hörner, Getreideähren, Borkenstücke, Skelette und Skelettteile, Insekten, Wespennester und Bienenwaben, Moose und Flechten ...

C Jahreszeitlich orientierte Sammlungen und Ausstellungen

Phänologische Sammlungen richten die Aufmerksamkeit der Schüler auf biologische Erscheinungen, die für die jeweilige Jahreszeit charakteristisch sind.

Pflanze(n) des Monats – Pflanzentisch **5–8**

Auf einem mit zwei bis drei Vasen unterschiedlicher Größe ausgestatteten Tisch wird jeweils die „Pflanze(n) des Monats" ausgestellt. Name, Fundort und -datum werden auf Faltkärtchen dokumentiert. Kontinuierlich werden Artenkenntnis und Einsichten in die artspezifischen Blütezeiten vertieft. Zur dauerhaften Dokumentation vgl. den „Jahreskalender aus Blütenpflanzen" (→ Seite 147). Alternative: Ausgestellt werden nur die Pflanzen eines schulnah gelegenen Biotops.

Ein Jahr im Leben eines Baumes – die „Baumkiste" **5–6**

Zu Beginn des Schuljahres wählen die Schüler einen charakteristischen Baum, dessen Lebenszyklus sie kontinuierlich verfolgen. Gesammelt werden Knospen tragende Winterzweige, austreibende Blätter, Blüten, Früchte, Rindenstückchen, Rindenrubbelbilder, baumbewohnende Tiere ... Arrangiert werden die Fundstücke mittels Klebeband, Knetgummi und Blumendraht in einer zur „Baumkiste" umfunktionierten Holzkiste oder einem festen Karton. Ältere Jahrgänge ergänzen die Sammlung um Fotos des Baumes zu verschiedenen Jahreszeiten, Angaben zu Kronenumfang und Baumhöhe sowie zur wirtschaftlichen Bedeutung zu einer umfassenden Monografie.

Olympiade der Flugfrüchte (Herbst) 5–6

Die Schüler ermitteln zunächst im Versuch die Flugleistung der Früchte von Ahorn, Hainbuche, Birke, Esche, Linde, Pappel etc. Dokumentiert werden die Ergebnisse (Flugdauer und -strecke) auf einem großen Plakatkarton: Nicht nur die Flugfrüchte werden aufgeklebt, auch Zeichnungen, selbst gebaute Flugmodelle oder Fotos technischer Fluggeräte (Fallschirm, Hubschrauber, Segelflieger ...) werden zum Vergleich herangezogen. (➔ Seite 54 und 71)

Wer gehört zu wem: Zweige, Blätter, Früchte 5–8

Herbarisierte Blätter sowie getrocknete Früchte und Zweige charakteristischer Bäume werden in Reihen auf Plakatkarton geklebt. Die Blätter werden mit dem Namen des Baumes, Zweige mit Zahlen, Früchte mit Buchstaben versehen. Gefaltete Pappkärtchen präsentieren die Lösungen: „Ahorn – 3 – B".

Tickets für Zugvögel: Wege, Zeiten und Rekorde **5–8**

In Partnerarbeit ermitteln die Schüler Brut- und Überwinterungsgebiete, Zugzeiten und -strecken ausgegebener Stopfpräparate (Bestimmungsbücher, Weltkarte). Die Ergebnisse werden auf Zugvogel-Flugtickets notiert und gemeinsam mit den Präparaten in der Vitrine ausgestellt. Auf der Weltkarte zeichnen die Schüler die Flugwege mit Bändern nach. Rekorde hervorheben!

D Systematisch orientierte Ausstellungen

Insekten **7–10**

In einem Schaukasten werden Insektenpräparate aus der Schulsammlung ausgestellt. Ein von den Schülern verfasster Begleittext stellt gemeinsame Merkmale dar: dreigliedriger Körperbau, Chitinpanzer, Facettenaugen ...
Beispiele für Einzeldarstellungen/Insektenmonografien:

- „Die Biene – Insekten als Nutztiere des Menschen“: Präparate der Honigbiene, Waben und Imkerausrüstung.
- „Insekten als Schädlinge“: Buchdrucker, Rinde mit Fraßgängen.

Hunde und Katzen – ein Vergleich **5–6**

In Zeitschriften, Informationsbroschüren aus dem Zoohandel etc. suchen die Schüler diverse Informationen und Illustrationen über hunde- und katzenartige Tiere. Gemeinsame Merkmale und Unterschiede werden auf einer Wandzeitung festgehalten, ergänzt wird die Ausstellung durch Stopfpräparate, Skelette und Schädel aus der Schulsammlung.

Tiere aus aller Welt **5–6**

Das Vorwissen der Schüler über die geographische Verbreitung wild lebender Tierarten kann auf folgende Weise systematisiert werden: In Tierlexika recherchieren die Schüler Herkunft, Verbreitung und Lebensraum derjenigen Tierarten, die als Kunststoff- oder Holznachbildungen (Playmobil etc.) zur Verfügung stehen. Ausgestellt werden diese dann auf einer improvisierten Verbreitungskarte: Tisch mit Papier überziehen, Weltkarte skizzieren.

Im Flug erkannt – Greifvogelsilhouetten **5–10**

Greifvogelsilhouetten (aber auch die von Storch, Schwalbe etc.) werden auf Folie kopiert und mittels Tageslichtprojektor auf starke (schwarze) Pappe projiziert (möglichst in Originalgröße). Silhouetten ausschneiden und an Wand, Fenster oder Decke aufhängen. Ein Silhouetten-Lösungsbogen an der Wand ermöglicht das Bestimmen „im Fluge“.

Vitrinen als Lebensraum-Dioramen **6–10**

Haben die Vitrinen Zwischenböden, werden diese zunächst entfernt und eventuell Halogen-Einbauleuchten angebracht. Dann beginnt die Gestaltung der Dioramen (Schaukästen mit plastischen und gemalten Elementen):

- *Laubwald:* Laubstreu und Äste/Totholz einbringen, Farn in Blumentopf, Moos in flache Schale. Präparate: Amsel, Fuchs, Specht, Pilze, Insekten ...
- *Teichufer:* Röhricht/Schilf in flache, mit Sand gefüllte Obstkiste. Wasser: geknüllte blaue Plastiktüte. Präparate: Blesshuhn, Haubentaucher auf Schilf-Schwimmnest, Rohrsänger, Rohrdommel, Amphibien. Vögel eventuell an Nylonfaden aufhängen.
- *Vögel am Futterhaus:* Vogelhaus und „Schnee" (Styropor, Watte) sowie Standvögel-Stopfpräparate einbringen; Bestimmungstafel aushängen. „Tipps zur Winterfütterung" geben konkrete Ratschläge für eine unbedenkliche Fütterung und stellen Alternativen dar.

Erläutert wird das Diorama durch eine beschriftete Skizze, Nahrungsketten-Diagramme oder eine Legende.

E Herbare

Herbare, die aus bloßer Sammelleidenschaft angelegt werden, sind ein zweifelhaftes Unterfangen, ebenso wie die verbreitete Praxis, Herbarblätter auf Nimmerwiedersehen zwischen den Deckeln von Sammelmappen verschwinden zu lassen. Doch mit ein wenig methodischer Fantasie entwickelt sich das Herbar zu einem vielseitigen Dokumentations- und Ausstellungsmedium. Übrigens: Wichtiger als die Bauart der Presse ist allemal die Sorgfalt des Vorgehens. Als Minimalausrüstung reichen aus: Tageszeitungen als Trockenpapier, Bücher oder Ziegelsteine zum Beschweren, Herbarblätter vom Format DIN A4 (für größere Pflanzen auch 45 x 30 cm), Prospekthüllen zum Verwahren.

Das 1x1 des Herbarisierens
Mit einfachen Objekten (Blätter, Gräser ...) beginnen. – Pflanzen möglichst frisch pressen, eventuell vorher kurz ins Wasser stellen. – Pflanzen alle zwei Tage „umbetten", um Verfärbungen und Schimmelbildung zu vermeiden. – Trockenprobe nach 1-3 Wochen: Pflanzen dürfen sich weder kalt noch feucht anfühlen. – Zu große Pflanzen und Gräser in mehrere Abschnitte teilen und nebeneinander aufkleben.

Blätter-Bestimmungsbuch **5–6**
Geeignet als Bestimmungsübung und Einführung in die Herbar-Technik: Blätter pressen und auf DIN-A5-Bögen kleben. Außer dem Namen auch Blattform und -rand vermerken (Beispiel: Linde, Blatt herzförmig, Blattrand gesägt). 10-20 Bögen dann zum „Blätterbuch" zusammenheften (Pappdeckel vorn und hinten). Ergänzt werden kann die Sammlung durch Blatt-Frottagen (Blätter unter weißes Papier legen, mit Blei- oder Buntstiften „durchrubbeln").

Blätter-Memory **5–6**
Von getrockneten Blättern werden Frottagen hergestellt. Blatt und Frottage werden dann als Paare auf Pappkärtchen (A5 oder A6) geklebt und mit Folie überzogen. Gespielt wird nach dem bekannten Memory-Prinzip: Durch Aufdecken von je zwei Karten müssen zusammengehörende Paare gefunden werden. Erschwernis: Das Kärtchen-Paar erhält nur, wer den Namen des Baumes, der Blattform oder des Blattrandes richtig benennt.

Wenn Blätter sich verfärben **5–10**
Eine ästhetisch sehr ansprechende Aufgabe: Blätter des Spitzahorns (oder ähnlich ansprechender Bäume) werden getrocknet und in verschiedenen Verfärbungsstadien auf Plakatkarton geklebt. Anhand einer solchen „Chronologie der Laubfärbung" lassen sich die Bedeutung des Laubfalls oder – in höheren Klassenstufen – die Blattfarbstoffe thematisieren.

Herbar im Wechselrahmen: Herbarrätsel **5–8**
Der Schulöffentlichkeit lassen sich gelungene Herbarblätter zugänglich machen, wenn sie als „Herbarrätsel" in einem handelsüblichen Glas-Wechselrahmen präsentiert werden („Kennst du diese Pflanze?"). Die Lösung wird in Form eines kurzen Pflanzensteckbriefs hinter einer aufklappbaren Karte verborgen. Regelmäßig aktualisieren!

Getreidesorten – Getreidekörner **5–8**

Die vier häufigsten Getreidesorten (Weizen, Gerste, Roggen, Hafer) – Ausbeute herbstlicher Unterrichtsgänge – werden nebeneinander auf Pappe geklebt. Ergänzt wird die Übersicht durch einzeln aufgeklebte Getreidekörner und Angaben zur wirtschaftlichen Bedeutung.

Chronologie der Frühblüher: Wer blüht zuerst? **5–6**

Beginnend im zeitigen Frühjahr werden früh blühende Pflanzen herbarisiert. Ausgestellt werden die Frühblüher in der Reihenfolge ihres Erscheinens, versehen mit dem Funddatum und erläuternden Angaben zu den jeweiligen Speicherorganen.

Jahreskalender aus Pflanzen und Blättern **5–8**

Zur Dokumentation der oben vorgestellten Ausstellung „Pflanze des Monat" (➔ Seite 142) bietet sich der „Jahreskalender aus Blütenpflanzen" an. Jeweils ein Exemplar der ausgestellten Pflanzen wird herbarisiert und in einen Blanko-Kalender geklebt. Im Herbst werden auch Samen tragende Wildpflanzen getrocknet. Die „blütenlose" Winterzeit lässt sich durch herbarisierte Blätter überbrücken.

Pflanzensoziologische Bestandsaufnahmen – drei Beispiele **6–10**

- *Wiesenpflanzen:* Auf zwei Unterrichtsgängen (Frühsommer und Spätsommer) werden Wiesenpflanzen gesammelt. Aufgeklebt auf zwei getrennte Plakate können die Schüler sie hinsichtlich Blütezeit, Deckungsgrad etc. vergleichen. Alternative: Vergleich von verschiedenen Wiesenstandorten zur gleichen Zeit (synchronisch).
- *Trittrasengesellschaft:* Herbarisiert werden Pflanzen der vermeintlich lebensfeindlichen Standorte Trittrasen und Feldweg: Weißklee, Rispengras, Löwenzahn und Breitwegerich passen sich Tritt und Schnitt mit kriechenden Sprossen und flachen Blattrosetten an. Aufgeklebt werden sie auf einem stilisierten Rasen. Gemeinsamkeiten hervorheben!
- *Pflanzen am Seeufer:* Aus herbarisierten Pflanzen des See- bzw. Teichufers wird auf einem Plakatkarton ein Uferprofil nachgebildet.

Entwicklung eines Baum-Keimlings **5–7**

Beginnend im zeitigen Frühjahr werden in monatlichem Abstand die Keimlinge von Buche, Ahorn o. Ä. gepresst. Am Ende der Vegetationsperiode dokumentieren die Schüler die „Keimungs- und Entwicklungsstadien der Buche im ersten Jahr" auf einem Plakatkarton.

Pflanzen „sammeln“ mit der Kamera! 8–11
In höheren Klassen, aber auch in Projektwochen bietet sich eine bestandsschonende Sammeltechnik an: das Foto-Herbar. Auf Grund der „Standorttreue“ der Objekte gelingen auch Foto-Neulingen überzeugende Aufnahmen. Technische Grundausrüstung: Kleinbildkamera, Zwischenringe, Balgengerät oder Makro-Objektiv, Stativ.

Kreative Herbare 5–7
In Kooperation mit anderen Fächern können die kreativen Aspekte des Herbarisierens auch ganz in den Vordergrund rücken. Beispiel: Getrocknete Blumenarrangements, Grußkarten ...

F Ausstellen lebender Tiere

Abgesehen von Aquarien und Terrarien, die zur langfristigen Pflege in der Schule eingerichtet werden (➔ Kapitel 16), sollten Tiere grundsätzlich nur begrenzte Zeit gehalten werden. Den Prinzipien der artgerechten Tierhaltung ist dabei unbedingt Rechnung zu tragen! Ausgesetzt werden die gefangenen Tiere grundsätzlich am Fundort.

Gliedertiere im „Lebensraum Schulgebäude“ 6–9
Erstaunlich ist die Artenfülle im „Lebensraum Schule“. Im ganzen Schulgebäude, in Ecken und Ritzen wird nach Gliedertieren, Insekten, Asseln und Spinnen gefahndet. Die Schüler ermitteln die Lebensbedürfnisse ihrer Pfleglinge und stellen diese als Kleinstbiotope in Plastikaquarien nach (vgl. Janssen 1996). Lupe und Bestimmungstafel mit auslegen!

Nahrungsketten in Mini-Aquarien 7–9
Beginnend mit Algen und Wasserpflanzen als Produzenten werden in Mini-Aquarien die Nahrungsbeziehungen in Teich und See nachgestellt. Mit farbigen Bändern, Kunststoffpfeilen oder einer illustrierenden Grafik lassen sich die Zusammenhänge darstellen.

G Ständig aktualisierte Ausstellungen

Fotowettbewerb: Biofoto 1997 8–13
In höheren Klassenstufen kann alljährlich ein Preis für Naturfotografie ausgeschrieben werden, der in eine Ausstellung und Prämierung der besten Fotos

mündet. Die Fotos sollten eventuell thematisch orientiert sein, in jedem Fall aber durch einen informativen Text ergänzt werden.

Präparat des Monats **5–8**

Eine gute Möglichkeit, verstaubte Stopfpräparate wieder zu Ehren kommen zu lassen ... Wichtig: informativen Begleittext, Steckbrief o. Ä. beilegen!

„Biologie-aktuell-Brett" **7–13**

Zeitungsartikel zu aktuellen biologischen Themen, Vorankündigungen und Kritiken von Fernsehsendungen zu biologischen Themen, Ausschreibungen von Biologie-Wettbewerben, die Veranstaltungskalender lokaler Naturschutzverbände ...: all dies können Rubriken des „Biologie-aktuell-Brettes" sein. Schüler werden angeregt, auch in andere Medien nach biologierelevanten Informationen zu fahnden (vgl. Beck 1992).

H Ausstellungen zum Artenschutz

Die Aussterbensbilanz der letzten 150 Jahre: 7 Säugetier- und 20 Vogelarten, 58 Arten von Farn- und Blütenpflanzen: Jede zweite Spezies gilt in Deutschland als gefährdet – hinreichend Anlass für Ausstellungen, die Schüler für Aspekte des Umwelt- und Artenschutzes sensibilisieren.

Initiativen etablierter Naturschutzorganisationen **6–13**

... sollten auch in der Schule auf Resonanz stoßen, am besten in Form einer Präsentationstafel, welche die von den Initiatoren bereitgestellten Informationen durch weiteres Text- und Bildmaterial, Präparate und Zeitungsartikel ergänzt.
Beispiele:

- *„Vogel des Jahres"*. Als „Vogel des Jahres 1997" repräsentiert der Buntspecht jene Tierarten, denen der Rückgang naturnaher Wälder zu schaffen macht. Bestelladresse für Informationsmaterial: Naturschutzbund Deutschland, Herbert-Rabius-Str. 26, 53225 Bonn.
- *„Schützenswertes Tier des Jahres"*. Nach dem Strauß 1995 fiel die Wahl der Bundestierärztekammer 1996 auf den Hund (Stichwort: Qualzuchten), 1997 auf „Tiere auf dem Transport". Bestelladresse: Bundestierärztekammer, Pressestelle, Oxfordstr. 10, 53111 Bonn.
- *„Baum des Jahres"*. Die „Schutzgemeinschaft Deutscher Wald" wählte 1997 die Eberesche zum Baum des Jahres, u. a. weil ihre vitaminreichen Früchte eine wichtige Nahrungsquelle für Vögel sind. Dargestellt wird das Informationsmaterial auf einem stilisierten Papp-Baum in der Eingangshalle der Schu-

le. Öffentlichkeitswirksam: die Anpflanzung des jeweiligen Baumes auf dem Schulgelände (Baumpatenschaft!). Bestelladresse: Bundesverband Schutzgemeinschaft Deutscher Wald, Meckenheimer Allee 79, 53115 Bonn.

Bedrohte Tiere – Tiere auf der Roten Liste **7–11**

Die Schüler recherchieren in der Presse, in Informationsmaterialien der Naturschutzorganisationen etc. die Ursachen für den Bestandsrückgang lokal gefährdeter Tierarten (Beispiel Schleswig-Holstein: Seeadler, Fischotter). Auf einer Wandzeitung werden dargestellt: Lebensraum, Bestandsentwicklung, Ursachen der Gefährdung, Maßnahmen und Perspektiven für Engagement im Umweltschutz – auch das der Schüler.

Praktischer Naturschutz: Beispiele und Anstöße **7–13**

Praktisches Engagement in Sachen Artenschutz bedarf praktikabler Anregungen: Nisthilfen für Insekten, höhlenbrütende Vögel und Fledermäuse etc. (gefertigt in Arbeitsgruppen, Werkunterricht oder Freizeit) werden gemeinsam mit den sie bewohnenden Tieren (als Präparat oder Abbildung) ausgestellt. Bauanleitung als Kopiervorlage mit auslegen!

I Weitere Ausstellungsideen

Bio-Spiele – Bio-Bücher **5–10**

Sie erfreuen sich zunehmender Beliebtheit: Spiele sowie Kinder- und Jugendbücher zu interessanten biologischen Themen. Von zu Hause mitgebracht oder aus der Bibliothek entliehen werden sie ausgestellt, erprobt und durch eine kurze Kritik (Schulnoten verteilen und begründen) bewertet.

Biologie auf Briefmarken **5–10**

Nicht nur Philatelisten können sich für biologische Briefmarkenmotive begeistern. Markenserien der Bundespost zeigen zumeist gefährdete Arten. Kur ze Begleittexte im Schaukasten erörtern Grundsätzliches zur Biologie und zum Schutz der abgebildeten Arten (vgl. Stichmann 1992). Bestelladresse: Versandstelle für Postwertzeichen, 60281 Frankfurt.

Literatur

Beck, J.: Was gibt's Neues in der Zeitung? In: Unterricht Biologie, 176/1992, S. 27-29

Billich, V.: Sammeln, Vergleichen, Kennenlernen. In: Unterricht Biologie, 176/1992, S. 25-26

Brown, R. u. a.: Federn, Spuren & Zeichen. Hildesheim 1988
Durrell, G.: Gerald Durrells Naturführer. München 1983
Entrich, H.: Präparationen. In: Unterricht Biologie, 213/1996, S. 4-13
Eschenhagen, D./Kattmann, U./Rodi, D.: Fachdidaktik Biologie. Köln 2. Aufl. 1993, S. 292-298
Gerhardt-Dircksen, A. u. a.: Blickpunkt Natur. Köln 1992
Janssen, W. (Hrsg.): Lebensraum Haus und Schule. Themenheft Unterricht Biologie 214/1996
Needon, C. u. a.: Pflanzen, Tiere, Spuren. Hamburg/Berlin 1989
Rothfuchs, G.: Wir untersuchen Eulengewölle. In: Unterricht Biologie, 68/1982, S. 19-24
Stichmann, W.: Die Naturaliensammlung. In: Unterricht Biologie, 60-61/1981, S. 60-62
Stichmann, W. (Hrsg.): „Fünf-Minuten-Biologie". Themenheft Unterricht Biologie 176/1992

Hauke Kruse

12 Aus der Geschichte der Biologie

Der Einsatz historischer Texte im Biologieunterricht vermittelt Einblicke in das Wissen, die Denkweise und die Forschungsmethode früherer Epochen. Die Schüler können anhand der Texte Strategien zur Beantwortung naturwissenschaftlicher Fragestellungen nachvollziehen. Historische Texte vermitteln ihnen schließlich ein Verständnis dafür, dass naturwissenschaftliche Erkenntnisse, die heute selbstverständlich sind, eine Entwicklungsgeschichte haben. Die Forschung selbst wird zum Gegenstand der Reflexion.
Die Arbeit mit den hier ausgewählten Texten kann in verschiedenen Klassenstufen unterschiedlich gestaltet werden. Die Texte können verwendet werden als Vorlage für Schüler-Kurzreferate, als Grundlage für Diskussionen, als Arbeitstexte, mit deren Hilfe Fragen erarbeitet werden, oder als Anregung für ausführlicheres Arbeiten in der Bibliothek. In jeden Fall verlangt die Textanalyse das Nachvollziehen der Aussage, die Auseinandersetzung mit den Grundlagen des Inhalts, das Nachvollziehen der Argumentation, das Erkennen der damaligen Probleme und die Klärung der Frage, inwieweit das Problem heute gelöst ist.
Im Folgenden finden Sie ausgewählte Texte von Forschern, denen wir bahnbrechende Beobachtungen, Überlegungen und Experimente verdanken. Zu jeder dieser Personen sind die wichtigsten Lebensdaten angeführt.

A Zytologie und Mikrobiologie

8–11

Robert Hooke (1635-1703); englischer Physiker und Naturforscher; untersuchte pflanzliche und tierische Gewebe und prägte den Fachbegriff „Zelle“.

I took a good clear piece of Cork, and with a Pen-knife sharpen'd as keen as a Razor, I cut a piece of it off, and thereby left the surface of it exceeding smooth, then examining it very diligently with a Microscope, me thought I could perceive it to appear a little porous.
I with the same sharp Pen-knife, cut off from the former smooth surface an exceeding thin piece of it, and placing it on object Plate.
I could exceeding plainly perceive it to be all perforated and porous, much like a Honey-comb, but that the pores of it were not regular.
Our Microscope informs us that the substance of Cork ist altogehter fill'd with Air, and that that Air is perfectly enclosed in little Boxes or Cells distinct from one another.

I no sooner descern'd these pores which were indeed the first microscopical pores I ever saw, and perhaps, that were ever seen, for I had not met with any Writer or Person, that had made any mention of them before this.

Aus: Robert Hooke: Micrographia. London 1667.

7–11

Antony van Leeuwenhoek (1632-1723); autodidaktischer Mikroskopiker; mit einfachen Mikroskopen, eigentlich Lupen, erzielte er mehr als 250fache Vergrößerungen; beschrieb erstmals Kleinstlebewesen.

Brief 39 von Antony van Leeuwenhoek vom 17. Sept. 1683:
Es ist mir ein Bedürfnis morgens meine Zähne mit Salz abzureiben und dann meinen Mund mit Wasser auszuspülen. (...) Nichtdestoweniger waren meine Zähne dadurch nicht so sauber, dass nicht zwischen einigen meiner Frontzähne und meinen Backenzähnen (immer wenn ich sie mit einem Vergrößerungsglas inspizierte) ein wenig weiße Substanz klebte oder wuchs, so dick wie ein Mehlbrei. Während ich sie untersuchte, nahm ich an (...) dass da noch einige lebende Tierchen (Animalcules) seien. Ich mischte sie daher verschiedene Male mit sauberem Regenwasser (in dem keine Animalcules sind), und auch mit Speichel, den ich aus meinem Mund nahm, nachdem ich ihn von Luftbläschen befreit hatte (damit nicht die Luftbläschen irgendeine Bewegung im Speichel verursachten): und dann sah ich fast immer mit großem Erstaunen, dass in der angegebenen Substanz viele sehr kleine lebende Animalcules waren, die sich sehr hübsch bewegten. Die größte Sorte hatte die Form von Figur A: Diese hatten eine sehr kräftige und eilige Bewegung, und sie schossen durch das Wasser (oder den Speichel) wie ein Hecht durch das Wasser. Sie waren fast immer gering an Zahl.
Die zweite Sorte hatte die Form von Figur B. Diese drehten sich oft herum wie ein Kreisel, und ab und an nahmen sie einen Kurs wie den zwischen C und D gezeigt: Und diese waren wesentlich zahlreicher. (...)

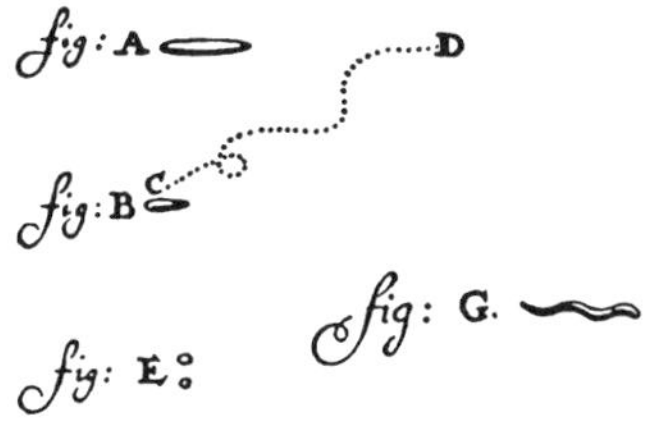

Aus: Dobell, Cl. (Hrsg.): Antony van Leeuwenhoek and his „little animals" London 1932, S. 238ff.

7–11

Louis Pasteur (1822-1895); gilt neben Robert Koch als Begründer der Mikrobiologie; widerlegte die Theorie der Urzeugung; seine Verfahren zur Haltbarmachung von Lebensmitteln werden als Pasteurisieren heute noch angewandt.

(...) Der berühmte Mediziner und Alchimist van Helmont schrieb im 17. Jahrhundert Folgendes: „Das reinste Quellwasser verschimmelt und produziert Würmer, wenn sein Behälter mit dem Duft eines Fermentes imprägniert wird. Die Gerüche, die aus der Tiefe eines Sumpfes aufsteigen, produzieren Frösche, Schnecken, Blutegel, Pflanzen usw. (...)."
(...) Meine Herren! Wenn die Zeit nicht so fortgeschritten wäre, könnte ich zum Abschluss meines Vortrages noch solche Flüssigkeiten zeigen, die nach der allgemeinen Auffassung am wenigsten haltbar sind, wie das Blut und der Urin, die von lebenden und gesunden Tieren genommen beziehungsweise gesammelt wurden. Wenn diese Flüssigkeiten einer solchen Luft, deren Staubteilchen entfernt worden sind, exponiert werden, bleiben sie doch haltbar. (...) Die Generatio spontanea der mikroskopischen Lebewesen ist, auch auf Grund dieser Versuche, ein Hirngespinst. Nein, es sind heute keine Umstände bekannnt, unter denen mikroskopische Lebewesen ohne vorhandene Keime, ohne Vorfahren, die ihnen ähnlich sind, erzeugt worden wären. (...)

Aus: Generatio spontanea. Vortrag von L. Pasteur an der Sorbonne in Paris am 7.4.1864.

7–11

Robert Koch (1843-1910); bewies, dass für bestimmte Krankheiten bestimmte Bakterien verantwortlich sind; entwickelte Verfahren zur Züchtung von Bakterien; entdeckte die Erreger von Milzbrand (1876), Lungentuberkulose (1882) und Cholera (1884); erhielt 1905 den Nobelpreis für Medizin und Physiologie.

Wenn in dem tuberkulösen Gewebe Riesenzellen vorkommen, dann liegen die Bazillen vorzugsweise im Innern dieser Gebilde. Bei sehr langsam fortschreitenden tuberkulösen Prozessen ist das Innere der Riesenzellen gewöhnlich die einzige Stätte, wo Bazillen zu finden sind. In diesem Falle umschließt die Mehrzahl der Riesenzellen einen oder wenige Bazillen und es macht einen überraschenden Eindruck, in weiten Strecken des Schnittpräparates immer neuen Gruppen von Riesenzellen zu begegnen, von denen fast jede einzelne in dem weiten, von braun gefärbten Kernen umschlossenen Raum 1 oder 2 winzige, fast im Zentrum der Riesenzelle schwebende, blau gefärbte Stäbchen enthält. (...)

Auch ungefärbt in unpräpariertem Zustand sind die Bazillen der Beobachtung zugänglich. Es ist erforderlich, von solchen Stellen, welche bedeutende Mengen von Bazillen enthalten, z. B. von einem grauen Tuberkelknötchen aus der Lunge eines an Impftuberkulose gestorbenen Meerschweinchens, ein wenig Substanz unter Zusatz von destilliertem Wasser oder Blutserum zu untersuchen, was, um Strömungen in der Flüssigkeit zu vermeiden, am zweckmäßigsten im hohlen Objektträger geschieht. Die Bazillen erscheinen dann als sehr feine Stäbchen, welche nur Molekularbewegung zeigen, aber nicht die geringste Eigenbewegung besitzen. (...)

Nach einem in der Physiologischen Gesellschaft zu Berlin am 24. März 1882 gehaltenen Vortrag. Abgedruckt in: Berliner klinische Wochenschrift Nr. 15 vom 10. April 1882.

B Stoffwechselphysiologie

8–10

William Harvey (1578-1657); sezierte lebende Tiere, öffnete Blutgefäße, band Blutgefäße ab und erbrachte so den Nachweis für die Theorie vom Kreislauf des Blutes.

Es ist klar, (...) dass das Blut infolge der Pulsationen der Herzkammern durch die Lungen und das Herz hindurchgeht und in den ganzen Körper hineingetrieben und versendet wird, und dort in die Venen und Porositäten des Fleisches eindringt und durch die Venen selbst allseitsher von der Peripherie nach der Mitte, von den kleinen Venen in die großen zurückströmt und von dort in die Hohlvene und endlich zum Herzohr gelangt und in so großer Menge in so großer Strömung und Rückströmung von hier aus durch die Arterien dorthin und von dort durch Venen her zurück, dass es von der aufgenommenen Nahrung nicht nachgeliefert werden kann.
(...) So muss man notwendigerweise schließen: das Blut bewegt sich bei den Lebewesen in einem Kreise vermöge einer gewissen Kreisbewegung, und es ist in immer währender Bewegung, und dies ist die Tätigkeit bzw. Betätigung des Herzens, die es mittels seines Pulses zustande bringt, und überhaupt: die Bewegung und der Schlag des Herzens sind die einzige Ursache. (...)

Aus: Exercitatio anatomica de motu cordis et sanguinis in animalibus. (Anatomische Abhandlung über die Bewegung des Harns und des Blutes in Tierkörpern.)

7–11

Joseph Priestley (1733-1804); experimentierte über die Rolle der Luft bei Verbrennung und Atmung; entdeckte die Zusammenhänge zwischen Sauerstoff und rotem Blutfarbstoff einerseits und dem Blattgrün andererseits.

Ich habe mich gänzlich davon überzeugt, dass Luft, die durch Atmung in höchstem Grad schädlich geworden ist, durch Minzezweige, die darin wachsen, wiederhergestellt wird. (...) Am Samstag (...) brachte ich eine Maus in den Luftraum, in dem die Pflanze wuchs. Das war sieben Tage, nachdem diese hier hinein gebracht worden war. Die Maus hielt es hier ohne das geringste Anzeichen von Unbehagen fünf Minuten aus und war ausgesprochen stark und lebhaft, als sie herausgeholt wurde.
Dagegen starb eine Maus, die nicht einmal zwei Sekunden in einem anderen Teil der ursprünglichen Luftmenge verbracht hatte, welcher an derselben Stelle gestanden war, aber ohne Pflanzen darin. Auch diejenige Maus, welcher es in der wiederhergestellten Luft so wohl ergangen war, konnte nur mit knapper Not wiederbelebt werden, nachdem sie für weniger als eine Sekunde in der anderen Luft gewesen war (...)

Aus einem Brief J. Priestleys vom 1. Juli 1772 an Benjamin Franklin.

7–11

T. W. Engelmann (1843-1909); sein eigentlicher Arbeitsschwerpunkt lag im Bereich der Elektrophysiologie; heute noch bekannt durch seine Arbeit über das Wirkungsspektrum der Fotosynthese.

(...) Bei von Null an wachsender Lichtstärke beginnt die Bewegung der in unmittelbarer Nähe der grünen Zellen durch Sauerstoffmangel zur Ruhe gekommenen Bakterien im Allgemeinen zuerst im Roth, gewöhnlich zwischen B und C oder doch nahe bei C.
Bei weiterem Steigen der Lichtstärke breitet sich die Wirkung nach beiden Seiten hin aus bis in den Anfang des Ultraroth und ins Violett. Es bleiben aber anfänglich Anhäufung und Geschwindigkeit der Bakterien am grössten im Roth. Für grüne Zellen (....) lässt sich im Sonnenlicht (...) ein Minimum im Grün etwa bei E, und ein zweites Maximum, etwa bei F, nachweisen.
Sind sehr viele Bakterien vorhanden, so hat man in solchen Fällen eine Art graphischer Darstellung des Zusammenhangs zwischen Wellenlänge und Assimilationsenergie vor Augen, wobei die Abscisse vom Object selbst, die Ordinaten durch die bezüglichen Höhen der Bakterienlage repräsentiert werden, wie der hier beigedruckte Holschnitt zeigt. (...)

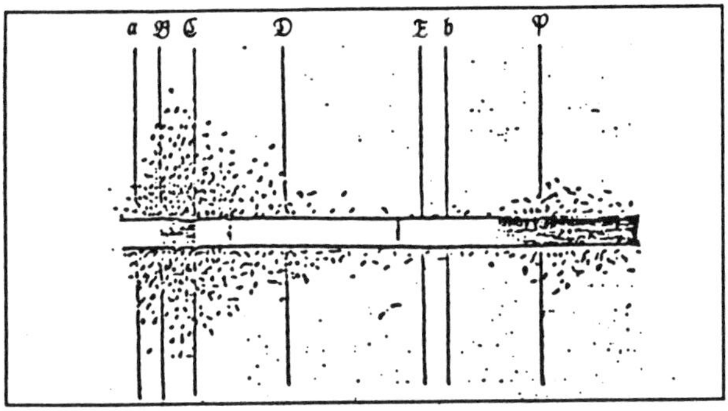

Stück einer *Cladophora* mit schwärmenden Bakterien im Mikrospectrum von Sonnenlicht. Die Chlorophyllkörner, welche die Zellen sehr gleichmässig erfüllen, sind weggelassen, dagegen das Absorptionsband zwischen B und C und die beiden zwischen b und F beginnende Absorption des violetten Endes angedeutet. (200mal vergrössert).

Aus: Botanische Zeitung, Nr. 26, 40. Jg., 1882.

C Neuro- und Hormonbiologie

9–13

Aloysius Galvani (1727-1789); entdeckte bei Experimenten mit Froschschenkeln die nach ihm benannte galvanische Elektrizität, die er fälschlich auf Tierelektrizität zurückführte; später erklärte er sie durch chemische Wirkungen.

(...) Ich berührte (...) mit der Messerspitze den einen oder den anderen Schenkelnerv und in dem Momente entlockte einer von den Anwesenden einen Funken (aus einer Elektrisiermaschine, Anm. der Hrsg.). Die Erscheinung blieb stets dieselbe. Unfehlbar traten heftige Contractionen in den einzelnen Muskeln der Gelenke in demselben Momente ein, in dem der Funken übersprang, wie wenn das päparirte Thier vom Tetanus befallen wäre.
In dem Bedenken aber, dass diese Bewegungen mehr von der Berührung mit der Messerspitze, welche vielleicht den Reiz bewirkte, als von dem Funken herrührten, habe ich dieselben Nerven wieder auf dieselbe Weise bei anderen Fröschen mit der Messerspitze berührt und zwar stärker, doch ohne dass während dieser Zeit Jemand einen Funken hervorrief. Es wurden jedoch gar keine Bewegungen bemerkbar. Dadurch bin ich zu der Ansicht gekommen, es sei vielleicht zur Hervorrufung der Erscheinung die Brühung eines Körpers und der electrische Funken zusammen erforderlich.

Deshalb habe ich die Schneide des Messers wiederum an die Nerven gesetzt und unbeweglich festgehalten, während der Funken übersprang und während die Maschine völlig ruhte. Die Erscheinung trat nur ein, während der Funken übersprang.

Aus: Abhandlungen über Kräfte der Electricität bei der Muskelbewegung von A. Galvani (1791). Leipzig 1894.

9–13

Arnold Berthold (1803-1862); wies mit Kastrationsversuchen an Hähnen die innere Sekretion nach und wurde zum Begründer der Hormonforschung.

Am 2. August v. J. kapaunte ich sechs junge Hähne, nämlich a, b, c von drei, und d, e, f von zwei Monaten. Bei keinem dieser Thiere wurden die Halslappen, der Kamm oder die Sporen entfernt. Den Hähnen a und d wurden beide Hoden genommen; diese Thiere zeigten später ganz die Natur der Kapaunen, benahmen sich feige, liessen sich mit anderen Hähnen nur selten in einen energielosen kurzen Kampf ein und gaben die bekannte eintönige Kapaunenstimme von sich. Kamm und Halslappen wurden blass und entwickelten sich nur wenig fort: der Kopf blieb klein. Als diese Thiere am 20. December getötet wurden, fand sich an der Stelle, wo die Hoden gesessen hatten, eine unbedeutende, kaum wahrnehmbare Narbe. Die Samenleiter liessen sich als dünne zarte Fädchen erkennen.
Die Hähne b und e wurden auf dieselbe Weise castrirt, jedoch nur der eine Hoden aus dem Körper entfernt, der andere aber blieb isolirt in der Bauchhöhle liegen. Bei den Hähnen c und f hingegen wurden beide Hoden aus der Bauchhöhle extrahirt und darauf ein Hoden des Hahns c, und ein Hoden des Hahns f in die Bauchhöhle des Hahns c, zwischen die Gedärme, geschoben. Diese vier Hähne (b, e, c, f) verriethen in ihrem allgemeinen Benehmen die Natur uncastrirter Thiere; sie kräheten ganz gehörig, waren häufig unter einander und mit andern jungen Hähnen im Kampf verwickelt, und äusserten die gewöhnliche Neigung zu den Hühnern; auch entwickelten sich ihre Kämme und Halslappen wie bei gewöhnlichen Hähnen. (...)
Bei den Hähnen c und f befand sich an der Stelle, wo die Hoden zu sitzen pflegen, keine Spur von diesen. Kämme und Halslappen regenerirten sich, die Thiere behielten ihre Hahnennatur, kräheten nach wie vor und behielten auch ihr bisheriges Verhalten gegen Hühner und anderen Hähnen bei. (...)

Aus: Berthold, A.: Transplantation der Hoden. Archiv für Anatomie, Physiologie und wissenschaftliche Medizin (Leipzig), 42-46 (1849).

D Entwicklungsbiologie

10–13

Oscar Hertwig (1849-1922); entdeckte den Befruchtungsvorgang beim Seeigelei und erkannte die Bedeutung des Zellkerns für die Vererbung.

Die mütterliche und die väterliche Organisation wird beim Zeugungsakt auf das Kind durch Substanzen übertragen, welche selbst organisiert sind (...). In der Entwicklung einer Organismenkette finden keine Urzeugungen statt, nirgends wird sie durch desorganisierte Zustände unterbrochen, aus welchen wie durch einen Akt der Urzeugung erst wieder Organisationen entstehen müssen.
Somit ist in der Eizelle die Kontinuität der Kerngenerationen niemals unterbrochen. Es finden Kernumbildungen, aber keine Kernneubildungen statt.
Die kleine Verdickung, welche als Kopf des Samenfadens bezeichnet wird, besteht, worin jetzt wohl alle Forscher einer Meinung sind, aus einer ziemlich konsistenten Substanz, welche nicht nur die charakteristischen Kernreaktionen darbietet, sondern auch (...) sich aus dem Kern der Samenmutterzelle ableitet.

Desgleichen sind alle reifen Eier mit einem Kern versehen, welcher ... von einer sehr geringen Größe ist. Noch mehr als die angeführten Tatsachen sprechen für die Äquivalenz von Ei und Spermakern die Beobachtungen, welche in diesem Jahr van Beneden über den Befruchtungsvorgang von Ascaris megalocephala veröffentlicht hat. Durch sorgfältigste Untersuchungen hat der belgische Forscher zeigen können, dass die beiden gleich großen Kerne, wenn sie sich nach ihrer Aneinanderlegung zur Spindel umbilden, regelmäßig vier Schleifen hervorgehen lassen, von welchen zwei von dem Chromatin des Eikerns, die zwei anderen vom Chromatin des Spermakerns abstammen. Bei der Furchung spalten sich die Schleifen und verteilen sich in gesetzmäßiger Weise so, dass jede Tochterzelle zwei männliche und zwei weibliche Schleifenteile erhält. Nach diesen wichtigen Beobachtungen liefern also Ei- und Spermakern nicht allein gleiche Substanzmengen dem Furchungskern, sondern verteilen sich auch noch weiter gleichmäßig auf die Abkömmlinge desselben. (...)
Durch die vorausgegangenen Erörterungen glaube ich zum wenigsten sehr wahrscheinlich gemacht zu haben, dass das Nuklein die Substanz ist, welche nicht allein befruchtet, sondern auch die Eigenschaften vererbt (...).

Aus: Hertwig, O.: Das Problem der Befruchtung und Isotropie des Eies, eine Theorie der Vererbung. Jena 1884.

10–13

Ernst Haeckel (1834-1819); machte den Darwinismus in Deutschland populär; verband die Gedanken der Abstammungslehre mit einem entwicklungsgeschichtlichen Materialismus; stellte die so genannte „Biogenetische Grundregel“ auf.

Auf Taf. II und III habe ich die Embryonen von sechs verschiedenen Säugethieren in drei auf einander folgenden Entwickelungs-Stufen zusammengestellt, und zwar: A. von einem Gabelthier (Ameisenigel, Echidna), B. von einem Beutelthier (Beutelbär, Phascolarctos), C. von einem Hufthier (Hirsch, Cervus), D, von einem Raubthier (Katze, Felis), E. von einem Affen (Macacus), und F. von einem Menschen (Homo). Alle Figuren sind in gleicher Körperhaltung gezeichnet, von der linken Seite gesehen; die erste Stufe (obere Reihe) ist stärker vergrössert als die zweite (mittlere Reihe), und diese stärker als die dritte (untere Reihe). (...)
Die Keime der Säugethiere sind in dem Stadium, welches die erste (obere) Querreihe auf Taf. II und III darstellt, alle noch höchst ähnlich, und auch von den entsprechenden Bildungsstufen der übrigen Amnioten (Vögel und Reptilien) nicht wesentlich verschieden. Alle zeigen im Wesentlichen dieselbe Bildung der fünf Hirnblasen, der Kiemenbogen (k), der Wirbelsäule (w) usw. Auch auf der zweiten Bildungsstufe, in der mittleren Querreihe (A2-F2), sind die charakteristischen Merkmale der einzelnen Säugethier-Ordnungen noch nicht ausgeprägt. Diese werden erst theilweise erkennbar auf dem dritten Stadium, welches die untere Querreihe zeigt (A3-F3) ...
Es giebt gewiss wenige Körpertheile, welche so verschiedenartig ausgebildet sind, wie die Gliedmaassen oder Extremitäten der verschiedenen Wirbelthiere. (...) Aber bei den fischartigen Keimen der oberen Reihe (A1-F1) fehlen sie noch ganz; und bei den älteren Keimen der zweiten Reihe (A2-F2) erscheinen die ersten Anlagen sowohl der vorderen als der hinteren Extremitäten noch als kurze und breite Platten. Später erst tritt an deren Endausbreitung die Anlage der fünf Zehen auf, noch später deren besondere Form; doch bleiben sie anfangs noch durch eine Schwimmhaut verbunden. (...)

Aus: Haeckel, E.: Natürliche Schöpfungsgeschichte. Berlin 1902.

E Genetik

8–13

Gregor Mendel (1822-1884); führte systematisch Kreuzungsversuche mit Bohnen und Erbsen durch; entdeckte 1865 die nach ihm benannten Vererbungsregeln; erst 1900 wurden seine Versuchsergebnisse in ihrer Bedeutung erkannt.

Die Auswahl der Pflanzengruppe, welche für Versuche dieser Art dienen soll, muss mit möglichster Vorsicht geschehen, wenn man nicht in Vorhinein allen Erfolg in Frage stellen will. (...)
Eine besondere Aufmerksamkeit wurde gleich anfangs den Leguminosen wegen ihres eigentümlichen Blütenbaues zugewendet. Versuche, welche mit mehreren Gliedern dieser Familie angestellt wurden, führten zu dem Resultate, dass das Genus Pisum den gestellten Anforderungen hinreichend entspreche.
Einige ganz selbstständige Formen aus diesem Geschlecht besitzen konstante, leicht und sicher zu unterscheidende Merkmale und geben bei gegenseitiger Kreuzung in ihren Hybriden vollkommen fruchtbare Nachkommen. Auch kann eine Störung durch fremde Pollen nicht leicht eintreten, da die Befruchtungsorgane vom Schiffchen enge umschlossen sind und die Antheren schon in der Knospe platzen, wodurch die Narbe noch vor dem Aufblühen mit Pollen überdeckt wird. Dieser Umstand ist von besonderer Wichtigkeit. Als weitere Vorzüge verdienen noch Erwähnung die leichte Kultur dieser Pflanze im freien Lande und in Töpfen, sowie die verhältnismäßig kurze Vegetationsdauer derselben. Die künstliche Befruchtung ist allerdings etwas umständlich, gelingt jedoch fast immer. (...)
Aus mehreren Samenhandlungen wurden im Ganzen 31 (...) Erbsensorten bezogen und einer zweijährigen Probe unterworfen. (...) Für die Befruchtung wurden 22 davon ausgewählt und jährlich, während der ganzen Versuchsdauer angebaut. (...) Die (...) ausgewählten Erbsenformen zeigten Unterschiede in der Länge und Färbung des Stengels, in der Größe und Gestalt der Blätter, in der Stellung, Farbe und Größe der Blüten, in der Länge der Blütenstiele, in der Farbe, Gestalt und Größe der Hülsen, in der Gestalt und Größe der Samen, in der Färbung der Samenschale und des Albumens. Ein Teil der angeführten Merkmale lässt jedoch eine sichere und scharfe Trennung nicht zu, indem der Unterschied auf einem oft schwierig zu bestimmenden „Mehr-oder-Weniger" beruht. Solche Merkmale waren für die Einzelversuche nicht verwendbar, diese konnten sich nur auf Charaktere beschränken, die an den Pflanzen deutlich und entschieden hervortreten.

Aus: Mendel, G.: Versuche über Pflanzen-Hybriden. Aus: Verh. naturf. Vereins Brünn für das Jahr 1865. Brünn 1866.

11–13

Thomas H. Morgan (1866-1945); entdeckte durch Experimente mit der Taufliege Drosophila melanogaster die materiellen Grundlagen der Vererbungsvorgänge; stellte erste Genkarten mit der relativen Lage der Gene auf den Chromosomen auf; gilt als Begründer der modernen Genetik; erhielt 1933 den Nobelpreis für Medizin und Physiologie.

Wir nennen diese Element Faktoren oder Gene und, was ich besonders betonen möchte, ist, dass ihre Existenz direkt abzuleiten ist aus den Ergebnissen der Genetik, ganz unabhängig von irgendwelchen weiteren Eigenschaften, die wir ihnen beilegen mögen. Der Nachweis ihrer Existenz ist auch unabhängig von dem Orte ihrer Lokalisation. Gerade diese Tatsache rechtfertigt die Theorie der korpuskulären Vererbung (...).
Spaltung und freie Kombination sind die beiden Grundprinzipien der Vererbung, die Mendel entdeckte. Seit 1900 sind vier weitere Prinzipien hinzugekommen. Diese werden bezeichnet als das der Koppelung, das des Faktorenaustausches, das der linearen Anordnung der Gene und das Prinzip der begrenzten Zahl der Koppelungsgruppen. In demselben Sinne, in dem man in den physikalischen Wissenschaften die fundamentalen Verallgemeinerungen der Wissenschaft als die „Gesetze" dieser Wissenschaft zu bezeichnen pflegt, in demselben Sinne können wir die sechs genannten Prinzipien als die sechs bisher bekannten Vererbungsgesetze bezeichnen. (...) Von dem sechsten abgesehen, können die Gesetze auch unabhängig von dem Chromosomenmechanismus dargelegt werden, andererseits aber sind sie die notwendige Konsequenz dieses Mechanismus.

Aus: The physical basis of heredity. Philadelphia and London 1919. (dt.: Nachtsheim, H. (Hrsg.): Die stoffliche Grundlage der Vererbung. Berlin 1921.)

Die Theorie sagt aus, dass die Eigenschaften des Individuums in Beziehung stehen zu Paaren von Elementen (Genen) im Keimmaterial, die in einer bestimmten Zahl von Koppelungsgruppen zusammengehalten werden; sie sagt aus, dass die Glieder jedes Genpaars sich, in Übereinstimmung mit Mendels erstem Gesetz, bei der Reife der Keimzellen trennen und dass infolge davon jede Keimzelle nur einen Satz enthält; sie sagt aus, dass die zu verschiedenen Koppelungsgruppen gehörenden Glieder sich, übereinstimmend mit Mendels zweitem Gesetz, unabhängig voneinander umgruppieren; sie sagt aus, dass zeitweise auch ein ordentlicher Austausch – crossing over – zwischen den Elementen korrespondierender Koppelungsgruppen stattfindet; sie sagt aus, dass die Häufigkeit des crossing over den Beweis für die lineare

Anordnung der Elemente in jeder Koppelungsgruppe und für die relative Lage der Elemente zueinander liefert. (...)

Aus: The theorie of the gene. New Haven 1926. (dt.: Barthelemes, A.: Vererbungswissenschaft. Orbis acad. Abt. II, Bd.2., Freiburg 1952).

11–13

James D. Watson (geb.1928) und *Francis H. Crick* (geb. 1916); schufen zusammen die theoretischen Grundlagen des Watson-Crick-Modells der Desoxiribonukleinsäure; beide erhielten 1962 den Nobelpreis für Medizin und Physiologie.

Wir möchten eine Struktur für das Salz der Desoxyribonukleinsäure (DNS) vorschlagen. Diese Struktur besitzt ungewöhnliche Merkmale, die von beträchtlichem biologischen Interesse sind. (...) Diese Struktur hat zwei schraubenförmige Ketten, jede um die gleiche Achse gewunden. Wir haben die üblichen chemischen Annahmen gemacht, namentlich, dass jede Kette Phosphat-diester-Gruppen enthält, die über 3′5′-Bindungen an b-D-Desoxyribofuranose gebunden sind. Die Glieder der beiden Ketten (aber nicht ihre Basen) sind jeweils über Doppelachsen, die steil zu der Achse des (DNS)-Fadens stehen, miteinander verbunden.
Beide Ketten folgen rechtsläufigen Schrauben, aber infolge der doppelten Achsen verlaufen die Atomsequenzen (Reihenfolge der Atome) in den beiden Ketten in verschiedene Richtungen. (...)
Die neuartige Eigenschaft der Struktur besteht in der Art und Weise, in der die beiden Ketten durch die Purin- und Pyrimidinbasen zusammengehalten werden.
Die (Molekül-)Ebenen der Basen stehen senkrecht zu der Achse des Fadens. Die Basen sind paarweise verknüpft; eine einzelne Base der einen Kette ist über eine Wasserstoffbindung mit einer einzelnen Base der anderen Kette verbunden, sodass beide Seite an Seite liegen – mit identischen z-Koordinaten. (...) Es konnte experimentell nachgewiesen werden, dass die Mengenverhältnisse zwischen Adenin und Thymin und zwischen Guanin und Cytosin in der Desoxyribonukleinsäure jeweils nahezu gleich sind. (...)

Watson, J. D., Crick, F. H.: Molekulare Struktur von Nukleinsäuren. Aus: Nature 171, London 1953, S. 737.

F Immunbiologie

8–12

Edward Jenner (1749-1823); begründete die Impfung mit Kuhpockeneiter als vorbeugenden Schutz gegen die Ansteckung durch Pocken.

7. Fall: Um den Verlauf der Infektion noch genauer zu beobachten, impfte ich einem gesunden achtjährigen Knaben die Kuhpocken ein. Der Stoff stammte aus der Pustel des Armes einer Milchmagd, die sich bei den Kühen ihres Herrn angesteckt hatte, und wurde am 14. Mai 1796 mittels zweier seichter Hautschnitte, von denen jeder halb daumenbreit war, dem Arme des Knaben appliziert.
Am 7. Tage klagte er über Schwere in der Achsel, am 9. Tag befiel ihn ein leichter Frost, er verlor den Appetit und hatte geringen Kopfschmerz. Während des ganzen Tages war er offensichtlich krank und verbrachte die Nächte in Unruhe, doch am nächsten Tage fühlte er sich wiederum wohl. Die Erscheinung an den Einschnittstellen war in ihrem Fortschreiten bis zum Stadium der Eiterung ganz dieselbe, wie sie in ähnlicher Weise bei der Blatternmaterie zu Stande kommt. (...)
Um mir größere Gewissheit zu verschaffen, ob dieser vom Virus der Kuhpocken in so milder Form infizierte Knabe gegen Variola[2] immun wäre, unterzog ich ihn am 1. Juli der Impfung mit der aus einer Pustel entnommenen Blatternmaterie. Sie wurde auf beiden Armen nach Vornahme mehrerer Einstiche und Schnitte sorgfältig übertragen, doch zu einem Ausbruch der Blattern kam es nicht. Dieselben Erscheinungen traten an den Armen auf, wie sie an einem Kranken sich einzustellen pflegen, welchem der Blatternstoff inseriert worden ist, nachdem er entweder Variola oder Kuhpocken durchgemacht hatte. Nach Ablauf einiger Monate wurde er neuerlich mit Blatternmaterie inokuliert, doch zeigte sich keinerlei sichtbare Wirkung am Körper. (...)

Aus: Jenner, E: Untersuchungen über die Ursachen und Wirkungen der Kuhpocken. 1798. (Übersetzt von V. Fossel in : Sudhoff, K.: Klassiker der Medizin. Leipzig 1911.)

8–12

Emil von Behring (1854-1917); entwickelte das Diphtherie-Heilserum; war 1901 der erste Nobelpreisträger für Medizin.
Schibasaburo Kitasato (1853-1931); entdeckte den Pestbazillus. Behring und Kitasato gelten als Begründer der Serumtherapie.

Die Immunität von Kaninchen und Mäusen, die gegen Tetanus immunisiert sind, beruht auf der Fähigkeit der zellenfreien Blutflüssigkeit, die toxischen Substanzen, welche die Tetanusbazillen produzieren, unschädlich zu machen. (...)
Diesem Kaninchen wurde aus der Karotis Blut entnommen.
Von dem flüssigen Blut, vor der Gerinnung, wurde einer Maus 0,2 ccm, einer anderen 0,5 ccm in die Bauchhöhle injiziert. Beide wurden mit 2 Kontrollmäusen nach 24 Stunden mit virulenten Tetanusbazillen geimpft, und zwar so stark, dass die Kontrolltiere schon nach 20 Stunden an Tetanus erkrankten und nach 36 Stunden starben. Beide vorbehandelten Mäuse dagegen blieben dauernd gesund.
Die größere Menge des Blutes wurde stehen gelassen, bis sich daraus reichlich Serum abgeschieden hatte.
Von diesem Serum erhielten 6 Mäuse je 0,2 ccm in die Bauchhöhle eingespritzt; nach der 24 Stunden später erfolgten Infektion blieben alle sechs dauernd gesund, während die Kontrollmäuse nach weniger als 48 Stunden an Tetanus starben.
Mit dem Serum lassen sich ferner auch therapeutische Erfolge in der Weise erzielen, dass man die Tiere zuerst infiziert und dass hinterher das Serum in die Bauchhöhle eingespritzt wird.
Wir haben ferner mit dem Serum Versuche angestellt, welche geeignet sind, die enorme Gift zerstörende Wirkung desselben zu zeigen.
Von einer 10-tägigen Tetanuskultur, welche durch Filtrieren keimfrei geworden war, genügte 0,00005 ccm, um eine Maus nach 4-6 Tagen, und 0,0001, um dieselbe nach weniger als 2 Tagen sicher zu töten.
Nun haben wir 5 ccm Serum vom tetanusimmunen Kaninchen mit 1 ccm dieser Kultur vermischt und 24 Stunden das Serum auf das in der Kultur enthaltene Tetanusgift einwirken lassen. Von dieser Mischung erhielten 4 Mäuse je 0,2 ccm, mithin 0,033 ccm Kultur oder mehr als das 300fache der sonst für Mäuse tödlichen Dosis; sämtliche 4 Mäuse blieben dauernd gesund: die Kontrollmäuse dagegen starben an 0,0001 der Kultur nach 36 Stunden.

Aus: Behring, V., Kitasato, S.: Über das Zustandekommen der Diphtherie-Immunität und Tetanus-Immunität bei Thieren. Dt. Med. Wochenschrift 16, 1890.

G Systematik und Evolution

10–13

Aristoteles (384-322 v. u. Z.); griech. Philosoph; seine zoologischen Forschungen beeinflussten die Naturlehre bis zur Renaissance.

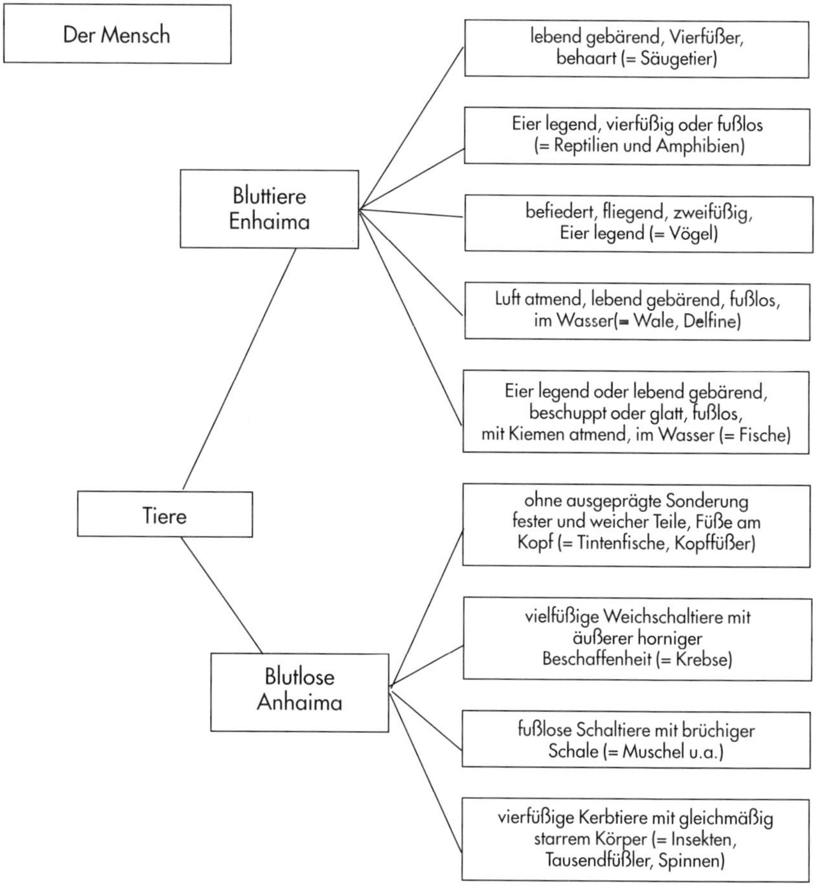

Das System der Tiere nach Aristoteles. (Übersetzung nach Meyer: Aristoteles' Thierkunde. Berlin 1855; Entwurf und Grafik: original.)

Aus: Frantzius, A. v. (Hrsg.): Aristoteles: 4 Bücher über die Theile der Tiere. Leipzig 1853.

9–13

Carl von Linné (1707-1778); führte mit seiner binären Nomenklatur für jedes Lebewesen latinisierte Gattungs- und Artnamen ein; das von ihm erstellte „Linné'sche System des Pflanzenreiches" war ein künstliches System, das später durch natürliche Systeme ersetzt wurde.

Ich habe mir die naturwissenschaftlichen Sammlungen in Holland angesehen. (...) Man sagt, sie seien die vollständigsten der Welt. (...) Aber dennoch bin ich enttäuscht. Denn nicht Ordnung habe ich dort gefunden, sondern Unordnung, nicht Klarheit, sondern verspieltes Durcheinander, nicht einen Plan, sondern eine unentwirrbare Fülle von Steinen, Pflanzen, Tieren, Monstern und Kuriositäten (...).
Ohne Ordnung (...) kann es keine Wissenschaft geben, ohne ein System bleibt jede Beschäftigung mit der Natur Spielerei!

Aus: Linné, C. v.: Systema naturae. 1740. In: Afzelius, A.: Linnés eigenhändige Aufzeichnungen. Übersetzt von K. Lappe, Berlin 1826.

(...) Jede Pflanze und jedes Tier (...) besitze ein bestimmtes äußeres Kennzeichen, an dem man ablesen könne, zu welcher Art, Gattung und Ordnung es gehöre. Bei den Pflanzen seien es die Blüten, bei den Insekten die Flügel, bei den Fischen die Schuppen, bei den Vögeln die Schnäbel und Krallen, bei den Vierfüßlern die Zähne, die dem Forscher den Plan der Schöpfung verraten.

Der Name einer Pflanze soll doppelt sein: ein Gattungsname, gleich dem menschlichen Familiennamen, und ein Artname, gleich dem Vornamen des täglichen Lebens (nomina trivialia). Die Diagnose besteht in der Feststellung des zugehörigen Verwandtschaftskreises der jeweiligen Gattung und der unterscheidenden Merkmale der Art (...).

Aus: Linné, C. v.: Systema naturae. 1751. In: Afzelius, A.: Linnés eigenhändige Aufzeichnungen. Übersetzt von K. Lappe, Berlin 1826.

10–13

Jean Baptiste de Lamarck (1744-1829); stellte in seinem Werk „Philosophie Zoologique" den Abstammungsgedanken erstmals konsequent dar; vermutete als Ursachen für die Inkonstanz der Arten Veränderungen der Lebensbedingungen und Bedürfnisse der Lebewesen.

Große Veränderungen in den Verhältnissen führen aber für die Tiere große Veränderungen in ihren Bedürfnissen herbei. Wenn nun die neuen Bedürfnisse bleibend werden oder lange andauern, so nehmen die Tiere neue Gewohnheiten an, die ebenso dauerhaft sind als die Bedürfnisse, die sie haben

entstehen lassen. Es ist dies sehr leicht nachzuweisen und bedarf gar keiner Erklärung, um eingesehen zu werden.
Wenn nun neue, für eine Tierrasse dauernd gewordene Verhältnisse diesen Tieren neue Gewohnheiten auferlegen, d. h. neue gewohnheitsmäßige Tätigkeiten derselben veranlasst haben, so wird sich daraus der vorzugsweise Gebrauch eines Teiles vor einem anderen ergeben haben und in gewissen Fällen der vollständige Nichtgebrauch eines Teiles, der unnütz geworden ist.
Wenn z. B. ein Same irgendeines Krautes einer üppigen Wiese auf einen höheren Ort gebracht wird, auf einen dürren, trockenen, steinigen, den Winden ausgesetzten Grasplatz, und wenn er hier auskeimt, so wird eine Rasse entstehen, durchaus verschieden von der, welche auf der Wiese lebt, und von der sie abstammt.
Erstes Gesetz
Bei jedem Tier, welches den Höhepunkt seiner Entwicklung noch nicht überschritten hat, stärkt der häufigere und dauernde Gebrauch eines Organs dasselbe allmählich, entwickelt, vergrößert und kräftigt es proportional der Dauer dieses Gebrauchs: der konstante Nichtgebrauch eines Organs macht dasselbe unmerklich schwächer und lässt es endlich verschwinden.
Zweites Gesetz
Alles, was die Individuen durch den Einfluss der Verhältnisse, denen ihre Rasse lange Zeit hindurch ausgesetzt ist, und folglich durch den Einfluss des vorherrschenden Gebrauchs oder konstanten Nichtgebrauch eines Organs erwerben oder verlieren, wird durch die Fortpflanzung auf die Nachkommen vererbt.
Der Maulwurf, der infolge seiner Gewohnheiten vom Sehvermögen sehr wenig Gebraucht macht, hat nur sehr kleine und kaum sichtbare Augen, weil er dieses Organ sehr wenig übt. (...)

Aus: De Lamarck, J. B.: Zoologische Philosophie. Paris 1809 (dt.: H. Schmid, Leipzig 1909).

10–13

Charles Darwin (1809-1882); begründete die Lehre von der Entstehung neuer Arten durch die Auslese der an die jeweils herrschenden Lebensbedingungen am besten angepassten Formen.

(...) Ich bin fest überzeugt, dass die Arten nicht unveränderlich, sondern dass die zu einer Gattung gehörenden die Nachkommen anderer, meist schon erloschener Arten, und dass die anerkannten Varietäten einer bestimmten Art Nachkommen dieser sind. Und ebenso fest bin ich überzeugt, dass die natür-

liche Zuchtwahl das wichtigste, wenn auch nicht einzige Mittel der Abänderung war.
(...) Die natürliche Zuchtwahl kann einzig und allein zum Nutzen eines Wesens wirken und wir sehen, dass sie auch Eigenschaften und Strukturen berücksichtigt, denen wir nur geringe Bedeutung zuschreiben. Wenn Blatt fressende Insekten grün und Rinde fressende Insekten grau gesprenkelt sind, wenn das Alpenschneehuhn im Winter weiß ist und das schottische Schneehuhn die Farbe der Heide trägt, so müssen wir annehmen, dass diese Farben den Insekten und Vögeln nützen, insofern sie sie vor Gefahren behüten (...).
Es sei vorausgeschickt, dass ich die Bezeichnung „Kampf ums Dasein" in einem weiten metaphorischen Sinne gebrauche, der die Abhängigkeit der Wesen voneinander, und was noch wichtiger ist: nicht nur das Leben des Individuums, sondern auch seine Fähigkeit, Nachkommen zu hinterlassen, mit einschließt. Mit Recht kann man sagen, dass zwei hundeartige Raubtiere in Zeiten des Mangels um Nahrung und Dasein miteinander kämpfen; aber man kann auch sagen, eine Pflanze kämpfe am Rande der Wüste mit der Dürre ums Dasein, obwohl man das ebenso gut so ausdrücken könnte: sie hängt von der Feuchtigkeit ab. Von einer Pflanze, die jährlich Tausende von Samenkörnern erzeugt, von denen im Durchschnitt nur eines zur Entwicklung kommt, lässt sich mit noch viel größerem Rechte sagen, sie kämpfe ums Dasein mit jenen Pflanzen ihrer und anderer Art, die bereits den Boden bedecken.

Aus: Darwin, Ch.: The Origin of Species by Means of Natural Selection. London 1859. (dt.: Die Entstehung der Arten. Stuttgart (Reclam) 1963.)

10–13

Donald Johanson (geb. 1943); fand 1974 im Afar-Dreieck in Äthiopien eines der ältesten und am vollständigsten erhaltenen Skelette eines Hominiden; zählt neben Mary und Louis Leakey zu den erfolgreichsten Paläoanthropologen.

„Das ist das Fragment eines hominiden Arms", sagte ich. „Das kann nicht sein. Es ist viel zu klein. Es muss von irgendeinem Affen stammen."Wir knieten uns hin, um den Knochen genauer anzusehen. „Viel zu klein," sagte Gray noch einmal. Ich schüttelte den Kopf. „Es ist ein Hominide." „Weshalb glauben Sie das?" sagte er. „Sehen Sie doch das Stück rechts neben Ihrer Hand. Auch das ist hominid." „Mein Gott!" rief Gray. Er hob es auf. Es war die Rückseite eines kleinen Schädels. „Mein Gott!" rief er wieder. Wir standen auf und sahen nun noch weitere Knochenfragmente am Hang: zwei Rückenwirbel und das Bruchstück eines Beckenknochens ... Mir schoss ein unglaublicher,

eigentlich unverzeihlicher Gedanke durch den Kopf. Wie wäre es, wenn all diese Knochen zusammenpassten? Könnten es Teile eines einzigen, sehr primitiven Skeletts sein? Ein solches Skelett war bisher noch nirgends gefunden worden. (...)
Wir hatten ein Tonbandgerät im Lager und dazu ein Band mit dem Beatles-Song „Lucy in the Sky with Diamonds". Wir ließen dieses Band immer wieder mit voller Lautstärke ablaufen. Irgendwann an diesem unvergesslichen Abend ... gaben wir dem Skelett den Namen Lucy und seither heißt es so (...).

Aus: Johanson, D., Edey, M.: Lucy. Die Anfänge der Menschheit. © Piper Verlag GmbH, München 1982.

H Verhaltensbiologie

10–13

Iwan Petrowitsch Pawlow (1849-1936); erforschte die nervöse Steuerung physiologischer Prozesse; entdeckte die bedingten Reflexe des Zentralnervensystems; erhielt 1904 den Nobelpreis für Medizin.

Die ständige Verbindung zwischen den Erscheinungen der Umwelt und der Arbeit der Organe wurde als Funktion des niederen Abschnitts des Zentralnervensystems schon lange von den Physiologen unter der Bezeichnung der Reflexe studiert. Die Funktion der höheren Abschnitte ist die Bildung neuer, zeitweiliger Reflexe. Das bedeutet aber, dass das Nervensystem nicht nur einen Leitungs-, sondern auch einen Schließungsapparat darstellt. Auf diese Weise hat die gegenwärtige Physiologie zwei Arten von Reflexen vor sich: einen beständigen und einen zeitweiligen (einen angeborenen und einen erworbenen, einen arteigenen und einen individuellen). Wir haben sozusagen vom rein praktischen Gesichtspunkt aus den ersten Reflex als unbedingten und den zweiten Reflex als bedingten bezeichnet. Es ist höchst wahrscheinlich (und es gibt dafür bereits einzelne Hinweise), dass die neu entstehenden Reflexe in beständige Reflexe übergehen, wenn in einer Reihe aufeinander folgender Generationen die gleichen Lebensbedingungen erhalten bleiben. Das wäre demnach einer der wirksamen Mechanismen bei der Entwicklung des Tierorganismus. (...)

Aus: Pawlow, I. P.: Die bedingten Reflexe. Berlin (Akademie Verlag) 1972.

10-13

Nikolaas Tinbergen (1907-1988); gilt als einer der Begründer der Ethologie; erhielt 1973 zusammen mit K. v. Frisch und K. Lorenz den Nobelpreis für Medizin und Physiologie.

Grob gesagt, besteht das Verhalten aus den Bewegungen der Tiere. Diese beschränken sich nicht nur auf Laufen, Schwimmen, Kriechen und andere Arten der Fortbewegung. Sie enthalten auch die Bewegungen der Tiere beim Fressen, bei der Paarung und beim Atmen. Das ist noch nicht alles. Selbst die leisesten Bewegungen einzelner Körperteile, wenn ein Tier z. B. die Ohren spitzt oder einen Laut von sich gibt, sind Ausdruck von Verhaltensweisen. Viele Tiere reagieren ähnlich wie wir, wenn wir erröten – sie wechseln die Farbe, um sich auf diese Weise vor Nachstellungen ihrer Feinde zu verbergen, um sich auf einen Angriff vorzubereiten oder um einem Weibchen den Hof zu machen. Es ist schwierig, dies genau vom Verhalten zu unterscheiden. Natürlich kann Verhalten auch aus einem Stillstehen und intensiven Starren oder auch nur aus einem Nachdenken bestehen, wobei im Innern etwas abläuft, was das Verhalten nachfolgend beeinflusst.
Im Ganzen gesehen, neigen wir jedoch dazu, Bewegungen oder einen Bewegungswechsel, auch den Wechsel von Bewegungen zu absoluter Ruhe oder „Erstarren", als Verhalten zu bezeichnen, also alles das, was man beobachten kann. Aber selbst wenn wir damit beginnen, diese sichtbaren Vorgänge zu studieren, können wir bald bei genauerer Beobachtung immer mehr von den Prozessen erkennen, die sich im Innern eines Tieres abspielen, zumal wenn wir uns stärker auf analytische Methoden stützen. Dabei wird der Begriff „Verhalten" immer verschwommener, da sich die Aufmerksamkeit in zunehmendem Maße auf die Vorgänge konzentriert, die ihm zu Grunde liegen. Aus praktischen Gründen mag es jedoch genügen, wenn wir sagen, dass wir es mit Bewegungen zu tun haben.

Aus: Tinbergen, N.: Tiere und ihr Verhalten. Amsterdam (Time-Life Books B.V.) 1973, S. 10-11.

10–13

Konrad Lorenz (1903-1989); gilt zusammen mit Tinbergen und v. Frisch als Begründer der modernen Verhaltensforschung; hielt und untersuchte Enten, Gänse und Dohlen unter nahezu natürlichen Bedingungen; formulierte u. a. den Begriff Prägung und das Prinzip der doppelten Quantifizierung.

Meine erste kleine Graugans war also auf der Welt. (...) Den Kopf schief gestellt, sah sie mit großem, dunklem Auge zu mir empor. (...) Lange, sehr lange sah mich nun das Gänsekind an. Und als ich eine Bewegung machte und ein kurzes Wort sprach, löste sich mit einem Male die gespannte Aufmerksamkeit und die winzige Gans grüßte: mit weit vorgestrecktem Hals und durchgedrücktem Nacken sagte sie sehr schnell und vielsilbig den graugänsischen Stimmfühlungslaut, der beim kleinen Küken wie ein feines, eifriges Wispern klingt ... Ich wollte nämlich die von der Truthenne ausgebrüteten Gänseküken nach dem Schlüpfen der erwähnten Hausgans anvertrauen ... Ich steckte mein Gänsekind tief unter den weichen warmen Bauch der Alten ... Doch anstatt sich daraufhin zu beruhigen, wie jedes vernünftige Gänsekind getan hätte, kam meines rasch unter dem wärmenden Gefieder hervorgekrochen, sah mit einem Auge empor, der Pflegemutter ins Gesicht – und lief laut weinend von ihr weg. (...) Hoch aufgerichtet, ununterbrochen laut pfeifend stand das arme Kind auf halbem Wege zwischen der Gans und mir. Da machte ich eine kleine Bewegung – und schon war das Weinen gestillt und das Kind kam, mit lang vorgestecktem Halse, eifrigst grüßend auf mich zu (...).

Aus: Lorenz, K.: Er redete mit dem Vieh, den Vögeln und den Fischen. © 1983 Deutscher Taschenbuch Verlag, München, S.85f.

Ein Kind fällt ins Wasser, ein Mann springt ihm nach, zieht es heraus, prüft die Maxime seines Handelns und findet, dass sie, zum Naturgesetz erhoben, etwa folgendermaßen lauten würde: Wenn ein erwachsener Mann von Homo sapiens L. ein Kind seiner Art in Lebensgefahr sieht, aus der er es zu erretten imstande ist, so tut er dies. Enthält diese Abstraktion vernunftmäßige Widersprüche? Ganz sicher nicht! So klopft sich der Retter innerlich auf die Schulter und ist stolz darauf, so vernunftmäßig und moralisch gehandelt zu haben. Hätte er das wirklich getan, so wäre das Kindchen längst tief versunken gewesen, bevor er ins Wasser gesprungen wäre. Dennoch hört der Mensch, woferne er unserem westlichen Kulturkreis angehört, nur recht ungern, dass er rein instinktmäßig gehandelt hat und daß jeder Pavian in analoger Lage zuverlässig dasselbe getan hätte.

Aus: Lorenz, K.: Das sogenannte Böse. © 1983 Deutscher Taschenbuch Verlag, München, S. 342.

10–13

Karl von Frisch (1886-1982); wies nach, dass Fische Töne und Bienen Farben unterscheiden können; entschlüsselte die Bienensprache.

Wenn man Bienen auf einem blauen Blatt Papier mit Honig füttert, wird er da so gerne genommen wie aus Blütenkelchen. Sie tragen ihn in den Bienen

stock, geben ihn dort wieder von sich, da sie ihn ja als Vorrat sammeln, und kehren nach wenigen Minuten wieder.
Sind die Bienen ein paar Mal hin und her geflogen, so entfernen wir das Honigpapier und legen neben den Futterplatz ein reines blaues Blatt ohne Honig und ein rotes Blatt. Die Bienen suchen das blaue Papier ab und kümmern sich nicht um das rote. Sie scheinen sich also gemerkt zu haben, dass es auf dem Blau Futter gab und können offenbar Blau von Rot unterscheiden. Aber das beweist noch nichts für ein Farbensehen. Auch ein total farbenblindes Wesen könnte dazu fähig sein. (...)
Wir füttern wieder auf Blau; dann legen wir ihnen ein blaues Blatt inmitten von grauen Blättern vor, die in allen Helligkeitsabstufungen von Weiß bis zum tiefsten Schwarz führen. Unter diesen Umständen kann ein total farbenblindes Auge das Farbpapier nicht mit Sicherheit herausfinden. Denn es erscheint ihm ja als ein Grau von bestimmter Helligkeit, muss also einem der abgestuften Graupapiere zum Verwechseln gleichen. Die Bienen, die durch die vorhergegangene Fütterung auf Blau dressiert sind, fliegen aber auch jetzt zielsicher das farbige Feld an und beweisen uns dadurch ihren Farbsinn.

Aus: Frisch, K. v.: Du und das Leben. Berlin (Ullstein) 1966.

10–13

Jane Goodall (geb. 1934); beobachtete als erste das Verhalten frei lebender Schimpansen; wegweisend in den Methoden der Feldforschung; prägte neben Dian Fossey (Berggorillas) und Biruté Galdikas (Orang-Utans) die Erforschung der großen Menschenaffen.

Junge Schimpansen spielen, wenn kein Spielgefährte zur Stelle ist, häufig allein: Sie schwingen in einem Baum umher, wiederholen endlos den gleichen Sprung von einem federnden Ast zu einem anderen hinüber, schlagen Purzelbäume oder hüpfen auf der Erde umher. Am liebsten jedoch spielen sie mit anderen Schimpansenkindern, jagen sich gegenseitig um Baumstämme herum, springen, einer nach dem anderen, durch die Baumwipfel, lassen sich an einem Arm baumeln und schubsen sich dabei gegenseitig oder wälzen sich ausgelassen auf dem Boden und beißen, schlagen oder kitzeln sich, ohne einander wehzutun.

Aus: Lawick-Goodall, J. van: Wilde Schimpansen. © 1991 by Rowohlt Taschenbuch Verlag GmbH, Reinbek, S. 132.

Walter Kleesattel

13 Die Vertretungsstunde

Oft ist es schwierig, in Vertretungsstunden das laufende Unterrichtsthema fortzuführen. In diesen Fällen lässt sich der Vertretungsunterricht mit den folgenden Spielen, Rätseln und Vorschlägen zum Basteln und Experimentieren abwechslungsreich gestalten und zugleich sinnvoll für das Fach Biologie nutzen.

A Spiele

Erfahrungsgemäß spielen Schüler bis zur Jahrgangsstufe 9/10 sehr gerne im Klassenverband. Vertretungsstunden, die mit viel Bewegung verbunden sind (z. B. beim „Bio-Wissensspiel"), machen den Schülern viel Spaß, sind aber für den Lehrer immer etwas strapaziös. Für diese Art Spiele sind vor allem gute räumliche Voraussetzungen wichtig. Spiele, die den Schülern von zu Hause oder den Medien bekannt sind, lassen sich in abgewandelter Form auf die Biologie anwenden. Für viele solcher Spiele (z. B. die „Bio-Montagsmaler") ist es empfehlenswert, einen Fundus in Form von Karteikarten o. Ä. anzulegen, der dann in der Biologiesammlung den Kollegen zur Verfügung steht.

Bio-Quiz oder 17 + 4 **5–8**

Material: aufklappbare Tafel, Kreide oder Overheadprojektor, Folienstifte

Für dieses Spiel, bei dem bestimmte biologische Begriffe erraten werden sollen, kann zuvor ein bestimmter Themenbereich eingegrenzt werden (Menschenkunde, Tierkunde, Pflanzenkunde, Säugetiere, ...).

Je nach ausgewähltem Thema denkt sich ein Schüler ein Tier, eine Pflanze oder auch Körperteile bestimmter Lebewesen (Organe, Gliedmaßen, ...) und schreibt den Namen auf die Rückseite der Tafel. Die Klasse soll den Begriff nun erraten. Sie kann hierzu höchstens 21 Fragen stellen, die nur so formuliert sein dürfen, dass eine Antwort mit „Ja" oder „Nein" möglich ist. Manchmal ist es ratsam, dass der Lehrer den Begriff anschaut und dem Schüler gegebenenfalls zu Hilfe kommt. Ein anderer Schüler zählt alle Fragen mit entsprechenden Strichen an der Tafel. Nach 17 Fragen macht er darauf aufmerksam: „Nur noch vier Fragen!" Hat ein Schüler den betreffenden Begriff vor oder mit der 21. Frage erraten, ist er der nächste, der sich einen Begriff ausdenken darf. Er kann aber auch einen anderen Schüler hierfür bestimmen. Wurde der Begriff mit 21 Fragen nicht gefunden, darf die Person, die sich den Begriff ausgedacht hat, noch einmal einen neuen Begriff erraten lassen.

Beispiel: Zu erratender Begriff: Falbkatze.
Ist es ein Säugetier? / Ja.
Lebt es auf dem Land? / Ja.
Ist es kleiner als ein Schäferhund? / Ja.
Ist es ein Pflanzenfresser? / Nein.
usw.
Wichtig ist, dass anfangs bestimmte Standardfragen notwendig sind, um den Begriffsbereich einzugrenzen. So sind beim Thema „Säugetiere" Fragen nach Pflanzen- oder Fleischfresser, Fortbewegung auf vier Beinen, Lebensraum usw. hilfreich. Fragen nach der Größe sollten auf bestimmte Standardobjekte bezogen werden (so groß wie eine Maus, ...). Verirren sich die Schüler in Fragen wie „Ist das Tier grau?", „Wird das Tier alt?" oder „Hat das Tier einen langen Hals?", kann die erste Runde sehr schnell vorbeigehen, ohne dass der Begriff erraten wurde. Hier kann der Lehrer bei Bedarf einige Tipps geben, sofern der Schüler, der den Begriff ausgewählt hat, einverstanden ist.

Bio-Montagsmaler **5–8**

Material: Overheadprojektor, Folienstifte (evtl. Folienrolle), Begriffsliste, Stoppuhr; alternativ: Tafel, Kreide
Die Klasse wird in zwei Gruppen eingeteilt. Jede Gruppe bestimmt vier oder fünf Schüler als ihre „Montagsmaler". Der Lehrer hat eine Liste von biologischen Begriffen vorbereitet, die gemalt werden sollen (am besten eignen sich Karteikarten). Man kann sich auf eine bestimmte Fachrichtung einigen oder ein bestimmtes Spezialgebiet herausgreifen.
Ein „Montagsmaler" beginnt nun und zeichnet den ersten Begriff, den der Lehrer ihm zeigt, möglichst schnell und deutlich auf die Folie. Die Klasse soll den Begriff nun während des Zeichnens möglichst schnell durch Zurufen erraten. Wird der Begriff innerhalb von 60 Sekunden (90, 120 Sekunden) erraten, bekommt die Gruppe einen Punkt. Beim Zeichnen auf der Tafel muss in der Regel mehr Zeit zur Verfügung gestellt werden. Dann versuchen die anderen „Montagsmaler" der ersten Gruppe nacheinander ihr Glück. Anschließend ist die andere Gruppe mit ihren „Bio-Malern" an der Reihe. Sieger ist die Gruppe, die zum Schluss die meisten Punkte hat.
Der Schwierigkeitsgrad sollte auf die Jahrgangsstufe abgestimmt sein. Am besten stellt man sich für verschiedene Themen und Jahrgangsstufen entsprechende Karten zusammen, die dann bei Bedarf zur Verfügung stehen.
Beispiele:
Thema Säugetiere: Affe, Braunbär, Dachs, Esel, Fuchs, Giraffe, Hase, Igel, Kamel, Löwe, Maus, Nashorn, Pferd, Reh, Schwein, Tiger, Ziege

Thema: Blütenpflanzen (Bäume): Ahorn, Distel, Eiche, Gänseblümchen, Iris, Klatschmohn, Löwenzahn, Maiglöckchen, Osterglocke, Palme, Rose, Sonnenblume

Variante: Es können auch Lebewesen gezeichnet werden, deren Namen sich aus zwei Wörtern zusammensetzen. Beide Begriffe müssen gemalt werden.

Beispiele: Löwen - zahn; Butter - blume; Zwerg - hase; Riesen - echse; Schnee - eule; Blind - schleiche; Meer - schweinchen; Fisch - otter; Löffel - hund; Haus - maus; See - löwe; Schwert - wal

Bio-Wörterkette **6–8**

Die Wörterkette wird aus zusammengesetzten Substantiven gebildet, die aber aus dem Bereich der Biologie stammen müssen. Der Lehrer beginnt mit dem ersten Wort und die Schüler müssen die Kette der Reihe nach fortsetzen. Hat der Schüler nach einer festgelegten Zeit (z. B. 10 Sekunden) kein Wort gefunden, scheidet er aus. Damit es richtig Spaß macht, muss das Spiel schnell gehen.

Beispiel: Butter - blume, Blumen - zwiebel, Zwiebel - haut, Haut - schuppen, Schuppen - tier, Tier - garten, Garten - bohne, Bohnen - kraut, ...

1. Variante: Der letzte Buchstabe des ersten Wortes ist der Anfangsbuchstabe des zweiten. Natürlich sind auch hier nur biologische Begriffe erlaubt.

Beispiel: Säugetiere: Affe – Elefant – Tiger – Rotfuchs – Schwein – Nashorn – Nerz – Zebra – Antilope – Esel – Luchs ...

2. Variante: Der letzte Buchstabe des ersten Wortes, das ein Tier bezeichnet, bildet den ersten Buchstaben einer Pflanze. Dann folgt wieder ein Tier usw.

Beispiel: Kängurukuh – Hasel – Luchs – Schneeglöckchen – Nasenaffe – Efeu – Uhu – Usambaraveilchen – Natter – Ringelblume – Esel ...

Mensch – Tier – Pflanze **5–8**

Material: Zettel

Dieses Spiel ist eine Abwandlung von „Stadt – Land – Fluss“ und kann auch in kleinen Gruppen gespielt werden. „Mensch“ steht für die Rubrik menschliche Organe oder Körperteile, die anderen beiden Begriffe für die Spalten Tier- und Pflanzennamen. Die Rubriken „Tier“ und „Pflanze“ können nach Absprache auch Teile von Tieren und Pflanzen einbeziehen. Der Lehrer (oder ein Schüler) gibt einen Buchstaben vor, indem er in Gedanken das Alphabet aufsagt und bei „Stopp“ den aktuellen Buchstaben nennt. Dann schreiben die Schüler so schnell wie möglich einen passenden Begriff mit diesem Anfangsbuchstaben in jede Spalte. Sobald der erste Schüler alle Spalten gefüllt hat, ruft er „Stopp“ und beendet damit die erste Runde. Anschließend werden die Punkte vergeben. Für einen richtigen Begriff gibt es jeweils einen Punkt. Wer ein Wort als Einziger hat, bekommt hierfür drei Punkte, bei nur zwei gleichen Nennungen gibt es zwei

Punkte. Es gewinnt die Person oder Gruppe, die am Schluss die meisten Punkte hat.

Bio-Wissensspiel **5–10**

Material: aufklappbare Tafel, Kreide

Bei diesem Frage-Antwort-Spiel muss die Auflösung möglichst schnell an der Tafel notiert werden. Zunächst wird ein Spielleiter bestimmt, der einen ziemlich „gefährlichen" Auftrag hat. Er muss dafür sorgen, dass die beiden Tafelseiten richtig aufgeklappt sind und an beiden Enden Kreide bereitliegt. Sobald eine Frage gestellt wurde, sollte er sich aus dem Tafelbereich entfernen, damit er nicht von den zuklappenden Tafelseiten verletzt wird! Die Klasse wird nun in zwei Gruppen aufgeteilt. Die Gruppe, die den zu erratenden Begriff als Erste lesbar auf die Rückseite der Tafel geschrieben hat (verdeckt) und dies durch schnelles Umklappen der Tafelseite präsentieren kann, bekommt einen Punkt. Der Lehrer (später auch findige Schüler) überlegt sich hierzu eine präzise Frage, die einen Sachverhalt aus der Biologie zum Gegenstand hat und möglichst mit einem Wort zu beantworten ist (Zahl, Name, ...). Die Gruppen beraten untereinander möglichst leise, wie die Antwort lauten könnte und ein oder mehrere Schüler laufen zur Tafel, um den Begriff anzuschreiben. Der Spielleiter entscheidet, welche Gruppe den Begriff zuerst lesbar präsentiert hat. Der Lehrer beurteilt, ob der Begriff sachlich richtig ist. Die Rechtschreibung sollte hier keine Rolle spielen, solange der Begriff eindeutig verständlich ist. Vereinbarungen wie „Zahlen müssen in Worten ausgeschrieben werden" oder „Namen und Fachbegriffe dürfen nicht abgekürzt werden" sind vorher zu treffen Außerdem sollte je nach Raumgestaltung rechtzeitig dafür gesorgt werden, dass die Schüler beim Zur-Tafel-Stürmen „freie Bahn" haben.

Beispiele:

Wie viele Zähne hat ein Erwachsener? / 32

Wie viele Rippen hat ein Mensch? / 24

Wie viele Beine hat eine Milbe? / 8

Wie heißt der größte Fußwurzelknochen beim Menschen? / Fersenbein

Was haben Wal, Fledermaus und Maulwurf gemeinsam? / Sie sind Säugetiere/Wirbeltiere

Ein Vogel, der genauso heißt wie eine Frucht? / Kiwi

Scherzfragen:

Ein Pferd, das nicht galoppieren und wiehern kann? / Seepferd/Heupferd

Eine Meise, die nicht fliegen kann? / Ameise

Eine Katze, die nicht miauen kann? / Meerkatze

Tierpantomime **5–8**

Bei diesem Spiel ohne Gewinner und Verlierer denkt sich ein Schüler ein Tier aus, das er pantomimisch darstellen möchte. Anschließend werden fünf Freiwillige vor die Tür geschickt. Der „Pantomime" stellt nun sein Tier pantomimisch vor und die Klasse versucht es zu erraten. Eventuell werden noch Verbesserungsvorschläge (leise!) angebracht, damit das Tier eindeutiger bestimmt werden kann. Ist die Vorführung perfekt, wird einer der vor der Tür stehenden Schüler in die Klasse hereingerufen. Er erhält den Auftrag, die Vorstellung des Pantomimen so genau wie möglich zu beobachten, um sie dann dem nächsten Schüler, der von draußen hereingerufen wird, vorzuspielen. Er darf dabei jedoch keine Vermutungen äußern, um welche Tierart es sich handelt. Der Reihe nach werden die nächsten Schüler hereingerufen um ebenfalls die Vorstellung des Vorgängers zu beobachten und schließlich nachzuspielen. Der Letzte schließlich muss die Vorstellung seines Vorgängers beobachten und versuchen, die Tierart zu bestimmen, dic hier dargestellt werden sollte. Das führt häufig – je nach Beobachtungsgabe und schauspielerischem Talent – zu recht lustigen Verwechslungen. Wichtig ist, den vorführenden Schülern genügend Zeit und Raum für ihre Darstellung zu geben.

Räuber-Beute-Spiel **5–8**

Dieses Spiel, das ebenfalls eine gute Beobachtungsgabe der Schüler voraussetzt, ist auch als „Detektiv-Spiel" bekannt. Die Schüler der Klasse sind die „Beute" eines gut getarnten „Räubers". Dieser „tötet" seine Beute durch Blicke und Zuzwinkern. Alle Schüler sitzen auf den Tischen. Sobald eine Person „getötet" wurde, setzt sie sich auf ihren Stuhl. Ein „Jäger" muss draußen vor der Tür warten, bis der Räuber ausgewählt wurde, um diesen dann zu identifizieren (fangen). Der Lehrer bestimmt den Räuber stumm durch Handzeichen, sodass alle wissen, wer sie durch Blicke „töten" kann. Dann wird der Jäger hereingerufen. Er muss nun durch gutes Beobachten herausfinden, wer der Räuber ist. Er darf dreimal raten. Hat er den Räuber beim dritten Mal nicht erraten oder sitzt die gesamte „Beute" bereits wieder auf ihren Stühlen, ehe der Räuber „gefangen" wurde, ist dieser der nächste Jäger. Hat der Jäger den Räuber rechtzeitig gefangen, darf er den nächsten Jäger bestimmen.

B Rätsel

5–10

Die meisten Rätsel können als Arbeitsblätter ausgeteilt und dann in Gruppen oder allein gelöst werden. Der Anreiz wird gesteigert durch ein angemessenes Punktesystem, das ja in einer Vertretungsstunde für Schüler ganz andere Bedeutung hat als im normalen Fachunterricht. Hier können auch stillere und belesene Schüler zeigen, wo ihre Stärken liegen.

Quiz: Tiere und Pflanzen von A bis Z

Die ausgewählten Tier- und Pflanzennamen gehören entweder zu recht selten vorkommenden Lebewesen oder zu solchen, die normalerweise unter anderem Namen bekannt sind. Viele fremdartig klingende Namen stammen aus den Herkunftsländern der Lebewesen, aus der Sprache der Einheimischen. Die Tiernamen sind auch geprägt durch die Laute, welche die Tiere von sich geben (z. B. „Arakanga", ein südamerikanischer Urwaldpapagei oder „Chi-hua-hua", ein mexikanischer Zwerghund). Zu jeder Frage gibt es zwei Antworten, wovon nur eine richtig ist. Für jede richtige Antwort gibt es einen Punkt. Je nach Jahrgangsstufe und Schwierigkeitsgrad, kann schon die Hälfte der Punktzahl ein großartiges Ergebnis sein.

Hier eine Auswahl, bei der abwechselnd nach Tier und Pflanze gefragt wird:

1. Was ist ein *Ai*?
   a) Dreifingerfaultier aus Südamerika
   b) Halbaffe von der Insel Madagaskar
2. Was ist eine *Akazie*?
   a) aus Afrika stammende Baumart
   b) aus Hinterindien stammendes Küchenkraut
3. Was ist ein *Barrakuda*?
   a) Zwergtaucher aus afrikanischen Seen
   b) gefährlicher, räuberischer Meeresfisch
4. Was ist *Beifuß*?
   einheimische Gewürzpflanze
   großblättrige Zierpflanze
5. Was ist ein *Cuandu*?
   a) baumbewohnendes Stachelschwein aus Amerika
   b) Laufvogel von Südamerika
6. Was sind *Coniferen*?
   a) Palmen in Afrika und Indien
   b) Nadelgehölze
7. Was ist ein *Dugong*?
   a) in Australien lebender Wildhund
   b) Seekuh, großes, Pflanzen fressendes Meeressäugetier
8. Was ist eine *Douglasie*?
   a) aus Amerika stammende Kiefer
   b) afrikanische Grasart

9. Was ist ein *Eierdieb*?
   a) Schienenechse aus Südamerika
   b) kleiner europäischer Baummarder
10. Was ist ein *Eisenhut*?
   a) Baumart der Mittelgebirge
   b) europäische Arzneipflanze
   usw.

Lösungen: 1/a, 2/a, 3/b, 4/a, 5/a, 6/b, 7/b, 8/a, 9/a, 10/b

Diese Auswahl zeigt die Vielfalt der Möglichkeiten, die in einem solchen Wissensquiz stecken. Natürlich neigen die Schüler bei diesem Zwei-Antworten-System dazu, die Antworten nach dem Zufallsprinzip anzukreuzen. Trotzdem können sie bei der anschließenden Auflösung des Rätsels doch einiges dazulernen. Eine Erweiterung auf drei Antworten verringert zwar die Chancen des Zufallstreffers, lässt Schüler aber leicht den Spaß am Rätseln verlieren. Denkbar sind auch reine Tier- oder Pflanzen-Rätsel, die nur ein bestimmtes (mehr bekanntes) Stoffgebiet umfassen. Erweitert werden kann die Rätselart auch durch Fragen nach Tier- oder Pflanzenorganen oder nach Teilen und Organen des Menschen. Geeignete Tier- und Pflanzennamen können dem folgenden Titel entnommen werden: Fachlexikon ABC Biologie. Frankfurt 1986.

Wusstet ihr schon? – Richtig oder falsch?

Bei diesem Quiz müssen die Schüler entscheiden, ob die folgenden Aussagen zutreffen oder nicht.

- *Auf der Insel Man in der irischen See wird eine schwanzlose Hauskatze gezüchtet.*
  Richtig: Auf dieser Insel werden tatsächlich Katzen gezüchtet, die man Man- oder Manx-Katzen nennt. Sie haben ungewöhnlich lange Hinterbeine und sind entweder völlig schwanzlos oder haben nur einen kurzen Stummelschwanz.
- *Der afrikanische Strauß steckt den Kopf in den Sand, wenn er sich bedroht fühlt.*
  Falsch: Wenn der Strauß bedroht wird, dann läuft er davon, so schnell er kann. Beim Brüten aber oder wenn er sich ausruht und nicht entdeckt werden will, dann drückt er sich flach nieder und streckt den Hals lang auf dem Boden aus. Im Steppengras ist er dann kaum auszumachen. Dieses Verhalten hat ihm vermutlich den Ruf eingetragen, er würde bei Gefahr den Kopf in den Sand stecken.
- *Der Vielfraß ist ein besonders gefräßiges Tier, das an Raubgier alle Raubtiere übertrifft.*
  Falsch: In seiner nordischen Heimat bewohnt er unwirtliche Gebirgsgegenden,

wo er „Fjellfräß", was „Felsenkatze" bedeutet, genannt wurde. Daraus wurde im Sprachgebrauch mit der Zeit der „Vielfraß". Die Hauptnahrung dieses „Bärenmarders" sind Lemminge, andere Nager und Kleintiere. Er ist ein recht geschickter Räuber, der den Tierfängern sogar die Beute aus den Fallen holt. Aus diesem Grunde und auch wegen seines wertvollen Pelzes wurde er rücksichtslos verfolgt.

- *Der Kampfstier wird durch rote Farbtöne und darum auch durch das rote Tuch des Stierkämpfers besonders gereizt und damit angriffslustig.*
  Falsch: Der Farbensinn des Stieres ist so schwach entwickelt, dass er Farbunterschiede nicht wahrnehmen kann. Was ihn zum Angriff reizt, ist nicht die rote Farbe, sondern das Wedeln und Flattern des Tuches, das der Stierkämpfer dicht vor dem Kopf des Kampfstieres schwingt. Die Zuschauer in der Arena wären allerdings bestimmt nicht einverstanden, wenn der Matador mit einem Bettlaken wedeln würde. So wird der Stier weiterhin rote Tücher angreifen, solange es Stierkämpfe gibt.
- *Eine tropische Kletterpflanze, die Würgerfeige, erdrückt im Laufe von vielen Jahren mit ihren Wurzeln ihren Wirtsbaum wie eine Boa constrictor.*
  Richtig: Die Pflanzengruppe der Würgerfeigen erstickt mit ihren Wurzeln den Wirtsbaum, bis er abstirbt. Vermodert am Ende dessen Stamm, steht die Würgerfeige allein da, wobei ihre Wurzeln einen bis zu 30 m hohen Zylinder bilden. Die Samen der Würgerfeigen entwickeln sich zunächst als reine Epiphyten in Spalten des Wirtsbaumes.
- *Auch auf dem europäischen Festland gibt es wild lebende Affen.*
  Richtig: Auf den Felsen von Gibraltar an der Südspitze Spaniens lebt die einzige wilde, oder besser halbwilde Affenherde Europas. Es sind einige Dutzend Magots oder Berberaffen, die auch auf dem afrikanischen Kontinent jenseits von Gibraltar vorkommen. Vermutlich wären sie längst aus Europa verschwunden, wenn nicht ein alter Aberglaube für ihr Bleiben gesorgt hätte. Nach einer Überlieferung sollen die Engländer, die in Gibraltar einen Militärstützpunkt besitzen, nur so lange dort verbleiben können, solange sich auch die Affen auf dem Felsen von Gibraltar aufhalten. Darum wurde von den Engländern auch immer „Nachschub" an Affen aus Nordafrika geholt, sobald der Bestand der Herde bedrohlich zusammenschrumpfte. Trotz ihres freien Daseins haben sich die Gibraltaraffen natürlich längst an die Menschen gewöhnt. Sie werden regelmäßig von den englischen Soldaten gefüttert und von den Touristen fotografiert. Dabei kommt es schon mal vor, dass das Reisegepäck der Besucher ausgeplündert und die Beute, soweit nicht essbar (Kameras, Brillen, Ferngläser ...), über die Felsklippen ins Meer geworfen wird.
- *Es gibt in Polynesien einen über 13 m hohen Brennnesselbaum, dessen Gift tödlich ist.*

Falsch: Den Brennnesselbaum gibt es, sein Gift ist aber im Gegensatz zu anderen tropischen Brennnesselgewächsen (Urticaceae) nicht tödlich. Die Nesselhaare der großen, herzförmigen Blätter verursachen ein lang andauerndes Brennen, was vor allem Tiere davon abhält, die saftigen und nahrhaften Pflanzenteile zu verspeisen.

- *Es gibt Singvögel, die auf dem Grund seichter Gewässer umherlaufen, um unter Wasser nach Insekten zu suchen.*
  Richtig: Die Wasseramsel (Wasserschmätzer oder Wasserstar) taucht auf der Suche nach Insekten unter und läuft dann unter dem Wasserspiegel umher. Die selten gewordene Wasseramsel trifft man bei uns an klaren, rasch fließenden Gewässern, vor allem an Gebirgsbächen.
- *Es gibt in Australien eine Fleisch fressende Pflanze, die sogar Kaninchen und Eichhörnchen fangen und verzehren kann.*
  Richtig: Byblis, eine australische Verwandte unseres einheimischen Sonnentaus, besitzt über 60 cm lange Blätter mit Drüsenhaaren, mit denen sie vor allem Frösche und Eidechsen fängt. Wenn sie dicht beisammen wachsen, können sie auch größere Tiere wie Kaninchen und Eichhörnchen festhalten und töten.
- *Ein Tausendfüßler hat mindestens 500 Beinpaare.*
  Falsch: Ein Tausendfüßler hat maximal 278 Beinpaare, was aber im Tierreich trotzdem die absolute Rekordgrenze darstellt.
- *Katzen, Füchse und andere nächtlich jagende Tiere können in der Nacht deshalb so gut sehen, weil ihre Augen leuchten.*
  Falsch: Bei völliger Dunkelheit können auch Katzen und andere Nachttiere nichts sehen. Aber die Pupillen ihrer Augen weiten sich im Dunkeln so stark, dass sie auch noch den geringsten Lichtschimmer einfangen können. Darum sehen diese Tiere nachts besser als Tagtiere und Menschen. Die leuchtende Wirkung der Augen entsteht dadurch, dass in das Nachttierauge eine Schicht reflektierender Teilchen eingelagert ist, die wie die Reflektoren an Fahrrädern oder Autos das einfallende Licht zurückwerfen. Fällt kein Licht in die Augen der Nachttiere, leuchten sie auch nicht.
- *Es gibt in Australien eine drei Meter lange fingerdicke „Regenwurmschlange".*
  Richtig: Diese Wurmart gibt es tatsächlich, sie wurde beim Straßenbau in Australien entdeckt. Neben diesen australischen „Riesenregenwürmern" gibt es in den südamerikanischen Tropen ebenfalls meterlange, himmelblaue Würmer mit gelben Tupfen.
- *Die sehr giftige und gefährliche Kobra tanzt nach der Musik des Schlangenbeschwörers, weil sie ein besonders feines Gehör hat.*
  Falsch: Sie ist – wie alle Schlangen – nahezu taub. Sie hat aber einen sehr feinen Sinn für die leiseste Erschütterung in ihrer Umgebung. Der Schlangen-

beschwörer weiß das und klopft mit der Fußspitze leise den Takt zu den Flötentönen, was für die Zuschauer ganz selbstverständlich wirkt. Hierdurch wird aber die Schlange beunruhigt und kommt aus dem Korb, richtet sich mit gespreiztem Nacken steil auf und fasst ihr Gegenüber starr ins Auge. Wenn dann der Schlangenbeschwörer zu den Klängen seiner Musik mit dem Oberkörper hin- und herpendelt, folgt die Schlange automatisch diesen Bewegungen. Das ist der Grund, warum die Kobra besonders gut „nach der Musik" tanzt.

- *Nur die Weibchen der Kleidermotte fressen Löcher in die Wolle.*
  Falsch: Nur die Raupen fressen Wolle und andere organische Textilien. Die erwachsenen Motten haben verkümmerte Mundwerkzeuge und können damit keine feste Nahrung aufnehmen. Dafür sind die Raupen, die aus den Eiern der Kleidermotte schlüpfen, umso gefräßiger. Wer also Mottenfraß verhindern will, muss dafür sorgen, dass die Mottenweibchen keine Eier in die Textilien legen.
- *Es gibt Pflanzen oberhalb der Baumgrenze, die im ewigen Eis über 4000 m Höhe wachsen.*
  Richtig: Eine Form der Grünalge, die Chlorella, wurde bei einer Himalaya-Expedition im Gletschereis entdeckt. Hier kann sie bei konstant tiefen Temperaturen unter 0 °C überleben.

Teekesselchen

Dieses Spiel, dessen Spielregeln meist allgemein bekannt sind, wird am besten in kleinen Gruppen gespielt. Es wird ein Wort gesucht, das (mindestens) zwei Bedeutungen hat. In unserem speziellen Fall muss es ein Wort sein, das wenigstens eine biologische Bedeutung hat. Zwei Schüler vertreten jeweils eine Bedeutung gegenüber den anderen Gruppenmitgliedern, indem sie es umschreiben, ohne den Namen zu nennen.

Beispiel: Das Teekesselchen lautet Iris (Blume und Frauenname).
A: Mein Teekesselchen gehört zur Natur.
B: Mein Teekesselchen wird von Menschen gemacht.
A: Mein Teekesselchen ist sehr schön.
B: Mein Teekesselchen ist auch sehr schön.
usw.

Weitere Beispiele für „Teekesselchen":
Sekretär: Vogel und Möbelstück/Beruf
Fuchsschwanz: Schwanz des Fuchses und Werkzeug
Fingerhut: Pflanze und Nähwerkzeug
Löwenzahn: Zahn des Löwen und Blume
Kaiserkrone: Krone des Kaisers und Blume
Seerose: Korallentier und Teichpflanze

Das Guiness-Buch der Tiere

Hier gibt es zahlreiche Möglichkeiten, die Rekorde der Tiere in Spielen oder Rätseln zu verarbeiten.

1. Möglichkeit: „Wer ist der größte – schwerste – längste ...?“

- Entweder als freies Ratespiel,
- als Ratespiel mit Hilfestellung (z. B. der Anfangsbuchstabe wird angegeben)
- oder als Rätsel mit drei Antwortmöglichkeiten.

Beispiel-Fragen:

Wie heißt das größte und schwerste Landtier? (Afrikanischer Elefant)
Wie heißt die größte ungiftige Schlange? (Anakonda)
Wie heißt die längste Giftnatter? (Königskobra)
Wie heißt das größte Säugetier? (Blauwal)
usw.

2. Möglichkeit: „Wie lang – groß – alt ...?“

- Entweder als freies Ratespiel (meist zu schwer, da die Daten kaum verfügbar sind),
- als Rätsel mit drei Antwortmöglichkeiten
- oder als Quartett-Spiel (kann von den Schülern angefertigt werden).

Beispiel-Fragen:

Wie viel Beine hat ein Tausendfüßler höchstens? (278)
Wie viel wiegt ein Kolibri? (0,002 kg)
Wie viel wiegt ein Blauwal? (bis zu 100 000 kg)
Wie lang ist das größte Säugetier, der Blauwal? (bis 30 m)
usw.

Weitere Angaben zu den Rekorddaten von Tieren findet man im Buch:
Flindt, R.: Biologie in Zahlen. Stuttgart 1988.

Silbenrätsel

a - al - bär - bel - da - di - du - eis - ga - ge - gu - kän - kitz - kon- le - li - ma - na - nan - no - o - pard - pir - pu - rang - reh - rie - rier - ru - sau - schna -schol - schuh - sen - tan - tor - u

1. das schnellste Raubtier
2. größtes bekanntes Beuteltier
3. langhaariger Menschenaffe
4. platter Nordseefisch
5. Storchenart mit breitem Schnabel
6. arktisches Raubtier
7. Jungtier der Rehe
8. Silber- oder Berglöwe
9. Krokodil in Amerika

10. Laufvogel in Südamerika
11. ausgestorbene Riesenechsen
12. größte ungiftige Schlange

Die Anfangsbuchstaben der Lösungswörter ergeben das Wappentier des WWF (World Wildlife Fund), den Bambusbär.

Lösungen: 1. Gepard, 2. Riesenkänguru, 3. Orang-Utan, 4. Scholle, 5. Schuhschnabel, 6. Eisbär, 7. Rehkitz, 8. Puma, 9. Alligator, 10. Nandu, 11. Dinosaurier, 12. Anakonda; (Großer Panda)

C Basteln und Experimentieren

Biologiestunden, in denen die Schüler sich auch manuell betätigen, kommen ihrem starken Bedürfnis nach Kreativität sehr entgegen. Spontan lassen sich Vertretungsstunden, in denen gebastelt oder experimentiert wird, allerdings kaum durchführen. Es bedarf eines entsprechenden Fundus an Materialien und Anleitungen in der Biologiesammlung, in dem sich z. B. Papier, Pappe, Scheren, Stifte und die Vorlagen für optische Täuschungen befinden. Auch ein guter Kontakt zu den Werk- und Kunstlehrern kann sich hier als sehr hilfreich erweisen.

Thema: Fliegen **5–7**

Material: DIN-A5-Blatt, Bleistift

- *Wie funktioniert ein Vogelflügel?*

  Von der schmalen Seiten eines Blattes (DIN A5) werden einige Zentimeter um einen Bleistift gewickelt. Dann hält man den Stift mit dem Papier vor den Mund und bläst kräftig dagegen, einmal von oben über die gewölbte Oberseite und einmal von unten. Die Schüler schildern ihre Beobachtungen. Es wird schnell das Phänomen des Auftriebs deutlich.

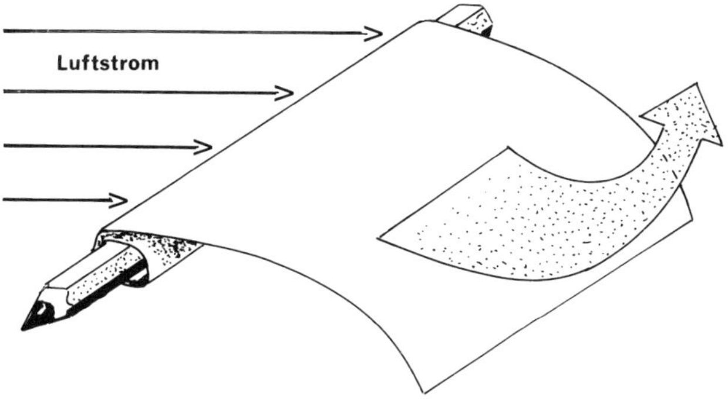

- *Papierflieger falten*
  Dasselbe Blatt kann von Schülern weiter zum Bau eines Papierfliegers verwendet werden. Hier gibt es zahlreiche Möglichkeiten der Konstruktion.

Man sollte den Schülern Gelegenheit bieten, ihre Konstruktionen zu vergleichen. Bei entsprechenden Flugversuchen im Raum oder in einem Flur kann die Flugbahn beobachtet und anschließend analysiert werden. Hier kann auch die Frage erörtert werden, welche dieser Konstruktionen in der Natur oder in der Technik realisiert sind bzw. nicht realisiert werden können.

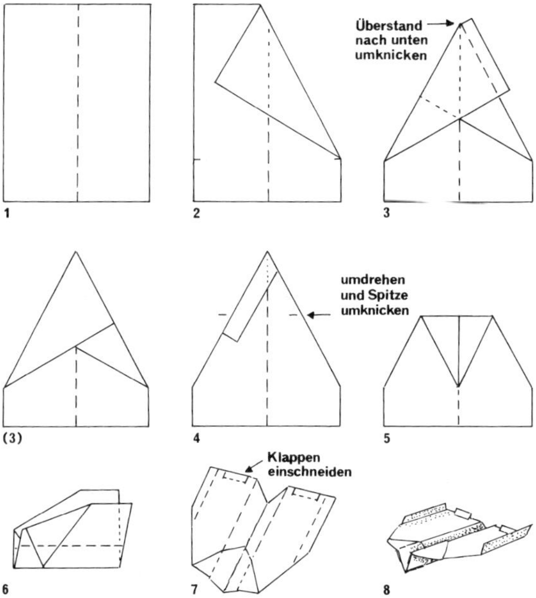

Langsamer Papierflieger

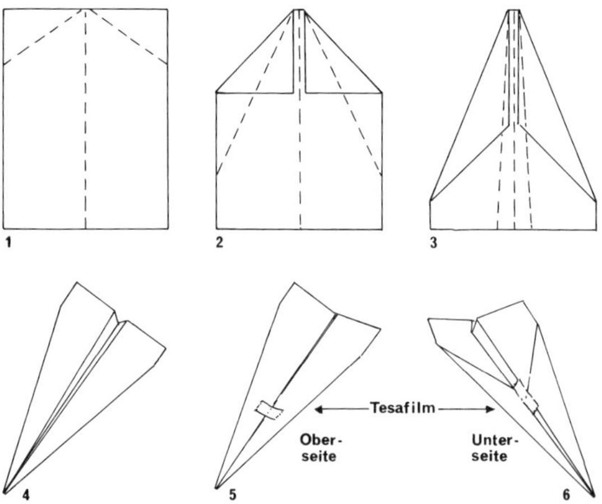

Schneller Papierflieger

- *Luftgleiter*
  Material: DIN-A4-Papier (unterschiedlich dick), Büroklammern, Schere
  Konstruktion: Das Papier einmal in der Mitte längs falten und an jedes Ende oberhalb des Falzes eine Büroklammer stecken. Die Hälften nach außen und unten biegen. Dann die Enden mit einer oder mehreren Klammern am vorderen Ende zusammengeheften.
  Variieren kann man die Konstruktionen durch unterschiedlich starkes Papier, unterschiedliche Anzahl der Klammern oder durch Löcher oder Schlitze im Papier. Die Schüler sollten ausprobieren, welches Modell die längste Flugbahn hat, wenn man es z. B. aus einer Höhe von 1,5 m fallen lässt. Auch hier können die Schüler überlegen, welche Konstruktionen in der Natur ihren Modellen entsprechen (Flugsamen, Flugfrüchte).

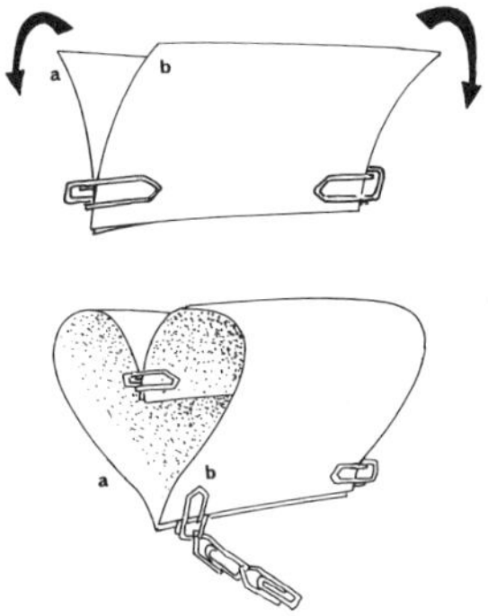

Thema: Fantasietiere **5–8**

- *Gab es sie, gibt es sie oder sind sie frei erfunden?*
  Material: Papier oder Malblock, Farbstifte oder Farbkasten, evtl. ein Biologie-Lexikon zum Nachschlagen
  Man schreibt eine Liste von Tieren untereinander an die Tafel, welche die Schüler in drei Gruppen einordnen: heute lebendes Tier, ausgestorbenes Tier und Fabeltier (z. B. durch Kennzeichnen mit farbiger Kreide). Dann suchen sich die Schüler jeweils ein Tier aus einer Gruppe heraus und malen dazu ein Bild, wobei der Fantasie keine Grenzen gesetzt sind.
  Beispiel-Liste:
  Stegosaurier, Faultier, Mammut, Narwal, Riesenkrake, Phönix, Wandertaube, Säbelzahntiger, Karakal, Schnabeltier, Tukan, Dodo, Ur, Drache, Flugfuchs, Pterodactylus, Zentaur, Nixe, Quastenflosser, Einhorn, Greif, Moa, Drachenkopf, Triceratops
- *Insekten erfinden*
  Material: Papier oder Malblock, Farbstifte oder Farbkasten
  Zunächst muss mit den Schülern geklärt werden, was ein „typisches" Insekt haben muss:
  – einen *Kopf* mit Mundwerkzeugen, Augen und Fühlern,
  – ein *Bruststück* mit zwei Flügelpaaren und sechs Beinen
  – und einen *Hinterleib*, der z. B. einen Stachelapparat mit Giftdrüsen oder einen Eierlegestachel enthalten kann.

Die Schüler sollen nun eine große und detaillierte Zeichnung von einem Fantasie-Insekt machen, das aber die oben genannten typischen Insektenmerkmale besitzt. Sie sollten sich dazu einen passenden Namen ausdenken und notieren, wo und wie es lebt und wie es sich ernährt. Dann kann jeder Schüler sein Insekt vorstellen und die anderen begutachten die Entwürfe. Die besten Bilder können ausgestellt werden. Wenn genügend Tonpapier, Papprollen und Pfeifendraht zur Verfügung steht, können die Schüler auch Fantasie-Insekten basteln.

- *Fantasietiere frei erfinden*

  Da viele Schüler gerne malen, bietet es sich an, auch andere Arten von Fantasietiere erfinden zu lassen. Hier einige Möglichkeiten:
  - ein „Multitalent-Tier", also ein Tier, das fliegen, laufen, hüpfen, graben, klettern und schwimmen kann,
  - ein „Ideal-Haustier", das z.B. Staub saugen, Fenster putzen und kochen kann,
  - oder ein „Rekord-Tier", das auf irgendeinem Gebiet den Weltrekord hält, z. B. im Laufen, Schwimmen oder Eierlegen.

Thema: Optische Täuschungen **8–11**

Material: Vorlagen zur optischen Täuschung (siehe Skizzen), Millimeterpapier, Lineal, Bleistift

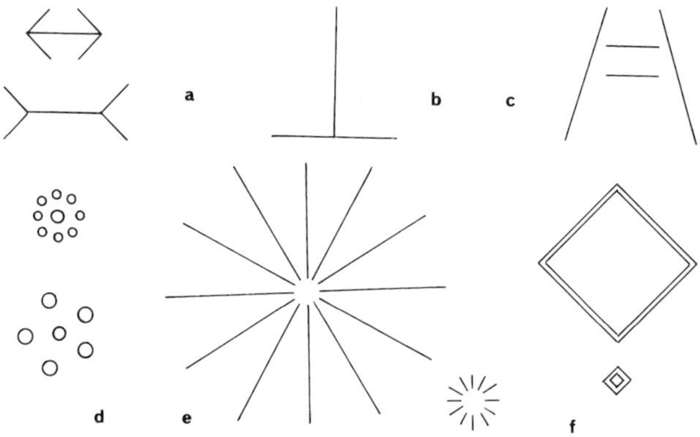

a) Müller-Lyer-Täuschung: Die beiden Mittelbalken erscheinen verschieden lang.
b) Fick'sche Täuschung: Die ungeteilte (vertikale) Gerade scheint länger zu sein als die geteilte (horizontale).
c) Ponzo'sche Täuschung: Die parallelen Geraden sind scheinbar verschieden lang.

d) Titchener-Täuschung: Die Kreise in der Mitte scheinen verschieden groß zu sein.
e) Strahlen-Täuschung: Die frei gelassenen Flächen in der Mitte scheinen verschieden groß zu sein. Außerdem erkennt man eine scheinbare Kontur: Die beiden Flächen in der Mitte sehen wie runde, nach außen begrenzte Scheiben aus, obwohl sie objektiv nicht begrenzt sind, und sie wirken etwas heller als die Umgebung.
f) Strichdickentäuschung: Die Umgrenzung des kleinen Quadrats erscheint dicker als die des großen.

Die Präsentation der Zeichnungen, die optische Täuschungen bewirken, kann mit einer Folie auf dem Overheadprojektor erfolgen. Diese Phänomene sind seit langem Gegenstand wissenschaftlicher Forschung, trotzdem kann nicht jede Täuschung befriedigend erklärt werden. Sie sind auf jeden Fall darauf zurückzuführen, dass wir nicht mit dem Auge als optischem Apparat, sondern mit dem Gehirn sehen.
Zunächst werden die Figuren betrachtet und die Schüler erklären kurz, was sie wahrnehmen. Dann sollten sie einzelne Figuren auswählen und auf Millimeterpapier übertragen. Die Figuren können nun beliebig variiert werden. Man kann z. B. das Ausmaß der Täuschung messen, indem man die Figuren so ändert, dass sie „richtig" aussehen und dann die Größe der notwendigen Korrektur bestimmt.
Beispiel: Müller-Lyer-Täuschung – Man verändert den Abstand zwischen den Pfeilen so, dass sie gleich lang erscheinen.
Erweitern kann man die Täuschung, indem man versucht, die Figuren perspektivisch zu interpretieren. Bei der perspektivischen Betrachtung wird gewöhnlich eine Größenkorrektur vorgenommen, und damit ist ein anderes Ergebnis als bei der zweidimensionalen Betrachtung zu erwarten.
Beispiel: Müller-Lyer-Täuschung – Der Doppelpfeil kann den Konturen eines Kastens gleichen, auf dessen Kante man von außen schaut. Das Doppel-Y entspricht den Konturen einer von innen betrachteten Zimmerdecke.
Angeregt durch die Vorlagen können die Schüler nun versuchen, selbstständig neue Figuren zu entwickeln, die optische Täuschungen hervorrufen.

Thema: Unser Schulgelände **5–8**
Sofern das Wetter es zulässt, bietet sich eigentlich zu jeder Jahreszeit an, das Schulgelände unter bestimmten Fragestellungen zu untersuchen.
- *Welche Pflanzen wachsen auf unserem Schulgelände?*
  Material: Pflanzenbestimmungsbücher, Lupen, Pinzetten
  Diese Untersuchung kann nur dann durchgeführt werden, wenn auf dem Schulgelände genügend blühende Pflanzen vorhanden sind. Die Schüler su-

chen sich in Gruppen drei bis fünf verschiedene Blütenpflanzen und bringen sie mit in den Klassen-/Biologieraum. Dann werden die Pflanzen bestimmt und die wesentlichen Kennzeichen notiert. Jede Gruppe stellt anschließend ihre Pflanzen vor.

- *Welche Tiere gibt es auf unserem Schulgelände?*
  Material: Tierbestimmungsbücher, Lupen, Pinzetten, evtl. Fernglas, Kescher
  Hier sollte man sich auf eine Tiergruppe beschränken: entweder auf Wirbeltiere, insbesondere Vögel, oder Wirbellose, also vor allem Glieder- und Weichtiere. Insekten oder andere Gliedertiere können von den Schülern in Gruppen vorsichtig gefangen und anschließend genauer untersucht und bestimmt werden. Die wesentlichen Kennzeichen der Tiere werden notiert und schließlich den anderen Gruppen vorgestellt. Danach werden die Tiere wieder in die Freiheit entlassen.
- *Wir machen eine Müll-Collage*
  Material: Müll, Pappkarton, Stifte, Klebstoff, Gummihandschuhe, Tiegelzangen
  Mit Handschuhen und Zangen „bewaffnet" schwärmen die Schüler für zehn Minuten aus und bringen alles, was sie an Abfall auf dem Schulgelände finden, mit in den Klassen-/Biologieraum. Hieraus wird nun eine Collage entworfen und auf einen Pappkarton geklebt. Ein Hinweisschild erklärt das Zustandekommen der Collage. Sie wird an einem für alle gut sichtbaren Platz ausgestellt und kann dann – zusammen mit folgenden Collagen – sehr gut zum besseren Sauberhalten des Schulgeländes beitragen.

Literatur

Fachlexikon ABC Biologie. Frankfurt 1986
Flindt, R.: Biologie in Zahlen. Stuttgart 1988
Jüdes, U., Frey, K.: Biologie in Projekten. Köln 1994
Ward, A.: Irre Seiten Naturwissenschaften. Mülheim 1992
Grzimeks Tierleben. München 1993

Brigitte Engelhardt

14 Fächerverbindender Unterricht

Fächerübergreifendes Lernen kann in den laufenden Unterricht eingebunden oder im Rahmen von Projekttagen realisiert werden.
Voraussetzungen hierfür sind:
- gemeinsame Planung der Inhalte und Methoden mit dem Lehrer des anderen Faches,
- Überprüfung der Übereinstimmung mit den Rahmenrichtlinien der Fächer,
- Klärung organisatorischer Voraussetzungen (Exkursionstermin, Teamteaching, gemeinsame Unterrichtsstunden ...).

Für die Schüler bedeutet die Verbindung von Inhalten und Methoden zweier (oder mehrerer) Fächer
- eine stärkere Motivation für die Thematik,
- das Kennenlernen von Querbezügen und Vernetzungen zwischen scheinbar getrennten Fachbereichen,
- mehr Transparenz von Unterricht und Unterrichtszielen,
- das Erwerben gleicher Fähigkeiten und Fertigkeiten in verschiedenen Zusammenhängen,
- das Erlernen von Methodenkompetenz (vernetztes Denken).

Aus der Fülle möglicher Themen werden im Folgenden einige Beispiele vorgestellt.

A Biologie – Deutsch

Tiere in Literatur und Realität: Katze und Rabe **5–6**

Beispiel: Michael Ende: Der satanarchäolügenialkohöllische Wunschpunsch. Stuttgart (Thienemann) 1989

Im Deutschunterricht wird das mystisch-magische Märchenbuch um den Zauberer, die Katze und den Raben gelesen. Die Geschichte, die Beschreibung der Personen und die Darstellung der Tiere stehen hier im Mittelpunkt. Ausschnitte des Märchens eignen sich auch für eine Bühnenaufführung.

Im Biologieunterricht wird überprüft, inwieweit die Darstellungen der Tiere – hier besonders deren Wesensart – der biologischen Realität entsprechen.

Die folgende Tabelle verweist auf Stellen im Buch, an denen Verhaltensweisen bzw. Eigenschaften der Tiere beschrieben werden.

Seite	Katze	Rabe
20	Sinnesorgane: gute Augen – gute Ohren	
27	„Das Katzenzimmer“, Verhalten: Krallen schärfen – spielen – putzen	
31	Kehle darbieten	
34	Gesicht mit den Pfoten „waschen“	
44	Vogelfresser	äußere Gestalt
45	Umherschleichen	
46		Begriff „Unglücksrabe“
47	Abwehrverhalten	Bürzel
54	Fell sträuben – Ohren anlegen – fauchen natürliche Feinde	natürliche Feinde
55		am Kopf kratzen
58	Sprache	Sprache
108	Pfoten	Krallen
132		Fortpflanzung: Nistplatz
134		Sprache
233	natürliche Feinde	Rabennest – Rabeneltern natürliche Feinde

Tiere in Literatur und Realität: Der Wolf **5–6**

Beispiel: Susanne Kronenberg: Kein Land für Luna. Stuttgart (Franckh-Kosmos) 1993

Themen im Deutschunterricht:

- Sprach- und Stilanalyse,
- Beschreibung der Beziehung von Wolf und Mensch,
- Darstellung des Wolfs.

Themen und Aktivitäten im Biologieunterricht:
- Ist die Tierbeschreibung biologisch richtig?
- Was erfährt man über die Beziehung zwischen Tier und Mensch?
- Besuch im Zoo (Beobachtung von Wölfen),
- Weiterführung der Thematik: Wolf und Haustier Hund.

Die nachfolgende Tabelle kann als Orientierungshilfe bei der Buchanalyse dienen:

Seite	Zur Biologie des Wolfes
10	Fellfarbe
16	Gebiss
20	Beutefang-Verhalten: Beute in Sicherheit bringen
21	Sozialverhalten: Schnauze lecken
58	Nahrung
59	Beutefang-Verhalten: Kehlenbiss – Aufreißen – Vergraben
66	Beute: Kaninchen, Hasen, Rehe
82	Hund und Wolf
97	Heulen
98/99	Hund und Wolf: Kampf
110	Wolfsspuren

Bohne & Co. – aufs Korn genommen **5–6**

Ein Schwerpunkt des Aufsatzunterrichts in den Klassen 5 und 6 ist das genaue und sprachlich angemessene Beschreiben von Gegenständen und Vorgängen. Für das hier vorgestellte Unterrichtsvorhaben wurden dazu Aufgabenstellungen aus dem Bereich der Natur gewählt, die zeitgleich im Biologieunterricht behandelt werden:

Die Themen im Biologieunterricht:
- Fortpflanzung der Samenpflanzen – Aufbau der Früchte.
- Das „Schicksal" einiger Samenkörner: Mehl, Kaffee, Kakao.
- Prominente und exotische Früchte: Apfel, Orange, Kirsche, Kiwi, Banane ...
- Tee – ein Getränk aus Blättern. (Methoden des Aufbrühens; Veränderung von Geschmack und Aussehen bei unterschiedlich langen Aufbrühzeiten, bei Zu-

gabe von Zitrone, Zucker und Milch; Untersuchungen zur Reaktionszeit und Konzentrationsfähigkeit nach dem Genuss unterschiedlich lang aufgebrühten Tees ...)

Die Themen im Deutschunterricht:
- Gegenstandsbeschreibung: Früchte.
- Vorgangsbeschreibung: Fruchtsaft herstellen, Kaffee kochen, Tee aufbrühen ...
- Verfassen von Texten für die Dokumentationsbroschüre „Bohne & Co. – aufs Korn genommen". (Themenvorschläge: Abwarten und Teetrinken – Früchteporträt – Rezepte (Eiskaffee) – Textauszug aus der „Kaffeekantate" von J. S. Bach – Was ist Müsli? – Der Kaffeebaum und seine Früchte – Rollenspiel: Gespräch zwischen Kaffee- und Kakaobohne ...)

Dokumentation:
Am Ende der fächerübergreifenden Erkundung werden die im Unterricht erarbeiteten Inhalte in einer Ausstellung dokumentiert, die im Rahmen eines gemeinsamen Korn- und Früchtefrühstücks (evtl. mit Eltern, auch als Abschlussveranstaltung von Projekttagen) gezeigt wird. Bei dieser Gelegenheit kann auch die Broschüre weitere Abnehmer finden.

B Biologie – Erdkunde

Gewürzpflanzen und ihre Herkunft 5–6

Lernen und begreifen mit möglichst vielen „Eingangskanälen", die Sinne im Unterricht bewusst einsetzen: Das Thema Gewürze bietet hierfür Gelegenheit. Im Fach Biologie werden die zum Teil exotischen Gewürze im Rahmen des Themenbereichs Pflanzen behandelt, im Fach Erdkunde lernen die Schüler die Länder kennen, aus denen die Gewürze stammen.

Erarbeitung im Biologieunterricht:
Proben der Gewürze werden in kleine nummerierte Gefäße gefüllt. Die Schüler erhalten Zahnstocher, mit denen sie Proben der Gewürze entnehmen und probieren können. Handlupen dienen zur genaueren Untersuchung der Pflanzenteile.
- Um welchen Teil der Pflanze handelt es sich bei dem Gewürz?
- Wie riecht es?
- Wie schmeckt es?
- Wer kennt den Namen der Pflanze?

Erarbeitung im Erdkundeunterricht:
Nach der biologischen Erarbeitung beginnt die Erkundung im Atlas:
- Wo liegen die Länder, aus denen die Gewürze stammen (z. B. Eintragung der Länder in eine „leere" Weltkarte) ?
- Welches Klima herrscht dort?

Gewürz	**verwendeter Pflanzenteil**	**Herkunft**
Knoblauch	Zwiebel	Asien
Dill	ganze Pflanze	Iran
Kümmel	Früchte	Europa
Zimt	Rinde	Brasilien
Lorbeer	Blätter	Mittelmeerraum
Muskat	Samenkern	Sumatra
Vanille	Früchte	Mexiko
Kapern	Blütenknospen	Mittelmeerraum
Nelken	Blütenknospen	Madagaskar
Pfeffer	Früchte	Indien
Cayenne-pfeffer	Früchte	Kolumbien
Ingwer	Wurzel	China

Das Thema lässt sich erweitern durch die Suche nach Rezepten, die die jeweiligen Gewürze enthalten (eventuell auch zusammen mit dem Deutschunterricht).

C Biologie – Sport

Aktives Sitzen 5–7

Gesundheitserziehung und die Vorbeugung von Haltungsschäden sind verbindende Elemente der Fächer Biologie und Sport. Knochengerüst, Knochenbau, Gelenke, Muskeln und Bewegung sind inhaltliche Aspekte des Anfangsunterrichts Biologie.

Inhalte des Biologieunterrichts:

- Das Skelett des Menschen: Die Wirbelsäule.
- Die Form der Wirbelsäule.
- Wirbel und Bandscheibe.
- Nährstoffversorgung der Bandscheibe.
- Belastung der Wirbelsäule.
- Sitzplatz-Check: Wie gut sind die Stühle im Klassenzimmer?

Hier ein Beispiel eines Arbeitsblattes für den „Sitzplatz-Check“:

Sitzt du richtig?
– Eine Checkliste –

Ein paar Zahlen von dir:

Alter: ________ Größe: ________ Beinlänge: ________

Die Sitzhöhe
Berühren beide Füße den Boden?
ja ❑ nein ❑

Sind die Kniegelenke rechtwinklig gebeugt?
ja ❑ nein ❑

Miss die Sitzhöhe: ___________ cm

Die Sitztiefe
Berühren Kniekehle und Unterseite des Oberschenkels die vordere Kante des Stuhls?
ja ❑ nein ❑

Die Lehne
Stützt die Stuhllehne den Rücken beim Sitzen ab?
ja ❑ nein ❑

Die Tischhöhe
Miss die Tischhöhe: ___________ cm

Die Beinfreiheit
Miss den Abstand zwischen Knie und Tischplatte: ________________ cm

Die Ellenbogen
Lege beide Hände auf den Tisch. Befinden sich die Ellenbogen oberhalb der Tischplatte?
ja ❑ nein ❑

Die Inhalte im Sportunterricht:
- Bewegungsübungen zur Wirbelsäule.
- Wie hebt man eine Last richtig?
- Entlastung der Bandscheiben.
- Übungen mit dem Sitzball.

Um den gesundheitserzieherischen Aspekt dieses Unterrichtsvorhabens zu verstärken und kompetente Partner hierfür zu gewinnen, sind örtliche Krankenkassen, das Gesundheitsamt und Ärzte geeignete Ansprechpartner. Oft unterstützen Krankenkassen den Kauf von Sitzbällen für eine Schulklasse.

D Biologie – Kunst

Zahlreiche Themen lassen sich im Biologie- und Kunstunterricht vernetzt behandeln. Die folgende Übersicht nennt einige Beispiele.

9–10

Themen: Biologie	**Themen: Kunst**
Isolation von Naturfarben	Aquarellieren mit Naturfarben
Trennung organischer Substanzen durch Chromatografie Farbe: – Komplementärfarben – Farbwirkung	Collage: Chromatografie-Bild Farbeinsatz in der Kunst
Wahrnehmung: – Hermann'sches Gitter – Camera obscura – Aufbau des menschlichen Auges – laterale Hemmung (Kontrastverstärkung)	Wie wirklich ist die Wirklichkeit? – Optische Täuschung (z. B. in Bildern von M. C. Escher) – Fehlfarben-Bilder (z. B. grünes Spiegelei) – Erstellung von Werken mit optischen Täuschungen
Papier: – Aufbau – Zellulose – Recycling	Papier schöpfen, Objekte einarbeiten und bemalen

Am Beispiel der *Naturfarben* und des *Papiers* soll die Vorgehensweise exemplarisch einmal mehr aus der Sicht der Biologie und einmal mehr aus der Sicht der Kunst dargestellt werden.

Naturfarben

Biologie: Isolation von Naturfarben

Material: Pflanzenmaterial, destilliertes Wasser, Kochsalz, Alaunsalz, Kupfersalz (Kupfersulfat), Bechergläser (400 ml), braune Glasflaschen, Mixer, Messer, Brenner, Ceranplatte, Mulltuch, Sieb

- Isolation aus Früchten und Beeren (Johannisbeeren, Blaubeeren, Holunderbeeren, Brombeeren ...):
  - Früchte waschen.
  - Becherglas zu einem Drittel mit Früchten füllen.
  - Wasser zugeben bis die Früchte bedeckt sind.
  - Früchte gut zerkleinern (Mixer).
  - Früchtemasse kochen (mindestens 20 Minuten), ggf. Wasser nachfüllen.
  - Masse abkühlen lassen.
  - Farbsud mit einem Mulltuch auspressen, in eine braune Flasche füllen und beschriften.
- Isolation aus Roter Beete und Blaukraut:
  - Pflanzenmaterial waschen und mit einem Messer grob zerkleinern.
  - Material in einem Becherglas mit genügend Wasser auf etwa 70 °C erwärmen (ca. 10 Minuten) – nicht kochen! Bei Roter Beete vor dem Erwärmen etwas Salz in das Wasser geben.
  - Masse abkühlen lassen.
  - Farblösung durch ein Sieb abgießen, in eine braune Flasche füllen und beschriften.
- Isolation aus Brennnesseln:
  - Brennnesseln waschen (Handschuhe!) und grob zerkleinern.
  - Pflanzen einige Zeit in Wasser einweichen, dann mindestens 30 Minuten kochen und anschließend abkühlen lassen!
  - Farbsud mit einem Mulltuch auspressen, in zwei Gefäße füllen und beschriften (I und II).
  - Gefäß I: Alaunsalz zugeben. Gefäß II: Kupfersalz zugeben.

Ebenfalls für Farblösungen geeignet sind Rotwein, Teeaufgüsse und Kaffee. Die Naturfarben lassen sich mit Mehl andicken.

Kunst: Aquarellieren mit Naturfarben

Mit den isolierten Naturfarben lässt sich auf Aquarellierpapier und mit entsprechenden Pinseln bestens aquarellieren. Auf dem stark saugenden Aquarellierpapier zerlaufen die wässrigen Naturfarben und bilden dabei teilweise neue Farbnuancen. Kandinsky und Hundertwasser geben Anregungen zur Themen- und Motivwahl.

Papier

Themen im Biologieunterricht

- Aufbau der Zellwand pflanzlicher Zellen.
- Zellulose: Eigenschaften und Nachweis.
- Mikroskopische Untersuchung von Papier.
- Papierherstellung und Recycling (ökologische Aspekte).

Themen im Kunstunterricht:

- Recyclingpapier schöpfen.
  Material: Altpapier, Eimer, Stabmixer, Kaolin, Wanne, Schöpfrahmen (lässt sich mit Kanthölzern, Drahtgitter und Nägeln leicht selbst herstellen), Tücher
  - Altpapier sichten: Glanzpapiere und beschichtete Papiere aussortieren; Papier nach Farben und Papierart trennen.
  - Papier gut zerkleinern.
  - Papier in einem Eimer mit heißem Wasser übergießen und mindestens einen Tag stehen lassen. Für jede Papierfarbe wird ein Eimer verwendet.
  - Zellstoff entflocken: In einem Eimer kleinere Portionen des eingeweichten Papiers in Wasser mit dem Stabmixer zerfasern.
  - Füllstoff zugeben: Auf 300 g Ausgangsmaterial (Altpapier) etwa 30 g Kaolin abwiegen und der Papiermasse zugeben. Umrühren!
  - Papier schöpfen: Eine Wanne etwa zur Hälfte mit lauwarmem Wasser füllen und Papiermasse hinzufügen (Mengenverhältnis ausprobieren!). Mit der Hand die Schöpfmasse gleichmäßig aufrühren.
    Ein Blatt Papier mit dem Schöpfrahmen vorsichtig schöpfen.
  - Gautschen: Geschöpftes Papier auf ein Tuch kippen und mit einem weiteren Tuch abdecken.
  - Pressen: Die gegautschten Papiere mit den Tüchern pressen.
  - Trocknen: Die gepressten Papiere zum Trocknen auslegen oder aufhängen.
    Objekte unmittelbar nach dem Schöpfen in die weiche Papiermasse eindrücken bzw. einbetten.

E Biologie – Physik

Lärm **9–10**

Hören als biophysikalisches Phänomen kann in enger Koppelung von Biologie und Physik erarbeitet werden. Ziele dieses Unterrichtsvorhabens sind:

- Bewusstmachung des Phänomens Lärm durch Selbsterfahrung,
- Erarbeitung der physiologischen und psychologischen Wirkungen von Lärm,
- Maßnahmen zur Vorbeugung gesundheitlicher Schäden, die durch Lärm entstehen können.

Hier einige Stichworte zur Planung in einer tabellarischen Übersicht:

Thema	Arbeitsformen/Medien	weitere Fächer/ Partner
Phänomen Lärm		
Erscheinungsformen des Lärms	Experimente zur Akustik Arbeitsblatt	Musik
Lärmmessung	Pegelmessungen Hörtest mit individueller Einschätzung	
Lärm-Aufnahme		
Das Ohr – Bau und Funktion	Arbeitsblatt Modell Test: Knochenleitung	
Lärm-Wirkung		
subjektives Empfinden	Umfrage	Informatik: Datenauswertung
Konzentration bei Lärm	Ankreuztest	
Kommunikation bei Lärm	Diktat-Test	
vegetatives Nervensystem	Pulsmessungen mit/ohne Musik	HNO-Arzt
physiologische Lärmwirkung (Ohr)	Hörtest Daten zur Schwerhörigkeit	
Zunahme der Schwerhörigkeit bei Jugendlichen (Tinnitus)	Informationen zu den Ursachen Diskussion	
Lärm und Gesellschaft		
Hörgeräte und Hörhilfen	Funktionsprinzip Daten zu Kosten	HNO-Arzt
Warum laute Musik hören?	Diskussion Texte	
Lärm – Arbeitsplatz – Wohnen	Lärmschutzgesetz für Arbeitsplätze Stadtpläne: verkehrsberuhigte Zonen	Politik

Literatur

Illi, U., Schlumpf, U.: Sitzen als Belastung. Ismaning 1993
Hellbrück, J.: Hören. Göttingen 1993
Liebherz, S.: Gesundheitserziehung durch soziales Lernen am Beispiel Lärm. In: Der Mathematische und Naturwissenschaftliche Unterricht (MNU) 7/1994, S. 427-433
Heller, E.: Wie Farben wirken. In: Zeitschrift Foto-Creativ, Serie 1993
Fuchs-Waser, A.: Papiere schöpfen und gestalten. Aarau 1992
Heiss, R., Halder, P.: Der Farbpyramidentest. Bern 1975

Thomas M. Braun

15 Schule bricht auf

In mehreren Kapiteln dieses Buches finden Sie Vorschläge, Tipps und Hilfestellungen für die Nutzung außerschulischer Lernorte. Dieses Kapitel soll zeigen, wie sich die Schule für „neue Partner“ öffnen lässt, wie außerschulische Experten in das Schulgeschehen einbezogen werden können. Zu diesen neuen Partnern zählen neben den Eltern auch:

- Vertreter anerkannter Naturschutzverbände (➔ Seite 206 ff.),
- Fachleute städtischer Ämter und Beratungsstellen,
- Fachleute ortsansässiger Industrie- oder Energieversorgungsunternehmen,
- Vertreter von Presse, Polizei und Vereinen.

In einer „Kultur der Partnerschaft“ kommt den Eltern ganz sicher eine Schlüsselrolle zu. Sie können Experten im Unterricht sein, aber auch Macher, Helfer, Ideenspender – oder einfach nur Zuschauer.

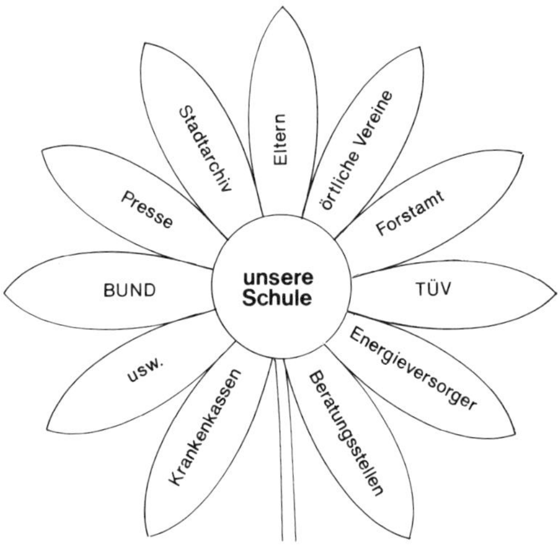

Damit die Zusammenarbeit mit außerschulischen Partnern erfolgreich ist, müssen Freiräume ausgelotet werden, ist Mut und Bereitschaft aufzubringen, selbstständig neue Problemlösungen zu suchen. Von Seiten der Behörde werden den Schulen immer mehr Freiräume zur Entfaltung des eigenen kreativen Potenzials angeboten. Diese Freiräume sollten für die Erprobung neuer Unterrichtsformen wie Freiarbeit oder fächerverbindenden und projektorientierten Unterricht außerhalb des starren 45-Minuten-Taktes genutzt werden.

Mehr denn je ist die Schule auf Solidarität von außen angewiesen. Eine intensive Korrespondenz zwischen dem, was in der Schule gelehrt und gelernt wird, und dem, was außerhalb der Schule Lebenswirklichkeit ist, erleichtert den Verständigungsprozess. Dies führt zu einer sinnvollen Verflechtung von Schule und anderen, mehr oder weniger „heimlichen“ Erziehern.
In diesem Kapitel finden Sie einige Beispiele für schulische Vorhaben, die über die Grenzen des Klassenraums hinausgehen und „neue Partner“ in die Realisierung einbeziehen.

A Beispiel: Umgestaltung des Lebensraums Schule

Mehr als tausend Stunden im Jahr verbringen Kinder und Jugendliche in der Schule. Vermitteln Schule und Schulgelände genügend Lebendigkeit und Anregung? Die Umgestaltung des Schulgeländes im Hinblick auf eine ganzheitliche Umwelterziehung ist ein denkbarer Ansatz, den Schulalltag freundlicher zu gestalten und den Umweltgedanken stärker mit ihm zu verzahnen. Aus einem wachen Umweltbewusstsein heraus können Problemsituationen erkannt und hinterfragt werden. Aus dem Erkennen kann die Bereitschaft zu verantwortungsvollem Handeln entstehen.
Im Folgenden wird aufgezeigt, wie sich die Schule unter Einbeziehung mehrerer Fächer und verschiedener Altersstufen zu einem wirklichen „Lebensraum“ für Schüler und Lehrer umgestalten lässt.

Start
Schüler- und Lehrerwünsche werden durch Umfragen und Diskussionen erfasst, Träume und Utopien werden entwickelt. Es folgen Gespräche zwischen Lehrern, Schulleitung, Eltern, Stadtverwaltung und nicht zuletzt den Schülern, die klären sollen, was letztlich machbar ist. Es gilt zu prüfen, welche Eigenleistungen erbracht werden können, welche Mittel zur Verfügung stehen und ob eventuell Spenden erwartet werden können.
In einen Aushang tragen Lehrer und Schüler Themen ein, die im Laufe des Schuljahres bearbeitet werden sollen. Die ausgewählten Themen werden über das Jahr verteilt, der zeitliche und organisatorische Rahmen wird festgelegt.

Durchführung
Im Laufe des Schuljahres bearbeitete Themen und Projekte werden regelmäßig an zentraler Stelle des Schulgebäudes dokumentiert. Ergebnisse, die für die Bürger außerhalb der Schule von Interesse sind, werden in Zusammenarbeit mit der Lokalpresse veröffentlicht.

Landeswettbewerb „Schulgarten und Schulumfeld – Gärtner macht Schule“

Die Schule als Lebensraum verstehen

Hans-Baldung-Gymnasium bekommt auf der Landesgartenschau in Böblingen den ersten Preis

SCHWÄBISCH GMÜND (ab) – Für die Schülerinnen und Schüler des Hans-Baldung-Gymnasium war am Dienstag ein großer Tag: Auf der Landesgartenschau in Böblingen durften sie für die beispielhafte schulökologische Umgestaltung anläßlich ihrer Projekttage einen der ersten Preise entgegen. Ausgeschrieben war zum ersten Mal ein Landeswettbewerb „Schulgarten und Schulumfeld – Gärtnern macht Schule“. Mit der Belohnung durch den ersten Preis wurde die Arbeit einzelner Klassen unter der Leitung von Dr. Walter Kleesattel gewürdigt. So wurde im Rahmen dieser Aktion zum Beispiel ein Kräutergarten angelegt oder eine Trockenmauer gebaut.

Der erste Landeswettbewerb in dieser Form sollte dazu anregen, Schulgärten und Schulhöfe durch mehr natürliches Grün lebendiger zu gestalten und dabei auch beispielhaft Lebensräume für Pflanzen und Tiere zu schaffen, wie die Schirmherrin der Veranstaltung, Ministerin Gerdi Staiber ausdrücklich betonte. Es solle Verständnis für die Bereiche geweckt werden, die unsere natürlichen Lebensgrundlagen erhalten und Möglichkeiten zur praktischen Erfahrung im Sinne einer natürlichen Schulerziehung bieten. Am Wettbewerb hatten sich über 200 Schulen aus ganz Baden-Württemberg beteiligt. Deshalb ist es besonders erfreulich, daß das HBG einen der 24 ersten Preise bei der vom Ministerium Ländlicher Raum unterstützten Veranstaltung erreicht hat.

In der Abschlußveranstaltung auf der Landesgartenschau wurde drei Vertretern der Schule, Kathrin Bröse, Jan Debler und Christian Waidmann sowie dem Projektleiter, Dr. Walter Kleesattel, auf der SDR-Showbühne ein Geldpreis in Höhe von tausend Mark

Verstärkte Umwelterziehung am Hans-Baldung-G...

Wieder Trollblumen im Deu...

Konzertierte Aktion vom Umweltbeauftragten der Stadt, Naturku...

SCHWÄBISCH GMÜND (pm) – In Zusammenarbeit mit dem Naturkundeverein, dem Umweltbeauftragten der Stadt, Werner Jekel, hat die Klasse 11b des Hans-Baldung-Gymnasiums ihre Aktivitäten zur Thematik Schule und Umwelt eröffnet. Die Klasse pflanzte im Deutenbachtal in Töpfen herangezogene Trollblumen aus. Diese Pflanze ist den älteren Mitbürgern wohl bekannt. Leider ist sie in den vergangenen Jahren bei uns so gut wie verschwunden.

Trollblumen brauchen extensiv genutzte Streu- und Feuchtwiesen als Lebensraum. Die Intensivierung der Landwirtschaft durch Düngung und Trockenlegung nasser Wiesen oder das Aufforsten von unrentabel gewordenen Grünlandflächen sind im wesentlichen die Gründe, die für den Rückgang der Pflanze verantwortlich sind. Durch diese Aktion soll die Trollblume in unserem Raum wieder angesiedelt werden.

Neue Wege an den Schulen

Diese Aktion bildet den Auftakt der „inneren Profilierung“ am Hans-Baldung-Gymnasium, die nach Wunsch des baden-württembergischen Ministeriums für Kultur und Sport neue zusätzliche Wege an Schulen eröffnen soll. Das Hans-Baldung-Gymnasium ist eine von acht im Oberschulamtsbereich Stuttgart ausgesuchten Schulen, bei der eine verstärkte Umwelterziehung im schulischen Alltag regelmäßig thematisiert wird.

In diesem Schuljahr sind weitere Themen, wie beispielsweise der umweltfreundliche Schulweg, Tips zum Energie- und Wassersparen, „Tiere auf Wohnungssuche“, „Das gesunde Pausenbrot“, oder ein Schulfest ohne Abfall geplant.

Bei dieser Pflanzaktion wurde den Schülern sehr schnell bewußt, daß jeder, der kleine Schritte in Richtung Natur und Umwelt unternimmt, einen beachtlichen Beitrag zur Erhaltung der gefährdeten Natur und Umwelt leisten kann.

Die Schüler waren eifrig bei der Sache, die von einer Gärtnerei gestifteten Trollblumenpflanzen auszusetzen. Diese Aktion soll ein erneuter Trittstein unter vielen miteinander vernetzten sein und die Wiederansiedlung des schönen Hahnenfußgewächses ermöglichen.

nung an di... entstand. Aufgrund

...gänzen sich. Der neue attraktive Zug trifft daher am HBG auf gut vorbereiteten Boden. Bereits seit einem Jahr wird am Hans-Bal-

...hätte der Wettbewerb seinen ..., nämlich als Impuls für weite... ...dazusein.

Auf diese Weise kann es auch gelingen, öffentliche und private Sponsoren für die Finanzierung der Aktivitäten zu gewinnen. Ein weiterer Weg kann die Beteiligung an einem der zahlreichen ausgeschriebenen Umweltpreise für entsprechende Aktionen sein.

Weiterführung

Die begonnenen Arbeiten sollten kein singuläres Ereignis bleiben, sondern auch in den folgenden Jahren regelmäßig wieder aufgegriffen und weitergeführt werden. Dabei ist es besonders wichtig, die Interessenschwerpunkte der Schüler immer wieder auszuloten und die Kontakte zu den außerschulischen Partnern aufrechtzuerhalten und weiter zu pflegen.

Mögliche Probleme

Um Freiräume zu nutzen, müssen eingeschlagene Wege verlassen werden. Nicht alle Kollegen werden dies wohlwollend unterstützen. Hier gilt es oft auch, Überzeugungsarbeit zu leisten. Insbesondere der 45-Minuten-Takt stellt ein großes organisatorisches Problem dar. Schließlich muss die Unterrichtsversorgung und die Aufsichtspflicht für nicht beteiligte Klassen gewährleistet sein.

Teilthemen und Partner für die Umgestaltung des „Lebensraums Schule“

Teilthema	Partner
Unsere Schule als Lebensraum Anlegen eines Kräuterbeets und anderer Spezialbeete im Schulgarten	Fach Französisch (Herbes de Provence), Eltern
Bau eines Rindenmulchweges	Forstamt
Aufstellen von Großplastiken aus Ytong zum Sitzen und Klettern	Fach Kunst, örtliche Baufirma
Einrichten von Wohnungen für bedrohte Tierarten	Fach Technik, Feuerwehr, Pfarrei (Kirchturm als Nistplatz)
Eine Grüninsel entsteht auf dem Schulhof	Eltern, Gärtnerei, Schulamt der Stadt
Unsere Schulwände ergrünen	Eltern, Gärtnerei, Schulamt der Stadt
Bau einer Trockenmauer	Steinbruch-Besitzer
Ein Fühl- und Duftgarten entsteht	Gartenbau- und Kleintierzuchtverein
„Drinnen und draußen“: Verschönern des Klassenzimmers und des Außenbereichs davor	Klassenlehrer, Eltern, Stadtgärtnerei
Ein Grassoden-Haus entsteht vor dem Bioraum	Örtlicher Holzhandel, Naturschutzverein
Gesundes Pausenbrot statt Fastfood	Fächer Englisch und Hauswirtschaft, örtliche Krankenkassen
Der umweltfreundliche Schulweg	Örtliches Busunternehmen, Landespolitiker, Vertreter der örtlichen Fahrrad-Klubs
Ausstellungen und Darbietungen zum Thema: „Wasser heißt Leben“	Fächer Physik, Religion, Deutsch und Chemie, Wasserversorgungsunternehmen
Schulfest ohne Abfall: Schluss mit Ex und Hopp!	Schülermitverwaltung
Umweltverträgliche Schulmaterialien	Schülermitverwaltung, örtlicher Fachhandel
Bewegungspausen in der Schule	Fach Sport, Krankenkassen, Sportverein
Gesundes Sitzen auf körpergerechten Möbeln	Örtlicher Fachhandel

Teilthema	Partner
Unsere Stadt als Lebensraum Bodennahes Ozon im Stadtwald	Fach Chemie, BUND
Unser Stadtwald – vom Mittelalter bis heute	Stadtarchiv, Geschichtsverein, Forstamt, Stadtbücherei
Unser Trinkwasser in Gefahr?	Besitzer privater Brunnen, örtliche Getränkehersteller, Wasserwirtschaftsamt, Wirtschaftskontrolldienst
Freizeit – fatal in unserer Stadt	Städtische Ämter, Jugendhaus, Sportvereine
Viele Baumpatenschaften für neues Grün in unserer Stadt	Tiefbauamt, Gartenbauamt
Unser Landkreis als Lebensraum Straßen zerschneiden unsere Landschaft	Örtliche Bürgerinitiativen, Straßenbauamt, Parteien
Nachbardörfer – früher und heute	Behörden des Landkreises, Bürgermeisterämter, Pfarreien, ältere Mitbürger
Ein Gewässeratlas entsteht	Fach Geographie, Naturschutzverein, Fischereiverein, Landwirtschaftsamt

Liste der von den Bundesländern nach § 29 des Bundesnaturschutzgesetzes anerkannten Verbände

Baden-Württemberg
- Aktionsgemeinschaft Natur- und Umweltschutz
- Arbeitsgemeinschaft der Naturfreunde in Baden-Württemberg
- BUND +
- Landesfischereiverband
- LJV +
- NABU +
- Schwäbischer Albverein
- Schwarzwaldverein
- SDW +

Bayern
- Bund Naturschutz in Bayern
- Deutsche Gebirgs- und Wandervereine +
- Deutscher Alpenverein
- Landesbund für Vogelschutz
- Landesfischereiverband
- LJV +
- SDW +
- Verein zum Schutz der Bergwelt

Berlin
- Baumschutzgemeinschaft
- Berliner Landesarbcitsgemeinschaft Naturschutz
- BUND +
- Deutsche Gesellschaft für Herpetologie und Terrarienkunde
- Grüne Liga +
- LJV +
- NABU +
- Naturschutzzentrum Ökowerk Berlin
- SDW +
- Volksbund Naturschutz

Brandenburg
- BUND +
- Grüne Liga +
- NABU +
- SDW +
- Touristenverein „Die Naturfreunde“

Bremen
- Gesamtverband Natur–und Umweltschutz Unterweser

Hamburg
- Botanischer Verein zu Hamburg
- BUND +
- Gesellschaft für ökologische Planung
- Komitee gegen den Vogelmord
- LJV +
- NABU +
- Naturwacht Hamburg
- SDW +
- Verein Jordsand zum Schutz der Seevögel und der Natur

Hessen
- Botanische Vereinigung für Naturschutz in Hessen
- BUND +
- Deutsche Gebirgs–und Wandervereine +
- Hessische Gesellschaft für Ornithologie und Naturschutz
- LJV +
- NABU +
- SDW +
- Verband Hessischer Sportfischer

Mecklenburg-Vorpommern
- BUND +
- Grüne Liga +
- Landesanglerverband
- LJV +
- NABU +
- SDW +

Niedersachsen
- Aktion Fischotterschutz
- Biologische Schutzgemeinschaft Hunte-Weser-Ems
- BUND +
- Deutsche Gebirgs–und Wandervereine +
- Landesjägerschaft Niedersachsen
- Landessportfischereiverband
- Landesverband Bürgerinitiativen Umweltschutz
- NABU +
- Naturfreunde Niedersachsen
- Naturschutzverband Niedersachsen
- Niedersächsischer Heimatbund
- SDW +
- Verein Naturschutzpark

Nordrhein-Westfalen
- BUND +
- Landesgemeinschaft Naturschutz und Umwelt NRW
- NABU +

Rheinland-Pfalz
- BUND +
- Deutsche Gebirgs–und Wandervereine +
- Gesellschaft für Naturschutz und Ornithologie
- Landesaktionsgemeinschaft Natur und Umwelt
- LJV +
- NABU +
- Pollichia
- SDW +
- Touristenverein „Die Naturfreunde" +
- Verband Deutscher Sportfischer +

Saarland
- BUND +
- NABU +
- Saarwald-Verein
- SDW +
- Verband der Gartenbauvereine

Sachsen
- BUND +
- Grüne Liga +
- Landesverein Sächsischer Heimatschutz
- NABU +
- SDW +

Sachsen-Anhalt
- BUND +
- Grüne Liga +
- Landesheimatbund
- LJV +
- NABU +
- SDW +

Schleswig-Holstein
- BUND +
- Landesnaturschutzverband
- Landessportfischerverband
- LJV +
- NABU +
- Schleswig-Holsteinischer Heimatbund
- SDW +
- Verein Jordsand zum Schutz der Seevögel und der Natur

Thüringen
- Arbeitskreis Heimische Orchideen
- BUND +
- Grüne Liga +
- Kulturbund +
- LJV +
- NABU +
- SDW +
- Verband der Fischweid und zum Schutz der Gewässer und Natur

+ = jeweils der betreffende Landesverband
BUND = Bund für Umwelt und Naturschutz Deutschland (Adresse siehe Seite 236)
LJV = Landesjagdverband
NABU = Naturschutzbund Deutschland (Adresse siehe Seite 236)
SDW = Schutzgemeinschaft Deutscher Wald (Adresse siehe Seite 236)

B Beispiel: Schülerseminar „Drogen und Aids“

Die Sucht- und Aids-Prävention nimmt im Rahmen der Gesundheitserziehung des Biologieunterrichts spätestens ab der Jahrgangsstufe 8 eine zentrale Rolle ein. Eine methodisch-didaktische Herangehensweise an diese schwierigen Themen ausschließlich über den herkömmlichen Unterricht – sprich „über den Kopf“ – hat wenig Aussichten auf Erfolg. Notwendig ist ein intensives Überdenken der Einstellungen und Haltungen seitens der Schüler hin zu tatsächlich gelebter Verantwortung gegenüber dem eigenen Körper und in der Partnerschaft.
Eine Alternative zum herkömmlichen Unterricht ist ein Schülerseminar, das außerhalb der Schule stattfindet – mit Übernachtungen und Selbstverpflegung – und vom Biologielehrer sowie von Teamern aus den Bereichen Sucht- und Sexualberatung gestaltet und betreut wird. An einem Elternabend werden die Erziehungsberechtigten zuvor über Absichten und Ablauf des Schülerseminars informiert.
Ansprechpartner für eine professionelle Zusammenarbeit zu den Themen „Sucht- und Aids-Prävention“ sind:
- Mitarbeiter der Suchtberatungsstelle (Ort oder Kreis),
- Pro-Familia,
- Sexualberatungsstelle (Ort oder Kreis),
- Ärzte,
- Vertreter von Selbsthilfegruppen.

Elemente des Seminars können sein:
- Aufwärm- und Kennenlern-Spiele,
- Vertrauenspiele,
- Vorstellung von Verhütungsmethoden,
- Sachinformationen zu Drogen und Aids,
- geschlechtsspezifische Diskussions- bzw. Arbeitsgruppen,
- gemeinsame Gesprächsrunden.

Hier ein Beispiel für das Programm eines solchen Schülerseminars mit dem Titel: „Lust auf Leben“.

Seminar: Lust auf Leben
– Programm –

1. Tag
Ankunft – Begrüßung – Kennenlernen
Mittagessen
Informations- bzw. Diskussionsspiel: „Der Joint ist heiß“
Abendessen
Gemeinsame Gesprächsrunde

2. Tag
Frühstück
Aufwärmspiele
Geschlechtsspezifische Gruppenarbeit
Ergebnisdiskussion zwischen Mädchen und Jungen
Mittagessen zubereiten
Mittagessen
Sachinformationen/Fragen zu Verhütung und Aids
Abendessen
Gemeinsame Aktivitäten

3. Tag
Frühstück
Vertrauensspiele
Abschlussrunde

C Beispiel: Gesundheitstag in der Schule

Im Rahmen der Gesundheitserziehung kann ein solcher Tag die eigene Gesundheit und die Verantwortung für den Körper bewusster machen. Der Gesundheitstag lässt sich für eine oder mehrere Klassen organisieren. Installiert werden dazu verschiedene Stationen, an denen Körperfunktionen überprüft, Techniken der Körperpflege demonstriert oder bestimmte Körpererfahrungen gemacht werden können. Diese Stationen werden auf verschiedene Räume im Schulgebäude verteilt. Die Schüler erhalten zu jeder Station einen „Laufzettel“, der zugleich Protokoll für sie selbst und den Unterricht (Humanbiologie) ist.

Laufzettel

Name: ______________________________ Klasse: __________

Station: Herz-Kreislauf
Blutdruck:
oberer Wert (mm Hg-Säule): __________

unterer Wert (mm Hg-Säule): __________

Station: Blut
Trage hier deinen ermittelten Blutzucker-Wert ein.

____

(mg pro dl)

Station: Sehen
Wie sind die Sehtest-Ergebnisse für deine Augen ausgefallen?

linkes Auge: __________

rechtes Auge: __________

Station: Fitness
Wie gut ist deine Fitness?
❒ gut
❒ zufriedenstellend
❒ muss besser werden
...
Wenn du Fragen hast, kannst du sie hier notieren:

Wünschenswert ist die Zusammenarbeit mit
- einer örtlichen Krankenkasse,
- dem Gesundheitsamt,
- Ärzten
- und anderen Partnern.

Selbstverständlich kann der Gesundheitstag auch für Eltern und Geschwister zugänglich gemacht werden.

Die Stationen

Station	Was wird gemacht?	Geräte	Betreuung / Beteiligte Fächer
Herz/Kreislauf	Blutdruck messen	Blutdruckmessgerät	Schüler
Blut	Ermittlung des Blutzuckerspiegels	Testsystem Blutzucker	Arzt, Apotheker
Hören	Ermitteln des persönlichen Hörbereichs, Erfassen des Lärmempfindens	Tongenerator mit einstellbaren Frequenzen, Lärmmessgerät, Kopfhörer	Vertreter des Gesundheitsamtes / Physik, Tinnitus-Selbsthilfegruppen
Sehen	Sehtest	Buchstabentafel	Optiker, Schüler/Physik
Gesundheit	Ausstellung	Stelltafeln, Modelle	Schüler/Kunst
Ernährung	Frühstücksbuffet nach ernährungsbiologischen Grundsätzen	Koch- und Serviergeschirr	Schüler, Ernährungsberater/Hauswirtschaft, Polytechnik
Zahnpflege	Demonstration: richtiges Zähneputzen	Gebissmodelle, Zahnbürsten	Zahnarzt, Kieferorthopäde
Fitness	Fitness-Parcours	Sportgeräte	Krankenkassen / Sport
Körperbewusstsein	Bewegungsübungen (Tai-Chi u. a.)	keine	Eltern
Körpergerechte Sitzmöbel	Ausstellung	Stelltafeln, Modelle	Schulmöbel-Firma, örtlicher Fachhandel

D Beispiel: Wettbewerb „Jugend forscht“

Auch die Teilnahme an überregionalen Wettbewerben trägt zu einer Öffnung der Schule bei. Für den Biologieunterricht ist der Wettbewerb „Jugend forscht“ von besonderer Bedeutung. Ins Leben gerufen wurde er 1965 vom damaligen Chefredakteur und Herausgeber der Zeitschrift „Stern“, Henri Nannen. Der Wettbewerb steht allen Jungforscherinnen und Jungforschern offen, sofern sie jünger als 22 Jahre sind.

Die Teilnahme lohnt sich unter anderem aus folgenden Gründen:

- Die Schüler präsentieren eine von ihnen selbst erarbeitete kleine wissenschaftliche Untersuchung.
- Der Erfahrungsgewinn während der Gruppenarbeit ist einmalig.
- Jeder Teilnehmer erhält eine Urkunde, die schon manchem Schüler bei Bewerbungen (Zivildienstplatz, Stipendium ...) hilfreich war.
- Der betreuende Lehrer ist wie die Teilnehmer in ein kleines „Forschungsvorhaben“ einbezogen – eine willkommene Abwechslung im Schulalltag.
- Eine Teilnahme am Wettbewerb ist sehr öffentlichkeitswirksam (Schulprofil, Außendarstellung der Schule).

Wissenswertes über den Wettbewerb

- Die Jungforschergruppen dürfen maximal drei Teilnehmer haben.
- Es gibt zwei Altersgruppen: Schüler experimentieren (bis 16 Jahre), Jugend forscht (16 bis 21 Jahre).
- In folgenden Fachbereichen kann geforscht werden: Chemie, Biologie, Physik, Mathematik, Technik und Arbeitswelt, Umwelt, Geo- und Raumwissenschaft.
- Wettbewerbsebenen sind:
  - Schüler experimentieren: Regional- und Landeswettbewerb,
  - Jugend forscht: Regional-, Landes- und Bundeswettbewerb.

Die Sieger eines Fachbereichs nehmen an der nächsthöheren Wettbewerbsebene teil.

- Jedes Jungforscherteam dokumentiert seine Arbeitsergebnisse für den Wettbewerb mit einer kleinen Arbeit von maximal 15 Seiten (Begründung des Themas, Materialien und Methoden, Ergebnisse, Deutung der Ergebnisse).
- Schulen mit mindestens drei teilnehmenden Teams erhalten einen Sonderpreis.

Informationsmaterial zu diesem Wettbewerb ist erhältlich bei: Stiftung Jugend forscht e.V., Beim Schlump 58, 20144 Hamburg, Tel.: 040/4106005, Fax: 040/4103398.

Thomas M. Braun, Walter Kleesattel

16 Tiere und Pflanzen in der Schule

Der Biologieunterricht verdankt seine Attraktivität nicht zuletzt der Möglichkeit, lebende Tiere und Pflanzen in der Schule kurzfristig zu halten oder dauerhaft zu pflegen. Im Rahmen seiner Möglichkeiten trägt er wesentlich dazu bei, das verbreitete Defizit an Primärerfahrungen zu kompensieren. Der Umgang mit lebenden Organismen vermittelt darüber hinaus

- morphologische, physiologische und verhaltensbiologische Einsichten,
- eine auch affektiv gefärbte Grundhaltung gegenüber Lebewesen,
- eine praxisorientierte Pflegekompetenz (Stichwort: artgerechte Haltung).

Nicht zuletzt sind attraktiv gestaltete Vivarien und gut gepflegte Pflanzen so etwas wie die „biologische Visitenkarte" einer Schule. Die folgenden Vorschläge sollen ermutigen, lebende Tiere und Pflanzen im Unterricht wieder vermehrt einzusetzen. Es wurden bewusst solche Arten ausgewählt, die

- zum Standardrepertoire des Biologieunterrichts gehören und sich deshalb in verschiedene Lerneinheiten integrieren lassen,
- mit minimalem Aufwand in der Schule gehalten werden können,
- ein vielfältiges Verhaltensrepertoire aufweisen, welches klar interpretierbar ist.

Als Basisausstattung zur Haltung, Pflege und Beobachtung von Tieren haben sich Miniaquarien aus Plexiglas von 5-10 l am besten bewährt. Sie sollten in ausreichender Zahl zur Verfügung stehen. Übrigens: Bei vielen Schulbiologiezentren können Tiere samt Käfig entliehen werden. Grundsätzlich sollte den Schülern bei der Erstbegegnung einige Minuten Zeit eingeräumt werden, in denen sie sich mit dem Tier vertraut machen und ihrem spontanen Interesse Genüge tun können.

A Untersuchungen am Schulaquarium

(Neu-)Einrichtung eines Schulaquariums **5–13**

Lust oder Frust? Viele Schulaquarien vermitteln eher den letzteren Eindruck. Dabei sind Einrichtung und Pflege eines ebenso attraktiven wie funktionalen Schulaquariums heute problemlos zu bewältigen – vorausgesetzt, man vermeidet typische „Kardinalfehler". Die Checkliste soll ermutigen, auf Fehlersuche zu gehen und einen Neuanfang zu wagen. Die Mühe lohnt sich: Kein anderes Vivarium kann Schüler so nachhaltig für biologische Zusammenhänge interessieren wie gerade das Aquarium! Für die Neuanschaffung bietet der Fachhandel Aquarien-Komplettangebote schon ab € 150,- an (sog. Meterbecken, ca. 160 l). Eine Schaltuhr für die Beleuchtung (12 Stunden) ist obligatorisch, ein Futterautomat für die regelmäßige, dosierte Fütterung empfehlenswert.

Checkliste:
Fehlersuche im Aquarium

- Viel Grün hilft viel! Darum: (Erst-)Bepflanzung mit schnell wachsenden Arten wie Wasserfreund, Wasserpest, Schraubenvallisnerie, Amazonasschwertpflanze vornehmen.
- Zur Vorbeugung gegen Algen Algen fressende Fische einsetzen. Je 100 l: fünf Rüsselbarben, zwei Antennenwelse, Guppys.
- „Überbevölkerung“ vermeiden. Maximal 1 cm Fisch auf 1–2 l Wasser.
- Leuchtstoffröhren verlieren in 6 Monaten 50% der Lichtintensität. Darum regelmäßig auswechseln.
- Regelmäßiger Teil-Wasserwechsel (alle vier Wochen 1/3).
- Biologische Filterwirkung erhalten: Filterreinigung alle vier Wochen, Filtersubstrat nur ausspülen.
- Fütterung: ein- bis zweimal täglich und nur so viel, wie in wenigen Minuten gefressen wird.

Aquarientagebuch **5–10**

Parallel zur Einrichtung des Aquariums protokollieren die „Aquarienpaten“ (➔ Seite 226 f.) wichtige Ereignisse wie das Einsetzen neuer Fische, Balz und Eiablage. Höhere Klassenstufen tragen charakteristische Wasserwerte (pH, Karbonathärte, Nitrit und Nitrat) in eine Kurve neben dem Aquarium ein.

Fische aus aller Welt: geographische Verbreitungskarte **5–10**

Zunächst werden „Steckbriefe“ der Aquarienbewohner angefertigt. Auf einer stilisierten geographischen Verbreitungskarte bringen die Schüler Abbildungen der jeweiligen Fische an, Bänder verweisen auf die seitlich angebrachten Steckbriefe.

Ökologische Nischen im Aquarium **5–8**

Gut eingerichtet ist das Schulaquarium ein „Ökosystem en miniature“, in dem jede Fischart ihre ökologische Nische beansprucht. Die Schüler wählen jeweils eine Art aus, deren Lebensraum-, Nahrungs- und Habitatansprüche sie detailliert beschreiben. Beispiel Antennenwels:

bodennahe Wasserzone, Algenaufwuchs als Nahrungsquelle, Wurzelhöhle als Laichplatz. Gibt es zwischenartliche Konkurrenz?

„Pflanzenexplosion“: CO_2 Düngung im Aquarium **8–13**
Gute Lichtverhältnisse vorausgesetzt ist der limitierende Faktor für das Pflanzenwachstum im Aquarium die CO_2-Konzentration. Wird durch alkoholische Gärung mit CO_2 „gedüngt“, kann das Pflanzenwachstum deutlich sichtbar gesteigert werden: Dazu wird eine 1-l-Kunststoffflasche mit 750 ml Wasser, 100 g Zucker und 2 g Trockenhefe gefüllt und das entstehende CO_2 über einen Luftschlauch und eine CO_2-Spirale (Zoofachhandel) ins Aquarium geleitet. Wichtig: Ausströmerstein ausschalten: Dieser treibt das CO_2 aus dem Wasser!

Konkurrenz für den Heuaufguss: Einzeller im Aquarium **7–10**
Sowohl der Aquarienboden als auch der Aufwuchs an Scheiben und Blättern der Aquarienpflanzen enthält diverse einzellige Lebewesen, die Einblicke in die Mikrofauna und -flora gewähren.

Unterwassergarten: Aquarienpflanzen vegetativ vermehren **5–8**
Bei guten Licht- und Nährstoffbedingungen ist regelmäßiges Auslichten und Verjüngen des Pflanzenbestands nötig. In kleinen Plastikaquarien gestalten die Schüler aus den Stecklingen von Stengelpflanzen (Wasserpest und Wasserfreund) und den Adventivpflanzen bzw. Ablegern der Rosettengewächse einen „Unterwassergarten“. In solchen Becken können Fische, die für die folgenden Versuche gebraucht werden, optimal gehalten werden.

B Beobachtungen an Aquarienfischen

Anpassung an den Lebensraum Wasser **5–8**
Die Schüler erhalten in Gruppen je ein großes Guppyweibchen in Mini-Aquarien. Dieses wird gezeichnet und beschriftet, die Stromlinienform als Form geringsten Strömungswiderstandes gedeutet. Welche Flossen sind beim schnellen bzw. langsamen Schwimmen, welche beim Bremsen beteiligt?

Männchen oder Weibchen? – Geschlechtsdimorphismus **5–8**
Jede Gruppe bekommt zusätzlich ein Guppymännchen. Auch dieses wird gezeichnet, Geschlechtsunterschiede werden festhalten und in ihrer Bedeutung geklärt: Größenunterschied, Färbung des Männchens, „Trächtigkeitsfleck“ des Weibchens.

Balzverhalten: Instinkthandlungen und Schlüsselreiz 8–10

Sechs ausgewachsene Guppymännchen und sechs Weibchen von stark unterschiedlicher Größe werden für drei Tage voneinander isoliert (zwei Plastikbecken à 10 l). Nach dem Zusammensetzen zeigen die Männchen ritualisierte Balzhandlungen: Sie folgen den Weibchen, präsentieren mit s-förmiger Körperhaltung ihre Flossen und unternehmen Begattungsversuche. Aus einem 10-minütigen Beobachtungsprotokoll entwickeln die Schüler ein Reiz-Reaktionsschema: Weibchen erscheint ➔ Männchen folgt ➔ ...
Ist ein Zusammenhang zwischen der Intensität der Balz und der Größe des Weibchens (= Schlüsselreiz) erkennbar? (vgl. Gattermann 1990, S. 39 und S. 110f.; Vierke 1994)

Ist das Balzverhalten des Guppys angeboren? 8–13

Als Kaspar-Hauser-Tiere werden Fische bezeichnet, die gleich nach der Geburt isoliert werden. Junge Guppys werden getrennt nach Geschlechtern in kleinen Aquarien oder Gläsern aufgezogen (Wasserpest als Sauerstoffspender beigegeben). Nach 10–12 Wochen sind die Tiere geschlechtsreif. Zusammengesetzt zeigen sie die gleichen Verhaltensweisen wie in Gesellschaft aufgezogene Exemplare: angeborenes Verhalten.

Schwarmverhalten bei Guppy und Zebrabärbling 6–10

Zebrabärblinge sind sozial lebende Schwarmfische. Dazu folgender Versuch: In einem Drei-Kammer-Becken werden links drei, rechts acht Bärblinge eingesetzt. Wohin orientiert sich ein in die Mitte gesetzter Fisch? Zehn Minuten lang wird alle zehn Sekunden protokolliert, wo sich das Tier aufhält. Wie reagiert das Versuchstier, wenn sich auf der rechten Seite acht Guppys befinden? (vgl. Gattermann 1990, S. 123f.)

Agonistisches Verhalten beim Kampffisch 8–10

Kampffischmännchen reagieren untereinander äußerst aggressiv (Name!). Im Unterricht sollte ein direkter Beschädigungskampf allerdings nicht provoziert werden. Um Sichtkontakt herzustellen werden die Becken deshalb mit der Stirnseite nebeneinander gestellt. Die Beobachtungsergebnisse werden in Form eines Ethogramms dargestellt: Längsschwimmen, Lateralimponieren, Kiemendeckelspreizen... Steht nur ein Männchen zur Verfügung, kann auch mit einem Spiegel gearbeitet werden. Mit Hilfe verschieden gefärbter und geformter Plastilin-Attrappen (blau, rot, grün) kann herausgefunden werden, welche Schlüsselreize das Kampfverhalten auslösen (vgl. Staeck 1995, S. 157ff.).

C Beobachtungen an Insekten

Mehlwurm: Biologie und Haltung

Stichworte zur Biologie: Als „Mehlwürmer" werden die Larven des Mehlkäfers (Tenebrio molitor) bezeichnet. Körperlänge 14–17 mm, flugunfähig. Entwicklungsdauer: 4–6 Monate, Lebensdauer der Käfer: 4–6 Wochen. Bezugsquelle: als Reptilienfutter im Zoofachhandel (50 Larven ca. € 1,50). Haltung: dunkel stehende (!), belüftete Behälter (Dosen, große Gläser, Plastikaquarien), zur Hälfte gefüllt mit einer Mehl-Kleie-Mischung; zusätzliche Fütterung mit zerbröckeltem Brot; Feuchtigkeit über Apfel- oder Möhrenscheibe.

Der Mehlwurm – ein Wurm? 6–9

Vorgestellt unter der Verkaufsbezeichnung „Mehlwurm" erhält jeder Schüler ein Exemplar in der Petrischale. (Lupe ausgeben.) Wie fühlt sich der Mehl„wurm" an (hart, Chitinpanzer)? Wo ist das Vorderende (Augen, Mundwerkzeuge)? Wie bewegt er sich fort (drei Beinpaare)? Zum Vergleich werden Regenwürmer herangezogen. Eine Tabelle stellt Unterschiede und Gemeinsamkeiten zusammen (wurmförmige Gestalt, Gliederung in Segmente), eine Zeichnung beider Tierarten schließt den Vergleich ab.

Vollständige Verwandlung des „Mehlwurms" 6–9

In wöchentlichem Abstand wird die Mehlwurmzucht kontrolliert (Tiere im Küchensieb aussieben). Wann verpuppen sich die Larven? Wie lange dauert die Puppenruhe? Wann schlüpfen die ersten Käfer? Dokumentiert wird die vollständige Verwandlung (Holometabolie) in Form eines gezeichneten Entwicklungsprotokolls: A4-Bogen, gefaltet in drei Abschnitte für die drei Entwicklungsstufen (das Ei ist zu ergänzen).

Orientierungsverhalten der Mehlkäfer-Larve 6–9

Wie orientiert sich die Mehlkäfer-Larve? Die folgenden Versuche geben Aufschluss (vgl. Gattermann 1990):

- *Orientierung zur Lichtquelle:* Mehlkäfer-Larven in einem abgedunkelten Raum auf Filterpapier legen, von der Seite her mit einer Taschenlampe anstrahlen. Wohin flieht die Larve? Von der Lichtquelle weg (negativ phototaktisch). Die Reizaufnahme erfolgt durch am Vorderende gelegene Einzelaugen (Stemmata).
- *Orientierung an der Luftströmung:* Mehlkäfer-Larven mittels Tischventilator oder Föhn dem „Wind" aussetzen. Wohin flieht die Larve? Von der Luftströmung weg (negativ anemotaktisch). Windstärke und -richtung verändern.
- *Orientierung an der Substrat-Beschaffenheit:* Petrischale jeweils zur Hälfte

mit glattem/rauem sowie trockenem/feuchtem Papier auslegen. Zehn Mehlkäfer-Larven auf die jeweilige Grenze legen. Im Abstand von zwei Minuten protokollieren, wo sich die Tiere aufhalten.

Zweifleckgrille: Biologie und Haltung

Biologie: Gryllus bimaculatus. Länge: 2 cm, streng genetisch fixiertes Verhaltensrepertoire. Bezugsquelle: Zoofachhandel (Futtertier), 25 Tiere für ca. € 3,50. Haltung: 10-l-Plastikaquarium, 3 cm Sandboden, Versteckmöglichkeiten aus Eierpappen, Laub etc. Temperatur: 21–26 °C (Lampe), Luftfeuchtigkeit mindestens 70 % (besprühen). Allesfresser: Haferflocken, Fischfutter, Grünfutter, feuchte Watte als Tränke (vgl. Mau 1979; Gerasch 1980).

Geschlechtsunterschiede bei der Zweifleckgrille 7–10

Die Schüler erhalten ein ausgewachsenes Grillenpaar in einer großen Petrischale. Welche gemeinsamen Insektenmerkmale weisen sie auf (Chitinpanzer, drei Körperabschnitte, drei Beinpaare...)? Welche geschlechtsspezifischen Gestaltunterschiede lassen sich feststellen (Flügel der Weibchen schwarzbraun, Hinterleib mit Legestachel; Männchen mit rotbraunen, stärker skulpturierten Flügeln)?

Akustische Verständigung der Zweifleckgrille 7–10

Ausgegeben werden je zwei Männchen und Weibchen im Miniaquarium. Wie kommunizieren die Tiere miteinander (taktil und akustisch)? Welches Geschlecht zirpt (nur die Männchen)? Wie sind die „Instrumente“ gebaut (Flügel mit Schrillleiste und Schrillkante)? Wie wird der Schall verstärkt und gerichtet (trichterförmiges Aufstellen der Flügel)? Womit hören die Grillen (Hörorgane auf den Schienen der Vorderbeine)?

Balz und Paarung (Instinkthandlungen) 7–10

Zweifleckgrillen-Weibchen und -Männchen für einige Tage isolieren. Dann jeweils zwei Weibchen zu einem Männchen setzen und das Verhalten als Reiz-Reaktionsschema protokollieren: Lockgesang → Antennenspiel → Werbegesang → Übergabe des Samenpakets (Spermatophore). Durch den Vergleich der Gruppenergebnisse wird deutlich, dass es sich um eine stereotype, erblich fixierte Instinktkette handelt.

Revierverhalten (Instinkthandlungen) 7–10

Zwei zuvor isolierte Zweifleckgrillen-Männchen zusammensetzen, Verhalten protokollieren: Antennenspiel (taktiler Schlüsselreiz) → Antennenpeitschen → Reviergesang → Kampf oder Flucht. Zum Vergleich zwei Weibchen zusammensetzen.

Akustische Orientierung des Grillenweibchens **8–10**
Zweifleckgrillen-Männchen einzeln in Becken setzen. Mittels eines Diktiergerätes (möglichst mit automatischer Aufnahmeregelung) den Lockgesang der Männchen aufzeichnen. Wird das Gerät in ein größeres, nur mit Weibchen besetztes Terrarium gelegt und abgespielt, bewegen sich die Weibchen auf die Schallquelle zu (positive Phonotaxis).

Eiablage und Entwicklung der Zweifleckgrille **8–10**
Die Eiablage kann leicht beobachtet werden: Begattete Weibchen (erkennbar am aufgetriebenen Hinterleib) werden in ein mit feuchtem Torf 2 cm hoch gefülltes Einmachglas gesetzt. Nach der Eiablage mit dem Legestachel können die Eier (0,5 x 2 mm) vom Glasboden entnommen werden. Unvollständige Verwandlung (Hemimetabolie): Nach 12–15 Tagen schlüpfen die Larven. Vermessen werden die Entwicklungsstadien (insgesamt 10–12) in einer mit Millimeterpapier ausgelegten Petrischale. Die Schüler registrieren a) die Ähnlichkeit der Larven mit den Imagines und b) das Fehlen eines Puppenstadiums. Sinnvoll ist der Vergleich mit der (holometabolen) Entwicklung des Mehlkäfers (➔ Seite 218).
Hinweis: Die unvollkommene Verwandlung bei Insekten lässt sich auch leicht bei Stabheuschrecken zeigen (vgl. Bässler 1965).

Ameisenmimikry der Grillenlarven **8–10**
Die Schüler beobachten die ersten Larvenstadien. Wem ähneln sie in ihrem Aussehen und mit dem unruhigen Laufverhalten (Ameisen)? Welche Bedeutung hat dieses Verhalten (Schutz vor Fressfeinden)?

Habitatpräferenzen **8–10**
Als Versteckmöglichkeiten erhalten die Zweifleckgrillen transparente Schlauchstücke von 0,8, 1,5 und 2,5 cm Innendurchmesser (Baumarkt). Wo halten sie sich bevorzugt auf (positive Thigmotaxis)?

D Beobachtungen an Rennmäusen

Rennmäuse besitzen gegenüber anderen Nagern für die Haltung in der Schule deutliche Vorteile: Anders als der Goldhamster sind sie auch tagaktiv und nicht bissig, im Vergleich zur Labormaus größer und possierlicher, eine Geruchsbelästigung tritt bei der Haltung nicht auf. Stichworte zur Biologie: Meriones unguiculatus. Ordnung Nagetiere, Familie Wühler, Unterfamilie Rennmäuse (Gerbillinae). Herkunft: Steppen der Mongolei. Körperlänge 12 cm, Schwanz 11 cm. Tragzeit ca. 25 Tage, Nesthocker. Geschlechtsreif mit 3 Monaten. Lebensdauer

3–5 Jahre. Haltung: Familienverband in handelsüblichen Kleintierkäfigen, hohe Einstreu aus Hobelspänen, Obstbaumzweige zum Nagen, Nagerfutter. Wird Grünfutter (Salat, Apfel, Möhre) gegeben, ist die Trinkflasche verzichtbar. Umgang: Niemals am Schwanzende, sondern immer am ersten, körpernahen Schwanzdrittel fassen und auf die Hand setzen.

Morphologie der Rennmaus **5–7**

Jede Tischgruppe erhält eine Rennmaus im Plastikaquarium. Die Schüler beschreiben zunächst die äußere Erscheinung der Rennmaus. Eine stark schematisierte Tafelzeichnung wird um wesentliche Körperteile (Tasthaare, große Augen und Ohren, Krallen, Nagezähne etc.) ergänzt, deren Bedeutung für die Lebensweise der Maus erklärt.

Verhaltenskatalog der Rennmaus **6–10**

Die Schüler notieren stichwortartig für 5–10 Minuten lang alle erkennbaren Verhaltensweisen und Körperstellungen. Gemeinsam wird dann ein (qualitativer) Verhaltenskatalog erstellt: Schnuppern, Wittern, Putzen, Scharren, Fressen, Sichern etc. Dabei sollte klar zwischen Beobachtung und Deutung (Furcht, Neugier, Drohen...) unterschieden werden.

Nahrungsaufnahme **5–7**

Tiere 24 Stunden lang nicht füttern. Einzelne Körner in den Käfig geben und das Fressverhalten beschreiben: Auf den Hinterläufen sitzend wird das Korn, gehalten mit den Vorderpfoten, rundum benagt.

Putzverhalten – Putzritual **5–7**

Die Schüler besprühen eine Maus mit etwas Wasser und beobachten das Putzverhalten. Womit wird geputzt (mit Pfoten und Zähnen)? Kann durch den Vergleich der Gruppenergebnisse ein bestimmtes, stereotypes Putzritual festgestellt werden (Kopf, Tasthaare, Körper, Schwanz)? Putzen sich die Tiere auch gegenseitig?

Labyrinthversuche mit der Rennmaus **8–13**

Labyrinthe, besonders Hochlabyrinthe, lassen sich leicht selbst herstellen. Die Versuchstiere 24 Stunden lang nicht füttern. Wird ihnen am Zielpunkt ihre bevorzugte Nahrung angeboten, durchlaufen sie das Labyrinth a) in immer kürzerer Zeit und b) mit immer weniger Fehlern (Sackgassen). Die Schüler diskutieren den Lernmodus (Lernen durch Versuch und Irrtum), klären dessen biologische Bedeutung (Einprägen des Fluchtwegs) und fertigen eine Lernkurve an (Abszisse: Nr. des Versuchs, Ordinate: Fehlerzahl). ➔ Seite 43.

Im Verhaltenspraktikum der Oberstufe wird eine Diskussion über die wissenschaftliche Aussagekraft dieser Versuche angeschlossen. Insbesondere Fehlerquellen in der Versuchsdurchführung, die zu falschen Schlüssen über das Lernverhalten verleiten, sollten aufgegriffen werden.

Wandkontaktverhalten – Deckungssuche bei Rennmäusen 8–10
Vorbereitung: Auf eine kunststoffbeschichtete Spanplatte (100 x 100 cm) wird ein Quadratraster (10 x 10 cm) gezeichnet. Drei Seitenwände (98 x 15 cm) werden aufgestellt und mit Klebeband verbunden. Eine Versuchsgruppe besteht aus mindestens drei Personen: „Taktgeber“, Beobachter, Protokollant. Fünf Minuten lang wird alle fünf Sekunden protokolliert, ob sich die eingesetzte Rennmaus in einem der Wandfelder oder auf einem Innenfeld aufhält. Die Gruppenergebnisse anschließend mitteln und interpretieren: Mäuse suchen Schutz und Deckung.

Weitere Beobachtungen an Rennmäusen 8–10
Welches Futter wird am liebsten gefressen? Wie richten sich die Mäuse im gereinigten Käfig häuslich ein? Wie wird ein frischer Obstbaumzweig benagt? Wie oft und wie lange ruhen Rennmäuse? Allein oder gemeinsam? Wie „begrüßen“ sich Rennmäuse? Wie sichern sie den Gruppenzusammenhalt? Wer baut und kontrolliert das Nest? Wann und wie oft werden die Jungen gesäugt? Wann werden sie selbstständig?

E Heimtiere in der Schule

Heimtiere „ausleihen“ 5–6
Fast in jeder Klasse findet sich ein Kind bereit, der Klasse sein Meerschweinchen, Zwergkaninchen oder seinen Goldhamster für eine begrenzte Zeit „auszuleihen“. Der Wunsch vieler Schüler nach einem „eigenen Tier“ ebbt meist deutlich ab, wenn sich zeigt, dass auch kleine Heimtiere Anspruch auf eine artgemäße Pflege haben. Hinsichtlich der Größe der so genannten Kleintierheime sollte die schulische Ausrüstung vorbildlich sein. Gemeinsam wird für das ausgeliehene Tier ein Pflegeplan inklusive Materialliste und Kostenkalkulation aufgestellt.

Haustierkartei – Interview mit dem Zoofachhändler 5–8
Die Schüler recherchieren in diversen Informationsquellen (Biologiebücher, Bücherkiste, Material des Zoofachhandels) Wissenswertes über beliebte Haus- und Heimtiere. So vorbereitet wird auf einem Unterrichtsgang der Zoofach-

händler nach weiteren Einzelheiten, Kosten etc. befragt (Fragen zuvor notieren!). Zusammengefasst werden die Ergebnisse der Recherche als „Haustierkartei“ oder in Form einer attraktiven Wandzeitung.

F Beobachtungen an Schnecken

Für Unterrichtszwecke besonders geeignet sind Weinbergschnecken, aber auch die kleineren Garten- und Hainbänderschnecken lassen sich gut beobachten. Fündig wird man nach Regenfällen an feucht-schattigen Stellen im Garten. Ködern lassen sich Gehäuseschnecken mit einer Mehl-Kalk-Mischung oder mit Salatblättern. Schneckenterrarium: Plastikaquarium, mindestens 2 l je Schnecke; feuchte, kalkhaltige Erde, Moospolster oder Grasboden; Fütterung mit Salat, Löwenzahn und Obst (vgl. Bruns/Nottbohm 1995).

Morphologie der Schnecke **6–9**

Der Lehrer zeichnet lediglich das Gehäuse vor, die Schüler ergänzen auf Grund ihrer Beobachtungen Körper, Atemloch, Fühler ... Wozu dient das Gehäuse (Schutz vor Austrocknung und Fressfeinden)? Wo findet das Wachstum statt (am Mantelrand)? Wie oft atmet die Schnecke?

Die Schnecke geht die Wände hoch! **6–9**

Auf eine Glasplatte (oder die Tafel) gesetzt, vermag die Schnecke auch senkrecht zu klettern. Wie gelingt ihr das (Vergleich mit zwei angefeuchteten Glasplatten)? Kontraktionswellen von unten betrachten.

Wie schnell ist die „lahme Schnecke“? **6–9**

Die Schnecke wird auf eine DIN-A3-Pappe gesetzt, die Kriechspur nachgezeichnet. Wie groß ist ihr Aktionsradius (ca. 8 cm/min)?

Feucht lebt sich's am besten: Substratpräferenz der Schnecke **6–9**

Welche Bodenbeschaffenheit bevorzugt die Schnecke? Um das herauszufinden, wird sie nacheinander auf trockenes und angefeuchtetes Fließpapier sowie auf Sandpapier gesetzt. Wie reagiert das Tier (bevorzugt feuchten Boden, auf Sandpapier kriecht sie schneller und sondert vermehrt Schleim ab)?

Sinnesleistungen der Schnecke **6–9**

Schnecken sind weder besonders reaktionsschnell, noch können sie sich gut wehren. Gerade deshalb verfügen sie über zahlreiche, überlebenswichtige Sinnesleistungen. Folgende Versuche geben Aufschluss:

- Schnecke mit dem Finger/Wattestäbchen an Fühlern und Sohlensaum berühren (zieht Fühler zurück, weicht aus),
- eine Stimmgabel in die Nähe der Schnecke halten (keine Reaktion),
- den Tisch erschüttern (zieht sich ins Gehäuse zurück),
- Schnecke mit Taschenlampe anleuchten (keine Reaktion, bevorzugt aber dunkle Habitate),
- mit einem Wattestäbchen einen Halbkreis aus Zitronensaft oder Essig um die Schnecke ziehen (zieht sich zurück).

Nahrungsaufnahme der Schnecken **5–7**

Einen Brei aus Mehl, Kalkpulver und Wasser auf den Finger streichen, die Schnecke auf die Hand setzen. Das Schaben der Reibplatte (Radula) ist deutlich zu spüren.

Sind Schnecken ortstreu? **5–7**

An einem schulnahen Fundort werden einige Schnecken mit Nagellack markiert. Wiederholte Unterrichtsgänge geben Aufschluss über den Aktionsradius.

G Beobachtungen an Regenwürmern

Regenwürmer werden am besten nach Regenfällen am Wegrand, im Kompost oder in feuchter Gartenerde gesucht. Stichworte zur Biologie: Stamm Ringelwürmer, Wenigborster (Oligochaeta), Familie Regenwürmer (Lumbricidae). Länge bis 30 cm, Bodentier, Hautatmung, Zwitter. Nahrung: angemodertes Pflanzenmaterial.

Regenwurm – genau betrachtet **5–7**

Regenwürmer in der Petrischale ausgeben, Lupen verteilen. Wo ist vorn (Kopflappen mit Mundöffnung)? Kann man oben und unten unterscheiden (Unterseite heller)? Sind Augen, Ohren, Nase zu erkennen (Nein)? Wie viele Ringe (Segmente) kann man zählen (80–150)? Ist der Wurm geschlechtsreif (Clitellum vorhanden)? Als Ergebnis fertigen die Schüler eine beschriftete Zeichnung an.

Kann man Regenwürmer hören? **5–7**

Je ein großer Regenwurm wird auf Pergament- oder Sandpapier gelegt. Kann man ihn hören? Beim Kriechen ist durch die Haarborsten (vier Paar je Segment) ein kratzendes Geräusch zu hören. Zum Fühlen der Borsten an der Bauchseite von hinten nach vorn streichen.

Wozu hat der Regenwurm „Borsten“? 5–7

Einen Regenwurm zunächst auf einer Glasplatte und dann auf feuchtem Fließpapier kriechen lassen. Wo kann er sich besser fortbewegen (auf rauen Oberflächen)? Wie lässt sich das Versuchsergebnis auf die Lebensweise im Boden übertragen?

Sehen ohne Augen? 5–7

Ein Glasrohr (Durchmesser 1–1,5 cm, Länge 25 cm) mit einer verschiebbaren Papphülse umgeben. Den Wurm abspülen, ins Glasrohr legen und zunächst fünf Minuten im Dunkeln halten. Dann das Vorderende dem Licht aussetzen (eventuell mit Taschenlampe anstrahlen). Ergebnis: Der Wurm zieht sich ins Dunkle zurück (Lichtsinnesorgane am Vorderende).

Riechen ohne Nase? 5–7

Wattestäbchen mit Essig oder Spiritus anfeuchten und in die Nähe des Wurmes bringen? Wie reagiert das Tier?

Ökologische Bedeutung des Regenwurms 5–8

Große Weckgläser oder Regenwurmkästen schichtweise mit Gartenerde (3 cm) und Sand (2 cm) füllen, eine oberste Schicht aus frischem und angerottetem Laub einbringen. Zehn bis zwölf Tiere einsetzen und den Behälter durch Pappe oder Tuch abdunkeln. Feucht halten! Die Aktivität der Würmer wird dokumentiert, indem alle zwei Tage die neu entstandenen Gänge auf einer Zeichnung des Behälters eingezeichnet werden. Welche ökologische Bedeutung kommt der „Leistung“ des Regenwurms zu?

Wie reagiert der Regenwurm bei Regen? 5–7

Ein Holzlineal leicht auf die Erde und den Rand des Regenwurmbehälters legen. Rhythmisch auf das Lineal klopfen. Was wird dadurch simuliert (Regen)? Wie reagiert der Wurm? Er kommt an die Erdoberfläche (Erstickungsgefahr!).

H Beobachtungen an Wasserinsekten

Atmung bei Wasserinsekten: Wer taucht am längsten? 5–7

Im Kleingewässer werden mittels Fangnetz oder Küchensieb wasserlebende Insekten (Ruderwanzen, Rückenschwimmer, Wasserskorpion) gefangen und separat (!) in Miniaquarien untergebracht. Warum müssen sie periodisch zur Wasseroberfläche auftauchen? Beobachtet und verglichen wird, wie sie an der Oberfläche atmen, gemessen wird die Dauer der „Tauchgänge“.

Fortbewegung bei Wasserinsekten **5–7**
Unter dem Aspekt der „Anpassung an den Lebensraum Wasser“ werden Körperform und Fortbewegung der gefangenen Tiere miteinander verglichen. Wie sind die Beine jeweils zu „Rudern“ umgestaltet?

Vollkommene Entwicklung der Stechmücke **6–8**
„Eischiffchen“ oder Larven der Stechmücke (Culex pipiens) werden im Sommer aus Tümpeln oder Regentonnen gesammelt und in Miniaquarien untergebracht (vermoderndes Pflanzenmaterial als Bodengrund, Abdeckung aus Fliegengaze). Beobachtet und chronologisch protokolliert wird die vollkommene Verwandlung der Insekten.

Fluchtverhalten der Mückenlarven (Habituation) **6–8**
Ein beleuchtetes Gefäß mit ca. zehn Mückenlarven wird mittels einer Pappe plötzlich abgedunkelt bzw. erschüttert. Reaktion der Larven (Abtauchen)? Erklärung (Schutz vor Fressfeinden)? Wird der Versuch wiederholt, gewöhnen sich die Larven an den Reiz. Wie viele Larven tauchen jeweils noch ab?

Räuber-Beute-Verhalten bei Wasserinsekten **6–8**
Warum nehmen die Stechmücken im Sommer nicht überhand? In jedes Gefäß mit räuberischen Wasserinsekten (➔ Seite 225) werden einige Stechmücken-Larven gegeben. Wodurch wird das Beutefangverhalten ausgelöst (v. a. Bewegungsreiz)? Wie wird die Beute ergriffen und verzehrt?

Bauch zum Licht: Der Rückenschwimmer **5–6**
Rückenschwimmer drehen sich stets so, dass ihr Bauch zur Lichtquelle zeigt. Wird das Gefäß von unten beleuchtet, übt der Rückenschwimmer sich im Brustschwimmen! (vgl. Greisenegger 1988, S. 44)

I Vivarien-Patenschaften

Tier-Patenschaften übernehmen – Pflegetagebuch **5–13**
Schüler übernehmen für einige Zeit die Pflege eines Aquariums (➔ Seite 214 f.), Insektariums oder Terrariums (Pflegeplan entwerfen!). Schnell identifizieren sie sich mit den Tieren und entwickeln eine persönliche, auch affektiv gefärbte Beziehung zu ihren Pfleglingen. Besondere Ereignisse werden in einem Pflegetagebuch festgehalten. Die „alten Hasen“ führen die „Neulinge“ in die Pflegetätigkeit ein.

Steckbriefe schreiben **5–13**

Die Schüler entwerfen Informationsblätter bzw. Steckbriefe über die im Vivarium gepflegten Tiere, die – illustriert durch eine Zeichnung, ein Foto oder eine geographische Verbreitungskarte – am Vivarium befestigt werden.

Beobachtungsaufgaben formulieren **5–13**

Wiederum ist die „Schulöffentlichkeit“ der Adressat: Ausgehend von konkreten Untersuchungen und Beobachtungen formulieren die Schüler Beobachtungsaufgaben, die auf typische Verhaltensweisen der gepflegten Tiere aufmerksam machen: Zirpen auch die Grillenweibchen? Welche Fische ernähren sich ausschließlich von Algen? Die „Lösungen“ werden – verdeckt unter einer Klappkarte – ebenfalls präsentiert.

J Untersuchungen an Pflanzen

Die Erbsentrommel: Volumenzunahme quellender Samen **5–8**

Pflanzensamen müssen (als wasserarme Dauerstadien) vor der Keimung Wasser aufnehmen. Folgender Versuch demonstriert die Volumenzunahme auf akustische Weise: Einen Sektkelch mit Erbsen füllen und auf eine leere Keksdose aus Blech stellen. Den Kelch randvoll mit Wasser füllen. Die quellenden Samen schieben sich nacheinander über den Rand und fallen auf die „Blechtrommel“.

Quellende Samen als „Gewichtheber“ **5–8**

Ein Glas zur Hälfte mit trockenen Erbsen füllen. So viel Wasser auffüllen, dass die Erbsen bedeckt sind. Hierauf kommt zunächst ein Stück feste Pappe oder Nadelfilz (Höhe am Glasrand markieren), dann ein Gewicht (Kieselstein o. Ä.). Kontrolliert wird die „Hebeleistung“ am folgenden Tag.

Sprengung mit Bohnensamen **5–8**

In Jogurtbechern zunächst einen Gipsbrei anrühren. Pro Becher fünf Bohnensamen in den noch weichen Brei drücken. Nach 15–30 Minuten den ausgehärteten Gipsblock aus der Form kippen und in ein Wasserbad legen. Was geschieht? (Wasser dringt in den Gipsblock ein, der von den quellenden Samen „gesprengt“ wird.)

Welche Funktion haben die Keimblätter? **5–8**

Samen der Gartenbohne in feuchter Watte quellen lassen, bis sie auskeimen. Bei einigen Keimlingen wird ein, bei anderen werden beide Keimblätter entfernt.

Wie entwickeln sich die eingetopften Jungpflanzen im Vergleich zum Kontrollversuch, bei dem beide Keimblätter unversehrt belassen wurden?

Schadet Streusalz den Pflanzen? 7–8

Folgender Simulationsversuch belegt den negativen Einfluss des winterlichen Streusalzes auf das Pflanzenwachstum: In drei kleinen Töpfen je 20–30 Kressesamen aussäen. Topf 1 wird mit Leitungswasser gegossen, Topf 2 bis zum Keimen der Saat ebenfalls mit Leitungswasser, anschließend mit einer verdünnten Salzlösung (25 g auf 500 ml). Topf 3 wird ausschließlich mit Salzlösung gegossen. Wie gedeihen die Keimlinge?

Weiße Blüten werden rot – Wasserleitung in der Sprossachse 5–8

Sprosse vom Fleißigen Lieschen werden – frisch geschnitten – in ein Glasgefäß gestellt, das zuvor mit rot gefärbtem Wasser (Eosin oder rote Tinte) gefüllt wurde. Alle 5–10 Minuten wird protokolliert, wie weit die rote Flüssigkeit im (durchsichtigen) Stängel nach oben gestiegen ist. Wann erreicht sie die ersten Blätter, wann bei weiß blühenden Exemplaren (auch von Margeriten, Rosen oder Nelken) die Blüten? Stängelquerschnitt mit Lupe oder Mikroskop untersuchen.

„Schwitzende" Pflanzen – Wasserverdunstung der Blätter 5–8

Einen Spross des Fleißigen Lieschens (möglichst bewurzelt) in einen wassergefüllten Standzylinder stellen. Die Oberfläche des Wassers zum Schutz vor Verdunstung mit Öl bedecken, den Wasserstand am Zylinder markieren, abschließend eine Plastiktüte über den Spross stülpen und mit einem Gummiband befestigen. Was kann an den folgenden Tagen beobachtet werden? (Bildung von Kondenstropfen, sinkender Wasserstand.) Welche Bedeutung hat die Verdunstung für den Wasser- und Mineralstofftransport in der Pflanze?

Ein zweiter Versuchsansatz verdeutlicht die quantitative Abhängigkeit der Verdunstung von der Anzahl der Blätter: Versuchsaufbau wie oben, allerdings in zweifacher Ausführung und ohne Plastiktüten. Bei einem der beiden Sprosse werden alle Blätter entfernt. Verglichen wird die die Höhe des Wasserspiegels nach 2–3 Tagen.

Wie beeinflusst Düngung das Pflanzenwachstum? 7–8

Benötigt werden wiederum zwei Standzylinder, einer wird mit abgekochtem Leitungswasser gefüllt, der zweite mit einer Nährstofflösung (handelsüblichen Flüssigdünger nach Vorschrift mit Wasser verdünnen). Fünf Tage alte Weizenpflanzen (im Blumentopf vorkeimen lassen) oder bewurzelte Stecklinge des Fleißigen Lieschens in die Zylinder stellen und mit Watte fixicren. Verglichen wird die Entwicklung der Pflanzen nach ca. 2–3 Wochen.

Wurzelwachstum sichtbar gemacht – Geotropismus 5–6

Die Außenwand eines verschließbaren Glases zunächst mit Küchenkrepp auskleiden, den Innenraum dann mit Zeitungspapier ausstopfen. Bohnensamen an die Glaswand bringen, dann das Papier anfeuchten. Kippt man das Glas 8–10 Tage lang in Abständen von 1–2 Tagen auf die Seite, wächst die Wurzel treppenförmig nach unten: Orientierung an der Schwerkraft (Geotropismus).

Dem Licht entgegen: Fototropismus bei der Kresse 5–8

Schuhkartons werden an einer Seite mit einem Loch von 2–3 cm Durchmesser versehen. Kressesamen in Petrischalen oder kleinen Töpfen aussäen, die Erde anfeuchten und in den Karton stellen. Nach dem Keimen wächst der „Kresserasen“ dem Lichteinfall entgegen (Fototropismus).

Abhängigkeit der Fotosynthese von der Lichtintensität 7–9

Sprosse der Wasserpest werden an der Spitze mit einer Büroklammern beschwert und „kopfüber“ in wassergefüllte Reagenzgläser gebracht. Beleuchtet werden die Sprosse mit Hilfe eines Diaprojektors zunächst aus 30, dann aus 60 und schließlich aus 90 cm Entfernung. Wie viel Sauerstoffbläschen treten pro Minute an der Schnittstelle der Sprosse aus?

Abhängigkeit der Fotosynthese vom Kohlendioxid 7–9
Versuchsaufbau wie im vorherigen Versuch, allerdings sind die Reagenzgläser jetzt unterschiedlich gefüllt: Glas 1 mit destilliertem Wasser, Glas 2 mit Leitungswasser, Glas 3 mit einer Mischung aus Leitungs- und Mineralwasser. Wo entwickeln sich – bei gleicher Lichtintensität – die meisten Sauerstoffbläschen?

„Grünes Klassenzimmer" – Vegetative Vermehrung 5–8
Grünpflanzen sind nicht nur eine ästhetische Bereicherung, sie verbessern auch das „biologische Klima" des Klassenraums. Ausgehend von der Fragestellung, welche Pflanzen für die Klasse geeignet sind (Lichtansprüche) und wie sie sich vermehren lassen, fragen die Schüler bei Eltern, Bekannten und in Gärtnereien nach Ablegern und Stecklingen wenig anspruchsvoller Zimmerpflanzen. Geeignet sind u.a. Grünlilien, Ampelkraut, Zyperngras, Buntnessel etc., deren Herkunft und Ansprüche recherchiert und auf Pflegekärtchen vermerkt werden.

Baumschule auf dem Fensterbrett 5–6
Im Spätherbst gesammelte Eicheln und Kastanien zunächst 24 Stunden in Wasser vorquellen. Jeweils zwei Samen in beschriftete Töpfe aussäen, mit Erde bedecken (Faustregel: Schichtdicke = Samenhöhe), anfeuchten und bis zur Keimung im Frühjahr an einen hellen Ort stellen und feucht halten. Ausgepflanzt wird im Frühherbst. Attraktiv ist auch die Vermehrung von Südfrüchten.

Literatur
Bässler, U.: Das Stabheuschrecken-Praktikum. Stuttgart 1965
Bruns, M., Nottbohm, G.: Lebenszeichen: Beobachtungen an Schnirkelschnecken. In: Unterricht Biologie 205/1995, S. 17-21
Durrell, G.: Gerald Durrells Naturführer. München 1983
Gattermann, R.: Verhaltensbiologisches Praktikum. Köln 1990
Gerasch, R.: Akustische Kommunikation bei Grillen. In: Unterricht Biologie, 41/1980, S. 24-29
Greisenegger, I., u. a.: Umweltspürnasen: Aktivbuch Tümpel und Teich. Wien 1988
Kähler, H., Wimmel-Steger, E.: Grundlagen der Verhaltenslehre. Köln 1994
Mau, K.-G.: Fortpflanzung und Entwicklung eines Insekts. In: Unterricht Biologie, 32/1979, S. 18-28
Staeck, L.: Verhaltensbiologie. In: ders.: Zeitgemäßer Biologieunterricht. Berlin 1995, S. 135-168
Wagener, A.: Biologie unterrichten. Heidelberg/Wiesbaden 1992
Vierke, J.: Fischverhalten beobachten und verstehen. Stuttgart 1994

Hauke Kruse

17 Neue Medien im Biologieunterricht

Der Einsatz der so genannten *Neuen Medien* im Unterricht wird angesichts ihrer wachsenden Bedeutung in der Gesellschaft immer häufiger gefordert. Hier soll deshalb an einigen Beispielen aufgezeigt werden, welche neuen Möglichkeiten die *CD-ROM*, das *Internet* und spezielle *Computerprogramme* für den Biologieunterricht eröffnen können.
Die Leistungsfähigkeit dieser Medien hängt naturgemäß stark davon ab, wie weit wir uns als Fachlehrer in den Umgang mit ihnen eingearbeitet haben. Doch auch für diejenigen, die auf diesem Gebiet „Einsteiger" sind, lassen sie sich zumindest zur Unterrichtsvorbereitung Gewinn bringend nutzen.
Fortgeschrittene Anwender (und der Fortschritt stellt sich hier durch die Nutzung fast von selbst ein) werden diese Medien in zunehmendem Maße auch direkt im Unterricht einsetzen. So lässt sich beispielsweise das Internet mit seinen aktuellen, vielfältigen und rasch verfügbaren Informationen nutzen, um den Unterricht effizienter auf aktuellem Stand zu halten oder Anregungen für Arbeitsblätter aufzunehmen. Nach einiger Übung kann man dazu übergehen, die Schüler selbst gezielt mit diesem Medium experimentieren zu lassen. Hierbei sind dann nicht allein die biologischen Inhalte von Bedeutung, sondern auch die Fertigkeiten, die im Umgang mit den Neuen Medien erworben werden, ganz zu schweigen vom Motivationsgewinn, den diese für das Lernen mit sich bringen.

Klare Vorteile der „neuen" Medien gegenüber den „alten" sehe ich in folgenden Punkten:

1. Viele Internetseiten und CD-ROMs bieten eine Kombination von Text, Bild, Film und Ton, wie wir sie bisher nur durch die gleichzeitige Nutzung verschiedener Medien erreichen konnten. Mit Hilfe so genannter *Webcams* können sogar Tiere in anderen Erdteilen zeitgleich im Internet beobachtet werden (z.B. Bären am McNeill River in Alaska unter: http://www.nationalgeographic.com/bearcam/).
2. Interaktive Internetseiten und CD-ROMs, die bei der Bearbeitung von Aufgaben Feed-back geben, ermöglichen den Schülern selbstständiges Arbeiten im eigenen Tempo und mit individuellen Schwerpunkten (fast) ohne Zutun des Lehrers. Dies war mit herkömmlichen Medien bisher nicht möglich.
3. Aufwändige, langwierige oder kostspielige Experimente und auch solche, die aus Sicherheitsgründen nicht im Unterricht durchgeführt werden dürfen (z. B. Experimente mit humanpathogenen Bakterien), können teilweise durch Computersimulationen ersetzt werden.

Die Darstellung aller Grundfertigkeiten sowie technischen Voraussetzungen im Umgang mit den Neuen Medien würde den Rahmen dieses Kapitels sprengen. Deshalb sei hier verwiesen auf einen Basisartikel von Martin Rausch (➔ Literatur), auf Handbücher zum Thema *Neue Medien* und auf entsprechende Kurse, die derzeit in allen Bundesländern für unterschiedliche Vorkenntnisse angeboten werden.

A CD-ROMs zur Unterrichtsvorbereitung

Eine Reihe von Schulbuchverlagen bietet inzwischen Aufgabensammlungen sowie Lehrerhandbücher mit Arbeitsblattvorschlägen und Bildarchiven für die Unterrichtsvorbereitung auf CD-ROM an. Der Vorteil gegenüber den herkömmlichen Lehrerhandbüchern mit Kopiervorlagen besteht darin, dass die Aufgaben und Arbeitsblätter beliebig verändert werden können. So lassen sich Abbildungen oder Text anders positionieren, entfernen, farblich verändern, hervorheben oder durch eigene Textbausteine ergänzen. (Siehe hierzu die unter C beschriebenen Techniken zur Bearbeitung von Grafiken in Textverarbeitungsprogrammen.) Eine auch für Anfänger verständliche Anleitung zur Installation und Handhabung ist in der Regel beigefügt.
Gut arbeiten lässt sich mit folgenden CD-ROMs (Stand 2000):

- *„Arbeitsblätter Biologie, Klasse 5–10"* (Westermann)
- *„Bilderdatenbank Biologie"* (Cornelsen) – mit ihr können eigene Arbeitsblätter gestaltet werden

Gute Anregungen bieten die folgenden CD-ROMs (Stand 2000):

- *„Natura"* (Klett)
- *„Unterricht Biologie"* (Friedrich)

B Interaktive CD-ROMs im Unterricht

Je nach Ausstattung der Schule (multimediafähiger Einzelrechner, Beamer, Computerraum ...) gibt es verschiedene Möglichkeiten, CD-ROMs im Unterricht einzusetzen, wobei diese selbstverständlich in der entsprechend lizenzierten Form (Einzellizenz, Gruppenlizenz) vorliegen müssen:

- Einsatz einer einzelnen CD-ROM am Einzelrechner. Wenn die ganze Klasse die Vorgänge verfolgen soll, ist es sinnvoll, einen Bildschirmprojektor *(Beamer)* einzusetzen.
- Einsatz mehrerer CD-ROMs im Computerraum, wobei an jedem Computerarbeitsplatz ein Exemplar der CD-ROM installiert ist.

- Einsatz einer einzelnen netzfähigen Version der CD-ROM im Computerraum, die im Netz installiert wird, sodass die Schüler von ihren Rechnern aus darauf zugreifen können. Nach bisherigen Erfahrungen sind in diesem Fall die Zugriffszeiten jedoch wesentlich länger als bei der Einzelplatzinstallation, weshalb mit deutlich langsamerem Arbeitstempo gerechnet werden muss. Außerdem sind viele der erhältlichen CD-ROMs noch nicht netzwerkfähig.

Hierzu einige Beispiele aus der Unterrichtspraxis. Sie sind als Denkanstöße gedacht, die sich sicherlich leicht auf andere Themenbereiche übertragen lassen.

Lernzirkel-Station **9/10**

Ausstattung: Multimediafähiger Computer (ohne Beamer), CD-ROM *„Das Wunder unseres Körpers“* (Bibliographisches Institut/Brockhaus) oder eine vergleichbare CD-ROM
Die CD-ROM wird als Station in einem Lernzirkel zum Thema „Knochen und Muskulatur“ (oder ein anderes Organsystem) neben Experimenten, Rätseln u. a. eingebaut. Dazu wird z. B. ein Fragebogen erstellt, zu dessen Bearbeitung die CD-ROM genutzt wird.
Erfahrungsgemäß ist die Motivation bei der Informationssuche am Computer zumindest derzeit noch sehr hoch. Warum sollten wir das nicht nutzen?

Diashow mit Vogelstimmen **6–10**

Ausstattung: Multimediafähiger Computer mit Beamer, CD-ROM *„Vogelatlas“* (Kosmos, auch über FWU 66 00180 entleihbar)
Die Diasammlungen der meisten Schulen enthalten häufig alte und dadurch farblich verfälschte Dias. Mit Hilfe eines multimediafähigen Computers mit Beamer lassen sich individuelle Diashows in sehr guter Bildqualität zusammen stellen. Der *„Vogelatlas“* bietet hierzu eine Auswahl von 345 Vogelarten. Außerdem hat die CD-ROM den Vorteil, dass – ohne den zusätzlichen Einsatz eines Kassettenrekorders oder CD-Spielers – zu jedem Bild das Tonbeispiel demonstriert werden kann. So lassen sich Bild und Stimme in einer Übungsphase vorführen, um anschließend Kennübungen nur mit den Klangbeispielen und ohne Bilder durchzuführen.

Projekt: Vogelbestimmung **6–10**

Ausstattung: Computerraum, CD-ROM „Vogelatlas“ (Kosmos, auch über FWU 66 00180 entleihbar)
Im Computerraum bietet die CD-ROM *„Vogelatlas“* weitere Einsatzmöglichkeiten, denn sie enthält Bestimmungshilfen und Verbreitungskarten, zudem können Datenbanken anlegt und Daten grafisch dargestellt werden.

Im Rahmen eines Projektes „Die Vögel in der Umgebung unserer Schule" können die Schüler mit Hilfe dieser CD-ROM z. B. Vögel bestimmen, die Daten anschließend in einer selbst angelegten Datenbank festhalten und die Ergebnisse grafisch aufbereiten.

Thema: Amphibien **6**

Ausstattung: Computerraum, CD-ROM *„Amphibien und ihre Lebensräume"* (Multimediale Konzepte/Jürg Fraefel, Mediaatelier Schweiz; im Internet unter: http://www.mediaatelier.ch oder http://www.fraefel.ch)

Diese CD-ROM mit vielen interaktiven Elementen bietet folgende Möglichkeiten des Einsatzes im Unterricht:

- Gruppenteilig kann die Lebensweise von Amphibien in zwölf verschiedenen Lebensräumen erarbeitet werden (welche Schule hat so viele verschiedene Lebensräume in unmittelbarer Umgebung für Lerngänge zur Verfügung?).
- Der Körperbau der Amphibien kann mit Hilfe von interaktiven Arbeitsblättern kennen gelernt und eingeübt werden. Im Gegensatz zu einem herkömmlichen Arbeitsblatt können die Schüler Beschriftungen nicht nur einmalig anbringen. Bei fehlerhafter Beschriftung werden sie vom Programm auf Fehler hingewiesen und erhalten die Möglichkeit, diese mehrmals zu verbessern.
- Nahrungsketten können von Schülern interaktiv erstellt werden, wobei das Programm hier ebenfalls eine Kontrollfunktion ausübt.
- Eingebundene interaktive Spiele eignen sich sowohl zur Festigung zuvor erworbenen Wissens als auch zur Lernkontrolle. Beispiele hierfür: das „Einarmiger-Bandit-Spiel", in dem Eier, Larven und Adulttiere einander zugeordnet werden müssen, oder die „Foto-Tour", bei der aus einer am Bildschirm dargestellten Auswahl von Amphibien dasjenige zu „fotografieren" ist, dessen Stimme wiedergegeben wird. Als zusätzliche Motivation können bei diesen Spielen „Kröten" gewonnen und verloren werden. Denkbar ist auch, diese Spiele als Vorbereitung für einen Lerngang einzusetzen.
- Die CD-ROM enthält außerdem eine für die Lehrerhand gedachte, sehr ausführliche Sammlung von Arbeitsblättern im pdf-Format *(printable document format*, d. h., man kann diese Datei ausdrucken, nicht jedoch im Textverarbeitungsprogramm editieren). Sie eignen sich teilweise gut für ein fächerverbindendes Projekt (z. B. Gedichte und Geschichten für den Deutschunterricht).

Selbstverständlich ist hier keine erschöpfende Aufzählung aller sinnvoll einzusetzenden CD-ROMs möglich. Jeder Lehrer wird sich sein eigenes Urteil bilden müssen. Eine wertvolle Orientierung können hierbei Besprechungen von CD-ROMs in der Fachliteratur und im Internet sein. Hilfreiche Adressen im Internet:

- http://www.gym-ett.og.schule-bw.de/nmedbio/swliste.htm
- http://www.leu.bw.schule.de/allg/mmsoft/

C Internet für Lehrer

Außer zur Versorgung mit aktuellen Informationen und Datenmaterial kann das Internet auch als Quelle für Grafiken und konkrete Unterrichtsvorschläge dienen.

- Diverse deutsche und internationale Zeitungen finden sich unter: http://www.zeitung.de, http://www.all-links.com/newscentral/, http://www.paperball.de
- Der deutsche Bildungsserver bietet konkrete Unterrichtsmaterialien an unter: http://www.dbs.schule.de; ebenso die verschiedenen Landesbildungsserver
- Die Zentrale für Unterrichtsmedien findet sich im Internet unter: http://www.zum.de

Wichtig: Bei Verwendung in vervielfältigtem Material sind die Copyright-Bestimmungen zu beachten.

Dokumente aus dem Internet drucken und bearbeiten

Für das „Herunterladen“ (lokales Speichern), Drucken und Bearbeiten von Dokumenten aus dem Internet (Texte und Grafiken) in Verbindung mit Standardsoftware (Textverarbeitung) ohne zusätzliches Grafikprogramm hier eine kurze Hilfestellung.

a) Eine komplette Internetseite kopieren

- Eine komplette Internetseite (oft mehrere DIN-A4-Seiten) ohne weitere Bearbeitung drucken: Im Browser: In der Menüleiste unter *<Datei>*, Menüpunkt *<Drucken>* auswählen.
- Eine bestimmte DIN-A4-Seite einer Internetseite drucken: Im Browser: *<Datei>*, *<Seitenansicht>*, die zu druckende Seite auswählen und drucken.
- Den Text einer Internetseite in ein Textverarbeitungsprogramm kopieren: Im Browser: Mittels *<Bearbeiten>*, *<Alles markieren>*, und anschließend: *<Bearbeiten>*, *<Kopieren>* (oder kurz: Tastenkombination *Strg + C*) den Text in die Zwischenablage des Betriebssystems kopieren. Dann Textverarbeitung öffnen und mit *<Bearbeiten>*, *<Einfügen>* (oder *Strg + V*) den Inhalt der Zwischenablage in das Dokument übernehmen. Damit wird nur der Text, ohne Formatierung und Grafiken kopiert. Eventuell können Grafiken extra kopiert und später eingebaut werden (s. u.: Grafiken speichern).
- Den Inhalt einer Internetseite einschließlich Text, Formatierung und Grafiken in ein Textverarbeitungsprogramm übernehmen: *<Datei>*, *<Speichern unter>* auswählen (beim Netscape Browser muss hierzu zuvor der Menüpunkt *<Datei>*, *<Seite bearbeiten>* ausgewählt werden) und die Datei auf der Festplatte speichern. Nun kann die Datei wieder in die Textverarbeitung über *<Einfügen>*, *<Datei>* eingebunden werden.

Im Folgenden wird beschrieben, wie Grafiken in aktuellen Versionen von Microsoft® Word gespeichert und bearbeitet werden können. In anderen Textverarbeitungsprogrammen müsste es ähnlich funktionieren.

b) Grafiken speichern

- Grafik mit rechter Maustaste anklicken (inspizieren), im sich öffnenden Kontextmenü <*Speichern unter*> auswählen und auf der Festplatte speichern. Dann Textverarbeitung öffnen, unter <*Einfügen*>, <*Grafik*>, <*aus Datei*> auswählen: Grafik erscheint im Dokument und kann dort weiter bearbeitet werden.

c) Grafiken bearbeiten

- Grafik positionieren: Grafik anklicken, dann erscheinen die Rahmenpunkte. Sobald ein schwarzer Kreuzpfeil über der Grafik zu sehen ist, kann die Grafik bei gedrückter linker Maustaste im Dokument verschoben werden.
- Grafik maßstabsgetreu vergrößern oder verkleinern: Grafik anklicken und an den Eckpunkten des Rahmens (schwarzer Doppelpfeil sichtbar) ziehen bzw. stauchen.
- Grafik verzerren: An den Punkten oben oder seitlich ziehen bzw. stauchen (schwarzer Doppelpfeil sichtbar).
- Grafik zuschneiden: Symbolleiste Grafik auswählen über <*Ansicht*>, <*Symbolleisten*>, <*Grafik*>. Dann Grafik anklicken, es müssen weiße Rahmenpunkte erscheinen. Falls das nicht der Fall ist: Grafik erneut anklicken in der Symbolleiste <*Grafik*> auf das Symbol <*Textfluss*> klicken und dort den Menüpunkt <*Rahmenpunkte bearbeiten*> auswählen. Sobald die weißen Rahmenpunkte erscheinen, das Symbol <*Zuschneiden*> anklicken und mit der „Schere“ die Grafik nach Bedarf zuschneiden.
- Grafik farblich verändern: In der Symbolleiste <*Grafik*> befinden sich Menüpunkte zur Bearbeitung von Helligkeit, Farbigkeit und Kontrast der Grafik. Sie können jeweils durch vorheriges Anklicken der Grafik eingesetzt werden.
- „Löschen“ von Grafikteilen: Hierbei werden Teile der Grafik eigentlich nur mit einem weißen Feld überdeckt, nicht wirklich gelöscht. Dazu: <*Einfügen*>, <*Textfeld*>. Ins Dokument klicken. Textfeld (wie für Grafik beschrieben) in der Größe anpassen und positionieren. Anschließend das Textfeld formatieren über: <*Format*>, <*Textfeld*>, <*Farbe*>, <*keine Linie*>.

d) Eigene grafische Elemente hinzufügen

- Symbolleiste „Zeichnen“ aktivieren über <*Ansicht*>, <*Symbolleisten*>, <*Zeichnen*>. In der Symbolleiste <*Autoformen*> anklicken und dort die gewünschten grafischen Elemente auswählen. Durch linken Mausklick auf das Dokument erscheinen diese in ihrem Dokument und können – wie oben für Grafiken beschrieben – positioniert und in Form, Farbe und Größe verändert werden.

Internetadressen für Biologielehrer

Auf eine Liste konkreter Internetseiten für den Biologieunterricht soll hier verzichtet werden, da das Internet ein Medium ist, das sehr viel rascher mit „Neuauflagen" aufwartet, als ein Verlag dies mit seinen Büchern kann. Dennoch soll eine Adresse erwähnt werden, die eine wertvolle Hilfe für Biologielehrer sein kann. Auf der *Homepage* des Oberschulamts Stuttgart befindet sich eine speziell für die Biologie zusammengestellte und nach Fachgebieten geordnete Übersicht von Internetadressen für Lehrer. Außerdem finden sich auf dieser regelmäßig gepflegten Seite:

- allgemeine Informationen über den Umgang mit dem Internet,
- *Links* zu diversen anderen Bildungseinrichtungen (z. B. Bundesbildungsserver, Zentrale für Unterrichtsmedien, Suchmaschinen und Kataloge) sowie
- eine Reihe von Arbeitsblättern, die im Unterricht eingesetzt werden können.

Die Adresse: http://www.osa.s.bw.schule.de/gym/biologie/wegweis/url_list.htm

D Internet im Unterricht

Es gibt verschiedene Möglichkeiten, im Computerraum mit Schülern im Internet zu arbeiten:

- Die Schüler recherchieren selbstständig neues Material zu einem konkreten Thema, eventuell gruppenteilig mit unterschiedlichen Schwerpunkten. Das heißt, sie arbeiten mit verschiedenen Internetadressen oder verwenden Kataloge und Suchmaschinen. Diese Form der Arbeit im Internet eignet sich meines Erachtens vor allem für Schüler ab Klasse 10.
- Schüler „trainieren" ein bestimmtes Thema mit Hilfe von entsprechenden interaktiven *Websites* (siehe hierzu auch Abschnitt E)
- Schüler arbeiten mit mehr oder weniger starker Lehrerführung gezielt zu einem bestimmten Thema mit einer oder wenigen vom Lehrer vorrecherchierten Internetadressen und erhalten dazu konkrete Aufgaben (z. B. Arbeitsblatt).
- Eine Schülergruppe arbeitet als so genanntes *virtuelles Team* zusammen mit einer Gruppe aus einer anderen Stadt, Region oder sogar einem anderen Land (z. B. Gewässeruntersuchungen verschiedener Schulen entlang eines Fließgewässers, wobei Daten per E-Mail ausgetauscht werden).

Grundsätzlich ist es sinnvoll, für die Arbeit im Internet Doppelstunden zu veranschlagen, was eventuell durch einen Stundentausch ermöglicht werden kann. Besonders wichtig ist dies, wenn *online* im Internet gearbeitet wird, da die Zugriffszeiten auf Internetseiten stark von der sonstigen Netzauslastung abhängen und daher schwanken können.

Um das Zeitrisiko und auch die Sorge wegen zeitweise auftretender Probleme beim Server des Anbieters der betreffenden Internetseiten oder des Internetzugangs der Schule zu minimieren, ist es auch möglich, eine komplette Internetsite vorab herunterzuladen. Dazu benötigt man ein speziell hierfür vorgesehenes Programm, einen *Webgrabber* bzw. *Offline-Reader*. Dann kann die heruntergeladene *Website* allen Schülern auf der Festplatte zugänglich gemacht werden. Eine Anleitung hierzu finden Sie auf der o. g. *Homepage* des OSA Stuttgart (➔ Seite 237). Diese Form des *Offline*-Arbeitens mit dem Internet bietet den zusätzlichen Vorteil, dass die Schüler nur die heruntergeladene *Website* nutzen können und nicht Gefahr laufen, den verlockenden anderen Angeboten des Internets zu erliegen.
Arbeitet eine Klasse erstmalig mit dem Internet, sollte vorab eine kurze Einführung in die Oberfläche verwendeten *Browsers* gegeben und auch das Navigieren auf dieser Oberfläche kurz erläutert werden. Dies kann auch im Rahmen des normalen Unterrichts, beispielsweise mit Overheadfolien, erfolgen.

Für jüngere Schüler bieten sich vor allem das Arbeiten mit interaktiven *Websites* und das geführte Arbeiten mit bestimmten Internetadressen an. Für die Arbeit mit einer ausgewählten Internetadresse hier ein konkretes Beispiel:

Thema Amphibien **6**

Ausstattung: Computerraum, Internetzugang
Die Schüler erhalten (sofern nötig) eine ganz knappe Einführung in die Bedienung der Rechner und des *Browsers*. Erfahrungsgemäß gibt es auch in einer 6. Klasse schon einige „Computerexperten". Diese Schüler können bei einer ersten Begegnung der Klasse mit dem Internet in der Regel gut als „Assistenten" eingesetzt werden.
Im Normalfall wird man zwei Schüler im Team an einem Computer arbeiten lassen müssen. Es gibt zwei Möglichkeiten, diese Teams zu bilden:

- Schüler mit gleichem Wissenstand bezüglich der Computertechniken arbeiten zusammen.
- Ein „Anfänger" und ein „Experte" arbeiten zusammen. Vorteil: Die „Experten" übernehmen einen Teil der Einführung in den Umgang mit Computer und Internet. Nachteil: Es muss sehr darauf geachtet werden, dass auch die „Anfänger" eine Chance bekommen, mit der Tastatur und der Maus zu arbeiten.

Die Schüler bearbeiten dann mit Hilfe der Internetadresse das auf Seite 239 abgebildete Arbeitsblatt. Jedes Team kann Reihenfolge und Zeiteinteilung selbst bestimmen. Eine Auswertung des Arbeitsblattes erfolgt in der folgenden Unterrichtsstunde. Hausaufgabe kann sein, sich ein Amphibium auszusuchen und hierzu weitere Informationen (auch mit herkömmlichen Medien) zu sammeln.

Amphibien im Internet kennen lernen
Gib im Adressfeld der Browser-Oberfläche die Adresse des „Amphibienführers“ von Friedo Berninghausen ein: http://www.kaulquappe.de.
Du kannst nun durch Anklicken der entsprechenden Themen im linken Rahmen und mit Hilfe der unterstrichenen *Links* die folgenden Aufgaben lösen. Trage die Antworten und Zeichnungen in dein Biologieheft ein.

1. Laichformen bei Amphibien

a) Stell dir vor, du entdeckst in einem Teich Eier an der Unterseite einer Wasserpflanze und willst wissen, von wem der Laich stammt. (Du findest die Informationen dazu, wenn du „Bestimmung von Amphibienlarven“ anklickst.)
b) Zeichne die verschiedenen Laich-Varianten von *Kröten* und beschrifte sie.
c) Worin unterscheidet sich *Unken*-Laich von dem der sog. *Echten Frösche*?

2. Amphibien Deutschlands

a) Wie lautet der Gattungsname (erster Teil des lateinischen Namens) der *Unken*, der *Molche*, der *Salamander*, der meisten *Kröten* und der meisten *Frösche*?
b) Die Pupillenform ist ein mögliches Bestimmungsmerkmal bei Amphibien. Zeichne die Pupillenform von *Rotbauchunke*, *Geburtshelferkröte* und *Grasfrosch* und beschrifte sie.
c) *Unken* zeigen eine typische Färbung auf der Bauchseite. Wie kann man verschiedene Gelbbauchunken voneinander unterscheiden?
d) Wie unterscheidet sich die Verbreitung der *Rotbauchunken* von derjenigen der *Gelbbauchunken*?
e) Bei den Molchen sind Männchen und Weibchen sehr leicht zu unterscheiden. Male die hier abgebildeten *Teichmolche* entsprechend aus und schreibe die auffälligsten Unterschiede beim *Kammmolch* in dein Heft.

© Friedo Berninghausen

f) Wie kann man an einer Kaulquappe ganz leicht erkennen, ob aus ihr ein *Froschlurch* oder ein *Schwanzlurch* wird?
g) Welches sind die beiden häufigsten *Froschlurche* in Deutschland?
h) Welche *Froschlurche* hüpfen nicht gerne?
i) Und für ganz findige Schüler: Wie alt kann ein *Feuersalamander* werden? Welche Besonderheit weisen *Alpensalamander* bei ihrer Vermehrung auf?

3. Der „mitdenkende Amphibienkalender“
Notiere, was der „mitdenkende Kalender“ für den heutigen Tag zu berichten hat.

Das hier verkleinert abgedruckte Arbeitsblatt bezieht sich auf eine zuverlässig gepflegte Internetseite des „Naturschutzbundes – NABU", (Autorenteam Friedo Beringhausen, NABU Deutschland und Andreas Weck-Heimann unter http://www.kaulquappe.de), die auch auf Englisch erschienen ist und sich somit ebenfalls für den bilingualen Unterricht eignet. Das Arbeitsblatt kann direkt von der Internetseite als pdf-Datei heruntergeladen und ausgedruckt werden.
Darüber hinaus wird eine *Offline*-Version des Amphibienführers des NABU, d. h. der betreffenden Internetsite, zum Herunterladen angeboten.

E Simulations- und Lernprogramme

Im Biologieunterricht lassen sich Computerprogramme einsetzen, die Experimente simulieren, deren Durchführung im Unterricht zu aufwändig, gefährlich oder langwierig wäre sowie Spiele, die übergeordnete Zusammenhänge (z.B. Ökologie) verdeutlichen. In zunehmendem Maße werden solche Programme von Schulbuchverlagen und anderen Anbietern vor allem für den so genannten „Nachmittagsmarkt" vertrieben. Auch im Internet gibt es mittlerweile entsprechende Angebote, die dann kostenlos genutzt werden können. Da man auf ein sehr vielfältiges Angebot zurückgreifen kann, werden hier lediglich drei verschiedenartige, für den Unterricht geeignete Beispiele herausgegriffen:

- So genannte interaktive Online-Selbstlernkurse zu verschiedenen Themenbereichen der Biologie, die teilweise im Unterricht oder auch zur Vorbereitung auf Prüfungen verwendet werden können, finden sich unter: http://www.eduvinet.de/mallig/default.htm
- „Ecopolicy" von Frederic Vester ist ein Simulationsspiel zum vernetzten Denken bzw. Erkennen von Zusammenhängen zwischen Ökologie, Wirtschaft und Politik und demographischen Entwicklungen. Es basiert im Wesentlichen auf dem vom selben Autor entwickelten kybernetischen Umweltspiel „Ökolopoly".
- FWU vertreibt die Diskette „Computerexperimente mit Bakterien", mit deren Hilfe Experimente auch mit humanpathogenen Bakterien in einem virtuellen Labor durchgeführt werden können (oft auch in Bildstellen entleihbar).

Literatur

Praxis der Naturwissenschaften – Biologie, 1/2000, Themenheft „Neue Medien im Biologieunterricht I", mit fünf Beiträgen zum Thema „Neue Medien", darunter auch: Rausch, M.: Erster Blick ins Internet, S. 26ff.
Abel, J.: Cyber Slang – Die Sprache des Internet von A bis Z. München 1999
Wimmers, R.: Lehrer-Kursbuch Internet. Berlin 2000

Sharon Betz

18 Nützliche Anschriften

Eine Liste von Informationsstellen, Ansprechpartnern bei privaten und öffentlichen Institutionen sowie unabhängigen Initiativen kann selbstverständlich nie vollständig sein. Mit Hilfe der hier angeführten Adressen können Sie sich aber eine Fülle Anregungen für einen aktuellen Biologieunterricht beschaffen. Die Liste bietet eine erste Orientierung und ist hilfreich, um bei ganz speziellen Problemen weiterzukommen.

A Kostenloses Informationsmaterial

Die folgenden Quellen haben Schulen bisher die genannten Materialien auf Anfrage kostenlos zur Verfügung gestellt. Es kann jedoch nicht ausgeschlossen werden, dass sich bei einzelnen die Lieferbedingungen zwischenzeitlich geändert haben.

Themenbereich Biotechnologie, Gentechnologie

BASF, Abteilung Öffentlichkeitsarbeit und Marktkommunikation, 67056 Ludwigshafen
Materialien zu den Themen Biotechnologie, Gentechnologie, Pflanzenschutz, Pharmaforschung u. a.

Bayer AG, Öffentlichkeitsarbeit, 51368 Leverkusen
Informationsbroschüren, u. a. „research – das Bayer Forschungsmagazin", „Pflanzenschutz und Anwendung", „Forum Gentechnik bei Bayer" (Bestellliste anfordern)

Themenbereich Energie

Informationszentrale der Elektrizitätswirtschaft e. V. (IZE), Stresemannallee 23, 60596 Frankfurt
Lehrerinformationen, Schülerarbeitshefte, Folien, u. a. zum Thema Energie sparen

Themenbereich Landwirtschaft und Ernährung

AID, Auswertungs- und Informationsdienst für Ernährung, Landwirtschaft und Forsten e. V., Konstantinstr. 124, 53179 Bonn
Materialien zu Themen aus Landwirtschaft und Ernährung (Bestellliste anfordern)

FAL, Institut für Pflanzenbau, Bundesforschungsanstalt für Landwirtschaft, Bundesallee 50, 38116 Braunschweig
Saatgutproben verschiedener Getreidesorten (u. a. Dinkel, Einkorn, Emmer)

Gesellschaft für Öffentlichkeitsarbeit der Deutschen Brauwirtschaft e. V., Annaberger Str. 28, 53175 Bonn
Informationsbroschüren zur Bierherstellung

IMA, Informationsgesellschaft für Meinungspflege und Aufklärung e. V., Alexanderstr. 3, 30159 Hannover
Lehrerinformationen und Schülerarbeitshefte zum Thema Landwirtschaft

Themenbereich Ökologie

Bayerisches Staatsministerium für Ernährung, Landwirtschaft und Forsten, Ludwigstr. 2, 80539 München
Informationshefte zum Thema Wald; u. a. „Der Wald geht uns alle an", „Grundsätze für den Schutz der Waldameise", „Naturnahe Forstwirtschaft"

Centrale Marketinggesellschaft der deutschen Agrarwirtschaft mbH (CMA), Postfach, 53177 Bonn
u. a. Klassensätze der Informationsbroschüre „Bäume in der Stadt"

Deutscher Jagdschutz-Verband e. V. (DJV), Johannes-Henry-Str. 26, 53113 Bonn
u. a. Informationstexte und Folien „Wildlebende Fleischfresser unserer Heimat", „Wildlebende Großtiere unserer Heimat"

Deutscher Sparkassenverlag GmbH, Schulservice, 70597 Stuttgart
u. a. Plakate, Informationsblätter und Foliensätze (z. B. „Gefährdete heimische Vögel, Gefährdete Pflanzen")

Informationszentrale Verpackung und Umwelt, Obere Paulusstr. 73, 70197 Stuttgart
u. a. Video „Ökobilanz – was ist das?"

Industrieverband Agrar e. V. (IVA), Öffentlichkeitsarbeit, Karlstr. 21, 60329 Frankfurt
Informationsschriften, u. a. „Unkräuter bekämpfen – Wildkräuter erhalten", „Pflanzenschutz und Boden", „Einflüsse auf die Artenvielfalt der Ackerfauna" (Liste der IVA-Veröffentlichungen anfordern)

LG-Stiftung: Natur und Umwelt, Königstr. 3-5, 70173 Stuttgart
Schriftenreihe „Naturschutz im Kleinen" mit Broschüren zu gefährdeten Pflanzen, Tieren und Lebensräumen

Wirtschaftsdienst Gesellschaft für Medien und Kommunikation mbH, Lange Str. 13, 60311 Frankfurt
u. a. „Infothek gesund", z. B. : „Klare Sache Umweltschutz", „Rücksicht auf den Rücken"

B Beratungsstellen

Themenbereich Ernährung

Bioland, Fördergemeinschaft organ.-biol. Land- und Gartenbau e. V., Barbarossastr. 14, 73066 Uhingen

Demeter, Forschungsring für biolog.-dynam. Wirtschaftsweise e. V., Baumschulenweg 11, 64295 Darmstadt

Themenbereich Gesundheit

Bundesgesundheitsamt (BGA), 14191 Berlin

Bundeszentrale für gesundh. Aufklärung, Ostmerheimer Str. 200, 51109 Köln

Themenbereich Sexualberatung

Aktion Jugendschutz (ajs), Stefflenbergstr. 44, 70184 Stuttgart

PRO FAMILIA, Deutsche Gesellschaft für Familienplanung, Sexualpädagogik und Sexualberatung e. V., Friedrich-Ebert-Anlage, 69117 Heidelberg

PRO FAMILIA, DGFSS e. V., Cronstettenstr. 30, 60322 Frankfurt

Themenbereich Suchtgefahren

Anonyme Alkoholiker, Postfach 422, 80041 München

Bundesverband der Elternkreise drogengefährdeter und drogenabhängiger Jugendlicher (BVEK), Jägerallee 5, 59071 Hamm

Bundeszentrale für gesundheitliche Aufklärung (BZgA), 51101 Köln täglicher Telefondienst zur Suchtprävention von 10.00–22.00 Uhr unter Tel.: 0221/892031

Deutscher Caritasverband e. V., Referat Gefährdetenhilfe/Suchtkrankenhilfe, Karlstr. 40, 79104 Freiburg

Deutsche Hauptstelle gegen Suchtgefahren e. V. (DHS), Westring 2, 59065 Hamm

Gesamtverband für Suchtkrankenhilfe im Diakonischen Werk der Ev. Kirche in Deutschland e. V., Brüder-Grimm-Platz 4, 34117 Kassel

Kreuzbund e. V., Jägerallee 5, 59071 Hamm

Verband ambulanter Beratungs- und Behandlungsstellen für Suchtkranke/Drogenabhängige e. V., Karlstr. 40, 79104 Freiburg

Themenbereich Umweltfragen

Energie

Bundesministerium für Forschung und Technologie (BMFT), Heinemannstr. 2, 53170 Bonn

Institut für Energie- und Umweltforschung (IFEU), Wilhelm-Blum-Str. 12–14, 69120 Heidelberg

Lärm

Deutscher Arbeitsring für Lärmbekämpfung e. V. (DAL), Frankenstr. 25, 40476 Düsseldorf

Gesellschaft für Lärmbekämpfung e. V., Theodor-Heuss-Platz 7, 14052 Berlin

Müll

Arbeitsgemeinschaft für Abfallwirtschaft, Lindenallee 11-17, 50968 Köln

Bundesabfallbörse des Deutschen Industrie- und Handelstags, Adenauerallee 148, 53113 Bonn

Das bessere Müllkonzept, Pfarrstr. 4, 85604 Zorneding

Verkehr

Allgemeiner Deutscher Fahrrad-Club (ADFC), Holerallee 23, 28209 Bremen

Forum Mensch und Verkehr, Alt-Moabit 91c, 10559 Berlin

Verkehr und Umwelt e. V., Exerzierstr. 20, 13357 Berlin

Wald

Deutsche Waldjugend (DWJ), Auf dem Hohenstein 3, 58675 Hemer

Schutzgemeinschaft Deutscher Wald, Meckenheimer Allee 79, 53115 Bonn

Stiftung Wald in Not, Mirbachstr. 2, 53173 Bonn

Wasser

Aktionskonferenz Nordsee, Kreuzstr. 61, 28203 Bremen

Arbeitsgemeinschaft Naturschutz Bodensee, Winterbergstr. 2, 78441 Konstanz

Arbeitskreis Wasser im Bundesverband Bürgerinitiativen Umweltschutz (BBU) e. V., Rennerstr. 10, 79106 Freiburg

Verein zum Schutze des Rheins und seiner Nebenflüsse e. V., Mittelstr. 1, 46514 Schermbeck

Vereinigung Deutscher Gewässerschutz e. V., Matthias-Grünewald-Str. 1-3, 53175 Bonn

C Forschungseinrichtungen und Fachgesellschaften

Bundesforschungsanstalt für Naturschutz und Landschaftsökologie, Konstantinstr. 110, 53179 Bonn

Chemie und Umwelt e. V., Postfach 1247, 30159 Hannover

Deutsche Gesellschaft für Allergie und Immunitätsforschung e. V., Aukammallee 33, 65191 Wiesbaden

Deutsche Gesellschaft für Geschichte der Medizin, Naturwissenschaft und Technik e. V., Museumsinsel 1, 80538 München

Deutsche Gesellschaft für Hygiene und Mikrobiologie e. V., Augustusplatz, 55131 Mainz

Deutsche Gesellschaft für Meeresforschung, Bundesstr. 55, 20146 Hamburg

Deutsche Gesellschaft für Zellbiologie e. V., Im Neuenheimer Feld 280, 69120 Heidelberg
Deutsche Zoologische Gesellschaft, Poppelsdorfer Schloß, 53115 Bonn
Ethologische Gesellschaft e. V., Morgenbreede 45, 33615 Bielefeld
Europäisches Umweltschutzbüro, 24-26 rue de la Victoire, Bte 15, 1060 Brüssel, Belgien
Institut für angewandte Biologie, Nernstweg 22, 22765 Hamburg
Institut für Umweltkrankheiten, Im Kurpark 1, 34308 Bad Emstal
Max-Planck-Institut für Molekulare Genetik, Ihnestr. 63, 14195 Berlin
Öko-Institut, Institut für angewandte Ökologie e. V., Postfach 6226, 79038 Freiburg
ÖKOSCIENCE, Institut für praxisorientierte Ökologie AG, Quellenstr. 25, CH-8005 Zürich, Schweiz
ÖKOTOP, Ges. für angepasste Technologien, Bingerstr. 25a, 14197 Berlin
Österreichisches Ökologie-Institut, Seidengasse 13, A-1070 Wien, Österreich
Plantago, Arbeitsgruppe für angewandte Ökologie, Contrescarpe 8b, 28203 Bremen
Senckenbergische Naturforschende Gesellschaft, Senckenberganlage 25, 60325 Frankfurt
Zoologisches Forschungsinstitut und Museum Alexander König, Adenauerallee 150-164, 55113 Bonn

D Lebendmaterial

A. Schlüter, Postfach 126, 71364 Winnenden
Drosophila, Termitenkönigin, Leuchtkrebse für Biolumineszens-Versuche, Einzeller (Protozoen und Zieralgen), Mikroorganismen (lebende harmlose Bakterienstämme), Hydra, Mais für Kreuzungsexperimente, Züchtung von Getreide, ferner Arbeitsmittel für das Praktikum
Biolab, Landgrabenweg 65, 53227 Bonn
Einzeller und Mikroorganismen
Exoterra GmbH, Robert-Bosch-Sr. 14, 89407 Dillingen
Drosophila, Mehlwürmer, Weinbergschnecken, Lurche, Reptilien
Gartenbau Flora, Wulkower Weg, 15518 Hangelsberg
Schlupfwespen, Raubmilben u. a. Gliedertiere zur biologischen Schädlingsbekämpfung
Dr. Werner Hölters, Am Grünen Weg 24, 50259 Pulheim-Dansweiler
Einzeller wie Euglena, Paramaecium, Scenedesmus, Stentor; Drosophila
Lehrmittel-Service Heinz Späth, Ditzenbacher Str. 26, 73342 Bad Ditzenbach-Auendorf

harmlose Bakterienkulturen (Escherichia coli, Bacillus subtilis, Micrococcus luteus, Sporosarcina ureae), Einzeller Protozoen und Algen), Hydra

Pflanzenphysiologisches Institut der Universität Göttingen, Sammlung von Algenkulturen, Nikolausberger Weg 18, 37073 Göttingen

Euglena, Volvox u. a. Algenkulturen

Seminar für Biologie und Didaktik, Ahornstraße, 52074 Aachen

Paramaecium u. a. Einzeller

E Natur- und Umweltschutzverbände

Deutschland

Aktion Ameise, Irsengrund, 88179 Oberreute

Aktion Fischotterschutz, Otter-Zentrum, 29386 Hankensbütel

Aktionskonferenz Nordsee e. V. (AKN), Suhrfeldstr. 155, 28203 Bremen

AUGE, Aktionsgemeinschaft Umwelt, Gesundheit, Ernährung e. V., Reimerswiete 22, 20457 Hamburg

BUND, Bund für Umwelt und Naturschutz Deutschland e. V., Im Rheingarten 7, 53225 Bonn

Bundesamt für Naturschutz, Konstantinstr. 110, 53179 Bonn

Bundesministerium für Umwelt, Naturschutz und Reaktorsicherheit (BMU), Kennedyallee 5, 53175 Bonn

Bundesverband Bürgerinitiativen Umweltschutz (BBU) e. V., Prinz-Albert-Str. 43, 53113 Bonn

Der Bundesminister für Umwelt, Naturschutz und Reaktorsicherheit, Kennedyallee 5, 53048 Bonn

Deutsche Umwelthilfe e. V., Güttinger Str. 19, 78315 Radolfzell

Deutscher Naturschutzring (DNR), BV für Umweltschutz e. V., Kalkuhlstr. 24, 53227 Bonn

Gesellschaft für Umweltschutz e. V., Theodor-Heuss-Platz 7, 14052 Berlin

GREENPEACE e. V., Vorsetzen 53, 20459 Hamburg

Landesanstalt für Umweltschutz, Postfach 210752, 76157 Karlsruhe

Naturschutzbund Deutschland (NABU), Am Michaelshof 8-10, 53113 Bonn

Robin Wood, Gewaltfreie Aktionsgemeinschaft für Natur und Umwelt e. V., Postfach 102122, 28021 Bremen

Schutzgemeinschaft Deutscher Wald, Meckenheimer Allee 79, 53115 Bonn

Stiftung Naturschutz Berlin, Potsdamer Str. 68, 10785 Berlin

Umweltbundesamt, Bismarckplatz 1, 14193 Berlin

Umweltstiftung WWF-Deutschland (World Wildlife Fund), Hedderichstr. 110, 60596 Frankfurt

Wildbiologische Gesellschaft München 1977 e. V., Ettaler Str. 3, 82487 Oberammergau

Luxemburg

Mouvement Ecologique, 6 rue Vauban, L-2663 Luxemburg

Natura, 6 Boulevard Roosevelt, L-2450 Luxemburg

Oekoinfo, Ministère de l'Environnement, 5 Av. Prague, L-2348 Luxemburg

Österreich

Arbeitsgemeinschaft Umwelterziehung, Lehrerservice, Brockmanngasse 59, A-8010 Graz

Österreichische Gesellschaft für Vogelkunde, Burgring 417, A-1014 Wien-1

Österreichischer Naturschutzbund, Arenbergstr. 10, A-5020 Salzburg

Schweiz

Schweizer Bund für Naturschutz, Wartenbergstr. 22, CH-4020 Basel

Schweizerische Vogelschutzwarte Sempach, CH-6204 Sempach-Stadt

Schweizerisches Zentrum für Umwelterziehung des WWF (World Wildlife Fund), Rebberggasse, CH-4800 Zofingen

F Schulgärten

Akademie für Lehrerfortbildung, Postfach, 89401 Dillingen

Akademie für Natur- und Umweltschutz, Postfach 103439, 70029 Stuttgart

Deutsche Gartenbau-Gesellschaft 1822 e. V., Webersteig 3, 78462 Konstanz

Grüne Schule Palmengarten, Siesmayerstr. 63, 60323 Frankfurt

Institut für Lehrerfortbildung, Felix-Dahn-Str. 3, 20357 Hamburg

Landesschulzentrum für Umwelterziehung, Eckenberg, 74740 Adelsheim

Marschen-Schulreservat MPSS, Fröblestr, 26954 Nordenham

Natur- und Schulbiologiezentrum Leverkusen, Talstr.4, 51379 Leverkusen

Schulbiologiezentrum Hannover, Vinnhorster Weg 2, 30419 Hannover

Schulbiologisches Zentrum, Am Rombergpark 35, 44225 Dortmund

Staatliche Akademie für Lehrerfortbildung, Villinger Str. 33, 78166 Donaueschingen

Staatliche Lehr- und Versuchsanstalt für Gartenbau, Diebsweg 2, 69123 Heidelberg

Städtischer Zentralschulgarten Düsseldorf, Rauscherweg 40, 40221 Düsseldorf

G Zooschulen

Die meisten Zooschulen haben Arbeitsblätter für Schüler und Unterrichtshilfen für Lehrer entwickelt. Nach Vereinbarung führen viele von ihnen Unterrichtsgänge mit Klassen durch, betreuen Projektwochen und veranstalten Fortbildungsmaßnahmen für Lehrer.

Baden-Württemberg

Zooschule Karlsruhe, Zoologischer Garten, Ettlinger Str. 6, 76137 Karlsruhe

Wilhelma, Zoologisch-Botanischer Garten, Neckartalstr., 70376 Stuttgart

Bayern

Zoologischer Garten Augsburg, Brehm-Platz 1, 86161 Augsburg

Zooschule am Tiergarten Nürnberg, Am Tiergarten 30, 90480 Nürnberg

Zooschule am Tierpark Hellabrunn, Tierparkstr. 30, 81543 München

Zooschule Tiergarten Straubing, Regensburger Str., 94315 Straubing

Berlin

Zoopädagogische Beratungstelle im Zoo Berlin, Hardenbergplatz 30, 10623 Berlin

Brandenburg

Tierpark Cottbus, Kiekebuscher Str. 5, 03042 Cottbus

Bremen

Zoo am Meer, Am Weserdeich, 27572 Bremerhaven

Hessen

Vivarium Darmstadt, Schnampelweg 4, 64287 Darmstadt

Pädagogische Abteilung im Zoologischen Garten Frankfurt, Alfred-Brehm-Platz 16, 60316 Frankfurt

Mecklenburg-Vorpommern

Zoo Schwerin, Waldschulenweg 1, 19061 Schwerin

Niedersachsen

Zooschule Hannover, Adenauerallee 3, 30175 Hannover

Zooschule der Zoogesellschaft Osnabrück e. V., Am Waldzoo 2-3, 49082 Osnabrück

Nordrhein-Westfalen

Tierpark Aachen, Obere Drimbornstr. 44, 52066 Aachen

Tierpark Bochum, Zooschule, Klinikstr. 49, 44791 Bochum

Tierpark Dortmund, Mergelteichstr. 80, 44225 Dortmund

Zoo Duisburg, Zooschule, Mülheimer Str. 273, 47058 Duisburg

Pädagogische Abteilung des Löbecke- und Aquazoos, Kaiserwerther Str. 380, 40474 Düsseldorf

Ruhrzoo Gelsenkirchen, Bleckstr. 64, 45889 Gelsenkirchen

Tierpark Hamm, Grünstr., 59063 Hamm

Zooschule Köln, Riehler Str. 173, 50735 Köln

Zoologischer Garten Krefeld, Zooschule, Uerdinger Str. 377, 47800 Krefeld

Westfälischer Zoologischer Garten Münster, Zooschule, Sentruper Str. 315, 48161 Münster

Zooschule Tierpark Rheine, Salinenstraße 150, 48432 Rheine
Zooschule Zoologischer Garten, Hubertusallee 30, 42117 Wuppertal
Rheinland-Pfalz
Zooschule Neuwied, Waldstr. 160, 56566 Neuwied
Saarland
Zoologischer Garten Saarbrücken, Graf-Stauffenberg-Str., 66121 Saarbrücken
Sachsen
Zoologischer Garten Dresden, Tiergartenstr. 1, 01219 Dresden
Sachsen-Anhalt
Zoologischer Garten, Zooschule, Fasanenweg 5a, 06114 Halle
Zoologischer Garten Magdeburg, Am Vogelsang 12, 39124 Magdeburg
Schleswig-Holstein
Tierpark Neumünster, Geerdtstr. 100, 24537 Neumünster
Thüringen
Thüringer Zooschule, Winkelweg 11, 99087 Erfurt
Belgien
Zoo Antwerpen, Konigin Astridplein 26, Antwerpen, Belgien
Niederlande
Zoological Gardens ARTIS, Plantage Kecklaan 40, Amsterdam, Niederlande

H Pädagogische Einrichtungen in Botanischen Gärten

Baden-Württemberg
Botanischer Garten, Hartmeyerstr. 123, 72076 Tübingen
Bayern
Botanischer Garten, Dr.-Ziegenspeck-Weg 10, 86161 Augsburg
Botanischer Garten Nymphenburg, Menzinger Str. 61, 80638 München
Botanischer Garten der Uni, Mittlerer Dallenbergweg 64, 97082 Würzburg
Berlin
Pädagogische Beratungsstelle am Botanischen Garten, Königin-Luise-Str. 6, 14195 Berlin
Brandenburg
Forstbotanischer Garten, Fachhochschule Eberswalde, Alfred-Möller-Str., 16225 Eberswalde-Finow
Haus der Naturpflege, Dr.-Max-Kienitz-Weg 1, 16259 Bad Freienwalde
Hamburg
Botanischer Garten der Universität, Hesten 10, 22609 Hamburg

Hessen

Palmengarten, Grüne Schule, Siesmayer-Str. 61, 60323 Frankfurt

Gewächshaus für tropische Nutzpflanzen, Gesamthochschule Kassel, Steinstr. 19, 34119 Kassel

Mecklenburg-Vorpommern

Städtische Gewächshäuser Magdeburg, Schönebeckerstr. 129a, 39104 Magdeburg

Niedersachsen

Schulbiologiezentrum Hannover, Vinnhorster Weg 2, 30419 Hannover

Botanischer Garten der Universität, Albrechtstr. 2, 49076 Osnabrück

Nordrhein-Westfalen

Botanischer Garten Rombergpark, Am Rombergpark 49b, 44225 Dortmund

Botanischer Garten Gruga Park, Kühlshammerweg 32, 45133 Essen

Botanischer Garten, Amsterdamer Str. 34, 51149 Köln

Botanischer Garten der Universität, Schlossgarten 3, 48149 Münster

Saarland

Botanischer Garten der Universität, Im Stadtwald, 66030 Saarbrücken

Sachsen

Botanischer Garten der Universität, Botanikschule, Linnéstr. 1, 04103 Leipzig

Schulbiologie-Zentrum, Schleußiger Weg 3-5, 04275 Leipzig

Sachsen-Anhalt

Botanikschule im Botanischen Garten der Universität, Am Kirchtor 3, 06108 Halle

Schleswig-Holstein

Botanischer Garten, Am Botanischen Garten 1-9, 24118 Kiel

Thüringen

Botanischer Garten der Universität, Botanikschule, Fürstengraben 26, 07743 Jena

I Ansprechpartner für Umwelterziehung bei den Ländern

Bei außerunterrichtlichen und praktischen Aktivitäten ist man vermehrt auf Ansprechpartner außerhalb der Schule angewiesen. In vielen Bundesländern sind inzwischen Strukturen zur Unterstützung der Lehrer entstanden wie öffentlich bestellte Multiplikatoren, regionale Umweltbildungszentren, Naturgartenschulen, Ökomobile, Landschulheime mit Umweltstationen u. a. Die folgende Liste führt die Anschriften der Kultusministerien auf. Hier erhält man Adressen von Ansprechpartnern für Umweltbildung, Anregungen, diverse Angebote und Informationsmaterial.

Baden Württemberg: Ministerium für Kultus und Sport, Schlossplatz 4, Postfach 103442, 70029 Stuttgart
Bayern: Bayerisches Staatsministerium für Unterricht, Kultus und Sport, Salvatorstr. 2, 80333 München
Berlin: Senatsverwaltung für Schule, Jugend und Sport, Storkower Str. 133, 10407 Berlin
Brandenburg: Ministerium für Bildung, Jugend und Sport, Heinrich-Mann-Allee 107, 14473 Potsdam
Bremen: Der Senator für Bildung, Wissenschaft, Kunst und Sport, Rembertiring 8-12, 28195 Bremen
Hamburg: Behörde für Schule, Jugend und Berufsbildung, Postfach 761048, 22060 Hamburg
Hessen: Hessisches Kultusministerium, Postfach 3160, 65021 Wiesbaden
Mecklenburg-Vorpommern: Kultusministerium des Landes M.-V., Werderstr. 123, 19055 Schwerin
Niedersachsen: Niedersächsisches Kultusministerium, Postfach 161, 30001 Hannover
Nordrhein-Westfalen: Ministerium für Schule und Weiterbildung des Landes NRW, Völklinger Str. 49a, 40221 Düsseldorf
Rheinland-Pfalz: Ministerium für Kultur, Wissenschaft und Weiterbildung des Landes Rh.-Pf., Postfach 3220, 55022 Mainz
Saarland: Ministerium für Bildung, Kultur und Wissenschaft, Postfach 102452, 66024 Saarbrücken
Sachsen: Sächsisches Staatsministerium für Kultus, Postfach 100910, 01076 Dresden
Sachsen-Anhalt: Kultusministerium des Landes Sachsen-Anhalt, Postfach 3780, 39012 Magdeburg
Schleswig-Holstein: Die Ministerin für Frauen, Bildung, Weiterbildung und Sport, Postfach 1467, 24013 Kiel
Thüringen: Thüringer Kultusministerium, Werner-Seelenbinder-Str. 1, 99096 Erfurt

J Sponsoren für Umweltaktivitäten

Projekte und andere Aktivitäten im Bereich Natur- und Umweltschutz müssen bei Geldmangel der Schule nicht zwangsläufig scheitern. Mittel aus privaten Stiftungen, Stiftungen der Wirtschaft sowie stattliche Fördermaßnahmen können helfen, Erfolg versprechende Naturschutzprojekte zu realisieren. Zumindest teilweise können engagierte Umweltgruppen geplante Unternehmungen durch

Sponsoren finanziert bekommen. Die Bedingungen für eine Förderung sind jeweils zu erfragen.

Allianz-Stiftung zum Schutze der Umwelt, Ainmillerstr. 11, 80801 München, Tel.: 089/347384

Alpirsbacher Klosterbräu, Postfach 1220, 72272 Alpirsbach, Tel.: 07444/63-0

Bundesministerium für Umwelt, Naturschutz und Reaktorsicherheit (BMU), Kennedyallee 5, 53175 Bonn, Tel.: 0228/305-0

Deutsche Bundesstiftung Umwelt, Im Nahner Feld 1, 49082 Osnabrück, Tel.: 0541/95220

Deutsche Umweltstiftung, Schlachthofstr. 6, 76726 Germersheim, Tel.: 07274/4767

LG-Stiftung: Natur und Umwelt, Königstr. 3-5, 70144 Stuttgart, Tel.: 0711/124-0

Stiftung Wald in Not, Mirbachstr. 2, 53173 Bonn, Tel.: 0228/361295

Darüber hinaus unterstützen die jeweiligen Geschäftsstellen der Landesverbände der Deutschen Umwelthilfe e. V. (DUH) sowie die Unteren Naturschutzbehörden der Stadt- und Landkreise in unterschiedlichem Maße das Engagement beim Artenschutz und bei der Biotop- und Landschaftspflege.

Walter Kleesattel

Register

Abundanz 115
Aids-Prävention 209 f.
Alkohol 40
Amphibien 83 f., 234, 238 ff.
Anpassung 128 f., 132 f., 216
Anthropologie 138
Aquarium 109 ff., 214 ff.
Arbeitsblätter 48 ff.
Arbeitstransparente selbst herstellen 64 f.
Arbeitstransparente, Einsatz von 61 ff.
Aristoteles 166
Artenschutz 98 ff., 149 f.
Artmächtigkeit 115
Assoziieren 13
Atmung 38 f., 88, 156
Atmung bei Wasserinsekten 225
Auge, menschliches 45 f.
Auslese 168
außerschulische Lernorte 126
Ausstellungen 139 ff.

Bakterien 32, 36, 154, 240
Balzverhalten 217, 219
Basteln 185 ff.
Bäume 118, 142 f.
Baumrallye 118
Beaufort-Skala 116
Befruchtung 159
Behring, Emil von 164
Berthold, Arnold 158
Bewegung 38, 195
Bewegungsapparat 79
Bienen 100, 172 f.
Bio-Montagsmaler 175
Bio-Quiz 174
Bio-Wissensspiel 177
Bio-Wörterkette 176
biogenetische Grundregel 160
Biogeographie 132
Biomasse, Abbau von 104
Biomaster 23
Biotechnologie 231
Blackbox mit Schülerfragen 11
Blätter 121 f., 146, 228 f.
Blätter-Memory 146
Blindschleiche 84
Blut 88
Blütendiagramm 114
Blütenmodell 69 f.
Blütenpflanzen 34
Bodenlebewesen 37
Bodentemperatur 116
Bodentiere 121
Bohnenkeimung 57
Bohnensamen 227
Botanik 81, 94
Botanische Gärten 131 ff., 239 f.
Brainstorming 26

Cartoons 25
CD-ROM 232 ff.
Chromosomen 162
Chromosomen-Modell 75

Darwin, Charles 168
Darwinismus 160
Destruenten 41
Dias, Einsatz von 58
Diffusion 33
Dinosaurier-Ausstellung 105 ff.
Dioramen 145
Dominanz 115
Drogen 209 f.
Düngung 229

Echsen 83 f.
Einlinsen-Mikroskop 68
Einzeller 31, 33, 216
Elektrizität, galvanische 157
Energie 102 ff., 231, 233 f.
Engelmann, T. W. 156
Entdeckungstisch, biologischer 140
Entwicklungsbiologie 159 f.
Enzymatik 41
Erbsentrommel 227
Erdatmosphäre, Schutz der 105
Ernährung 37 f., 80, 88 f., 231 f., 233
Ethologie 95, 171 f.
Evolution 46 f., 90, 93, 96, 130, 134, 135 ff., 166 ff.
Exkursionen, botanische 37
Exkursionen, zoologische 37
Experimente 25, 29 ff.
Experimentieren 185 ff.

5-Finger-Methode 11
5-Minuten-Biologie 10 ff.
Facettenaugen 74
Fantasiereise 23
Fantasietiere 187 f.
Fassadenbegrünung 119
Federn 141
Fehlsichtigkeit 64 f.
Feuerbohne 53, 57
Filme selbst herstellen 66 f.
Filme, Einsatz von 59 ff.
Fische 44, 55, 85, 215 ff.
Flechten 123

Fliegen 185 f.
Fließgewässer 120
Flugfrüchte 54, 71, 143, 187
Flugsamen 54, 71, 187
Folien selbst herstellen 64 f.
Folien, Einsatz von 61 ff.
Forschungseinrichtungen 234
Fossilien-Entstehung 46
Foto-Herbar 148
Fotoausstellung 113
Fotopirsch 113
Fotosynthese 156, 229 f.
Fototropismus 229
Fotowettbewerb 148
Freilandbiologie 113 ff.
Frisch, Karl von 172
Frosch 84
Frühblüher 147
Fundstücke 27

Gallen 141 f.
Galvani, Aloysius 157
Garten 101
Gärung, alkoholische 40
Gehirn 42
Gehölze kartieren 118
Gene 162
Genetik 47, 89, 91 f., 96, 134, 161 ff.
Gentechnologie 19, 231
Geotropismus 229
Geschlechtsdimorphismus 216
Geschmackssinn beim Menschen 44
Geselligkeit 115
Gesundheit 39, 233
Gesundheitserziehung 87, 195, 210
Gesundheitstag 210
Gesundheitsvorsorge 10
Getreide 147
Gewässeruntersuchung, chemische 42
Gewölle 142
Gewürzpflanzen 133, 194 f.
Gliedertiere 148
Goodall, Jane 173
Greifvögel 142
Greifvogelsilhouetten 144
Grillen 64, 219 f.
Guiness-Buch der Tiere 184
Guppys 216, f.

Habitatpräferenzen 220
Haeckel, Ernst 160
Hamster 43
Harvey, William 155
Hausmäuse 43
Haustierhaltung 111 f.
Haustierkartei 222 f.
Hecke 101, 114 ff.
Hefepilze 32
Heimtiere in der Schule 222 f.
Herbare 139 ff., 145 ff.
Hertwig, Oscar 159
Herz-Kreislauf-System 25 f.
Herzfrequenz 26
Hochlabyrinth 43, 221
Holometabolie 218
Hooke, Robert 152
Hören 199 f.
Hormonbiologie 157 f.
Hormonsystem 87
Hornissen 100
Humanbiologie 79 ff., 87 ff.
Hummeln 100
Hund 82, 144, 193

Immunbiologie 164 f.
Impfung 164
Informationsverarbeitung 42 ff.
Insekten 117, 144, 218 ff.
Instinkthandlungen 217, 219
Interdependenz 62
Internet 235 ff.

Jenner, Edward 164
Johanson, Donald 169
Jugend forscht 212 f.

Kampffische 217
Kampfverhalten 217
Karikaturen 12
Katze 82, 144, 191
Kaulquappe 84
Keimblätter 227 f.
Keimung 147
Kiemenmodell 71 f.
Kitasato, Schibasaburo 164
Farne 36
Klassenarbeiten 79 ff.
Kleinstlebewesen 153
Knospen bestimmen 123
Koch, Robert 154
Komplexauge, Modell des 73 f.
Körperwahrnehmung 10 f.
Kreislauf 38 f., 155
Kriechtiere 99
Kurzmonografie 28

Labyrinthversuche 221
Lamarck, Jean Baptiste de 167
Landwirtschaft 231 f.
Lärm 199 f., 234
Lebendmaterial 235 f.
Lebensraum Schule 203 ff.
Leeuwenhoek, Antony van 153
Lernerfolgskontrolle 55
Lernkontrollen 77 ff.
Lernprogramme 240
Lernspiele 17, 240

Lernversuche 43
Lichtintensität 115
Linné, Carl von 167
Lorenz, Konrad 171
Lückentext 55
Luftbelastung, Messung der 114
Luftfeuchtigkeit 115
Luftgleiter 187
Lufttemperatur 115
Lurche 99

Mappenführung 78
Maulbrüter 60
Medien 58 ff.
Medien selbst herstellen 63
Mehlkäfer 218
Mehlwürmer 34, 218
Mendel'sche Regeln 47
Mendel, Gregor 161
Menschenaffen 173
Menschenkunde 37 ff.
Mikrobiologie 152 ff.
Mikroskop 68, 153
Mikroskopische Übungen 30 ff.
Mimikry 220
Mitose 47
Modelle 54, 68 ff.
Modelle selbst herstellen 64
Moose 36
Morgan, Thomas H. 162
Morphologie, vergleichende 135
Müll 190, 234
Muskeltätigkeit 55

Nährstoffe 89
Nahrungsketten 148
Naturerleben 134
Naturfarben 197 f.
Naturkundemuseum 135 ff.
Naturschutzorganisationen 149
Naturschutzverbände 206 ff., 236 f.
Nerven 39
Nervensystem 87
Neue Medien 231 ff.
Neurobiologie 157 f.
Nutzpflanzen 133

Ökologie 41 f., 92, 94, 137, 232
Ökologiespiele 18
ökologische Nischen 215
Ökorallye 18
optische Täuschungen 188
Orientierung, akustische 220
Orientierungsverhalten 218 f.
Osmose 33

Paarung 219
Papiercomputer 61 ff.
Papierflieger falten 186
Papierherstellung 199
Partner, außerschulische 202
Partnerwiederholung 22
Pasteur, Louis 154
Pawlow, Iwan Petrowitsch 170
Pflanzen bestimmen 34, 113, 124, 189 f.
Pflanzengallen 141
Pflanzensamen 227
Pflanzenschutz 231
Pflanzensoziologische Bestandsaufnahmen 147
Pflanzensystematik 134
Pflanzentisch 142
Pflanzenwachstum 229
Pflanzenzelle, Modell einer 31
pH-Wert 51 f., 86
PQ4R-Methode 16
Prägung 171 f.
Priestley, Joseph 156
Produzenten 148
Projektunterricht 97 ff.
Protokolle 78
Pulsmessung 26
Pupillenreflexe 45
Putzverhalten 221

Rabe 191
Rätsel 178 ff.
Räuber-Beute-Spiel 178
Räuber-Beute-Verhalten bei Wasserinsekten 226
Referate 93 ff.
Reflexe 170
Reflexe beim Menschen 42 f.
Regenwürmer 36, 218, 224 f.
Reiz und Erregung 75
Reiz-Reaktionsschema 219
Renaturieren von Lebensräumen 102
Rennmäuse 43, 220
Reptilien 83 f.
Revierverhalten 219
Rinderauge, Präparation des 45
Rollenspiele 17 ff., 24

Samenkeimung 227
Samenpflanzen, Fortpflanzung der 193
Sammlungen 139 ff.
Säugetiere 81 f.
Schallpegel-Messungen 114
Schattenboxen 11
Schimpansen 173
Schlangen 83 f.
Schlüsselreize 60, 217
Schmetterlinge 100, 120
Schnecken 36, 223 f.
Schneckengehäuse 141

Schulaquarium 214 ff.
Schulbuch, Arbeit mit dem 15
Schülerpraktikum 30
Schülerseminar 209 f.
Schulgärten 237
Schwalben 99
Schwimmen 72 f.
See 92
Selektion 46 f.
Sexualberatung 233
Sexualkunde 80 f.
Sichelzellanämie 91
Signale, elektrische 44
Silbenrätsel 184
Simulationsspiele 18
Simulationsprogramme 240
Sinne 39
Sinnesleistungen der Schnecke 223
Sinnesorgane 38, 45, 87
Sitzplatz-Check 196
Spiele 174 ff.
Spinnen 35
Sponsoren für Umweltaktivitäten 242
Sprossachse 228
Stabheuschrecken 35, 220
Stärkekörner 20
Staubmessungen 117
Stechmücke 226
Stoffwechsel 40 f., 88, 93 f.
Stoffwechselphysiologie 155 ff.
Strategiespiele 18
Sträucher 118
Streusalz 228
Stundeneinstieg 22 ff.
Stundenprotokoll 78
Sucht-Prävention 209 f., 233
Systematik 166 ff.

Tai-Chi 11
Tapirfisch 44
Tastsinn beim Menschen 44
Täuschungen, optische 188
Teekesselchen 183
Tests 79 ff.
Tier-Patenschaften 226
Tiere bestimmen 34, 113, 190
Tiere in Literatur und Realität 192 f.
Tiergruppen 135
Tierpantomime 178
Tierspuren 124, 140
Tinbergen, Nikolaas 171
Tourismus 102
Trittpflanzen 119
Trockenmauer 101
Tümpel-Aquarium 109 ff.

Umwelterziehung 12, 240 f.
Umweltschutzverbände 236 f.
Umweltspiele 18
Untersuchungen 29 ff.

Variabilität 47
Verdauung 80, 88 f.
Vererbung 130, 159
Vererbungsregeln 161
Verhalten 42 ff., 94 f., 137, 170 ff. 221 f., 226
Verhaltensbeobachtungen 129
Verhaltensforschung 171 f.
Verkehr 234
Vermehrung, vegetative 216, 230
Versteinerung, Modelle der 75
Versuchsprotokoll 78
Vertretungsstunde 174 ff.
Verwandlung, vollständige 218
Vivarien 214, 226 f.
Vögel 83, 124 f, 233
Vogelflügcl 185
Vogelnester 124, 141

Wald 41, 85 f., 234
Wasser 234
Wassergüte, Bestimmung der 120
Wasserinsekten 35, 225 f.
Wasserleitung 228
Wasserpest 229
Wasserpflanzen 35
Wasserverdunstung 228 f.
Watson, James D. 163
Wildkaninchen 56
Wildpflanzen 100
Windgeschwindigkeit 116
Winterfütterung 49
Wirbelsäule 46, 195 ff.
Wirbelsäule, Modell der 74
Wolf 192
Wurzelwachstum 229

Zebrabärblinge 217
Zeichnen, biologisches 19
Zeitungsartikel, Einsatz von 13
Zelle 30 ff., 159
Zellmodelle 69
Zellpräparate, Herstellen einfacher 32
Zoologie 81 ff.
Zoologischer Garten 127 ff.
Zooschulen 238
Zuckernachweis 51 f.
Zugvögel 50, 144
Zuordnungsaufgaben 55
Zweifleckgrille 219 f.
Zytologie 91, 152 ff.